省级精品在线开放课程配套教材
新编21世纪高等职业教育精品教材
人力资源管理系列

人力资源管理基础技能

活页练习册

主　编　马蔚然　顾　然
副主编　王　琪　何　峰　王　君　谢艾秀　郭远红
参　编　魏芳园　赵婧婉　王英杰
主　审　刘　洁

中国人民大学出版社
·北京·

填写须知

GUIDANCE NOTES

1. 在班级学习小组的基础上组成模拟团队，按各项目确定的所属项目岗位任务工单，扮演企业行政管理工作人员，并不断转换角色，演绎企业行政管理的工作过程并填写实训成果。

2. 善言无瑕集团股份有限公司是你所在的模拟公司。当你作为团队的领导人时，其他同学都是你的下级、同事，有时也可能是你的上级或外单位相关人员。当别人为团队领导者时，你则是下属、同事、上级或外单位相关人员。

3. 你在工作中的所有表现都被团队成员和教师作为你是否具备职业能力的评价条件，同时你也承担着正确评价别人的义务。

4. 填写实训成果应使用钢笔或黑色签字笔。字迹要工整、表意要清晰、页面要整洁。重点填写该项工作实训成果所发生的时间、地点、内容、人物、缘由及完成过程等。

5. 项目团队（学习小组）和教师认真审查学生在实训成果中是否达到能力要求，根据实践表现公平公正地做出评价。

6. 项目团队领导人（学习小组组长）归纳团队成员讨论意见，填写在“实训评价”栏内。

7. 教师认真审查学生在实训中的表现，做出公正的评价，并将评价结果填入“实训评价”栏内。

8. 项目团队评价和教师评价，最后结论应明确评价档次：优秀、良好、及格。计算考核成绩时，优秀计 100 分，良好计 80 分，及格计 60 分。计入学科总成绩时，乘以 40% 进行折算。

9. 凡是初次考评未达标者，必须重做。重做仍未达标，继续重做，直至达标为止。凡是重做项目，无论达到什么档次，都按及格计。

10. 教师、项目团队、学生三方意见一致，应分别签字确认。

11. 学生应按考核评价表要求提供实训成果，填写任务工单。

目录

CONTENTS

项目一 人力资源管理基础技能概述

任务一 人力资源管理体系的建立

<table>
<tr><td colspan="6">任务工单 1－1　调查和分析人力资源管理体系</td></tr>
<tr><td colspan="2">所属项目</td><td>项目一　人力资源管理基础技能概述</td><td>所属任务</td><td colspan="2">任务一　人力资源管理体系的建立</td></tr>
<tr><td rowspan="2">实训目的</td><td>任务目标</td><td>技能要点</td><td colspan="3">素质要点</td></tr>
<tr><td>全盘思考人力资源管理体系的建立</td><td>能够调查和分析人力资源管理体系</td><td colspan="3">具有强烈的社会责任感和敬业精神</td></tr>
<tr><td colspan="2">实训背景材料及要求</td><td colspan="4">你是善言无瑕集团股份有限公司人力资源管理专员。某日，人力资源部经理胡印财让你调查分析周边某家公司的人力资源管理体系及人力资源组织管理制度。</td></tr>
<tr><td>实训成果</td><td colspan="5"></td></tr>
<tr><td rowspan="6">实训评价</td><td colspan="2">职业能力要求</td><td>权重 %</td><td>小组打分</td><td>教师打分</td><td>合计</td></tr>
<tr><td colspan="2">能够了解所查找企业的公司框架、组织结构</td><td>25%</td><td></td><td></td><td></td></tr>
<tr><td colspan="2">能够总结他人的有益做法并加以应用</td><td>25%</td><td></td><td></td><td></td></tr>
<tr><td colspan="2">能够提出改进措施</td><td>25%</td><td></td><td></td><td></td></tr>
<tr><td colspan="2">能够持续完善</td><td>25%</td><td></td><td></td><td></td></tr>
<tr><td colspan="2">成绩加总</td><td>100%</td><td></td><td></td><td></td></tr>
<tr><td colspan="2">有益的经验和做法</td><td colspan="5"></td></tr>
<tr><td colspan="2">个人总结和反思</td><td colspan="5"></td></tr>
</table>

任务二 人力资源管理专员的工作能力

<table>
<tr><td colspan="6">任务工单 1－2　调查和分析人力资源管理专员的工作能力</td></tr>
<tr><td colspan="2">所属项目</td><td>项目一　人力资源管理基础技能概述</td><td>所属任务</td><td colspan="2">任务二　人力资源管理专员的工作能力</td></tr>
<tr><td rowspan="2">实训目的</td><td>任务目标</td><td colspan="2">技能要点</td><td colspan="2">素质要点</td></tr>
<tr><td>全盘思考人力资源管理专员的工作能力</td><td colspan="2">能够调查和分析人力资源管理专员的工作能力</td><td colspan="2">维护企业和员工的合法权益</td></tr>
<tr><td colspan="2">实训背景材料及要求</td><td colspan="4">你是善言无瑕集团股份有限公司人力资源管理专员。某日，人力资源部经理胡印财让你调查分析周边某家公司的人力资源管理专员的工作能力。</td></tr>
<tr><td>实训成果</td><td colspan="5"></td></tr>
<tr><td rowspan="6">实训评价</td><td>职业能力要求</td><td>权重 %</td><td>小组打分</td><td>教师打分</td><td>合计</td></tr>
<tr><td>能够明确所调查企业中人力资源管理专员的工作与职责</td><td>25%</td><td></td><td></td><td></td></tr>
<tr><td>能够总结他人的有益做法并加以应用</td><td>25%</td><td></td><td></td><td></td></tr>
<tr><td>能够提出改进措施</td><td>25%</td><td></td><td></td><td></td></tr>
<tr><td>能够持续完善</td><td>25%</td><td></td><td></td><td></td></tr>
<tr><td>成绩加总</td><td>100%</td><td></td><td></td><td></td></tr>
<tr><td colspan="2">有益的经验和做法</td><td colspan="4"></td></tr>
<tr><td colspan="2">个人总结和反思</td><td colspan="4"></td></tr>
</table>

任务三　人力资源管理数智化转型

<table>
<tr><td colspan="6">任务工单 1-3　调查和分析人力资源管理数智化转型</td></tr>
<tr><td colspan="2">所属项目</td><td colspan="2">项目一　人力资源管理基础技能概述</td><td>所属任务</td><td>任务三　人力资源管理数智化转型</td></tr>
<tr><td rowspan="2">实训目的</td><td>任务目标</td><td colspan="3">技能要点</td><td>素质要点</td></tr>
<tr><td>全盘思考人力资源管理数智化转型</td><td colspan="3">能够调查和分析人力资源管理数智化转型</td><td>具有与时俱进的精神，不断提高个人职业素质</td></tr>
<tr><td colspan="2">实训背景材料及要求</td><td colspan="4">你是善言无瑕集团股份有限公司人力资源管理专员。某日，人力资源部经理胡印财让你调查分析周边某家公司的人力资源管理数智化转型制度。</td></tr>
<tr><td>实训成果</td><td colspan="5"></td></tr>
<tr><td rowspan="6">实训评价</td><td>职业能力要求</td><td>权重 %</td><td>小组打分</td><td>教师打分</td><td>合计</td></tr>
<tr><td>能够查找人力资源管理数智化转型方面存在的问题</td><td>25%</td><td></td><td></td><td></td></tr>
<tr><td>能够总结他人的有益做法并加以应用</td><td>25%</td><td></td><td></td><td></td></tr>
<tr><td>能够提出改进措施</td><td>25%</td><td></td><td></td><td></td></tr>
<tr><td>能够持续完善</td><td>25%</td><td></td><td></td><td></td></tr>
<tr><td>成绩加总</td><td>100%</td><td></td><td></td><td></td></tr>
<tr><td colspan="2">有益的经验和做法</td><td colspan="4"></td></tr>
<tr><td colspan="2">个人总结和反思</td><td colspan="4"></td></tr>
</table>

项目二 工作分析专员

任务一 搭建组织架构

<table>
<tr><td colspan="6">任务工单 2－1　按照步骤搭建企业组织架构</td></tr>
<tr><td colspan="2">所属项目</td><td colspan="2">项目二 工作分析专员</td><td>所属任务</td><td>任务一 搭建组织架构</td></tr>
<tr><td rowspan="2">实训目的</td><td>任务目标</td><td colspan="2">技能要点</td><td colspan="2">素质要点</td></tr>
<tr><td>全盘思考组织架构设计，培养收集资料、分析分类的能力</td><td colspan="2">能够按照步骤搭建企业组织架构</td><td colspan="2">做出正确的决策，拥护开放的企业文化、加强企业党建工作，突出社会主义制度特色、遵守国家法律法规</td></tr>
<tr><td>实训背景材料及要求</td><td colspan="5">你是善言无瑕集团股份有限公司的工作分析专员。某日，人力资源部经理胡印财让你根据公司业务画出职能型组织架构图。</td></tr>
<tr><td>实训成果</td><td colspan="5"></td></tr>
<tr><td rowspan="6">实训评价</td><td>职业能力要求</td><td>权重 %</td><td>小组打分</td><td>教师打分</td><td>合计</td></tr>
<tr><td>能够查找组织架构方面存在的问题</td><td>25%</td><td></td><td></td><td></td></tr>
<tr><td>能够总结他人的有益做法并加以应用</td><td>25%</td><td></td><td></td><td></td></tr>
<tr><td>能够提出改进措施</td><td>25%</td><td></td><td></td><td></td></tr>
<tr><td>能够持续完善</td><td>25%</td><td></td><td></td><td></td></tr>
<tr><td>成绩加总</td><td>100%</td><td></td><td></td><td></td></tr>
<tr><td colspan="2">有益的经验和做法</td><td colspan="4"></td></tr>
<tr><td colspan="2">个人总结和反思</td><td colspan="4"></td></tr>
</table>

任务二 工作分析方法

<table>
<tr><td colspan="6">任务工单 2－2　灵活使用工作分析方法进行工作研究</td></tr>
<tr><td colspan="2">所属项目</td><td colspan="2">项目二 工作分析专员</td><td>所属任务</td><td>任务二 工作分析方法</td></tr>
<tr><td rowspan="2">实训目的</td><td>任务目标</td><td colspan="2">技能要点</td><td colspan="2">素质要点</td></tr>
<tr><td>培养工作分析、收集资料和分析分类的能力</td><td colspan="2">能够灵活使用工作分析的方法进行工作研究</td><td colspan="2">培养精益求精的工匠思维</td></tr>
<tr><td colspan="2">实训背景材料及要求</td><td colspan="4">你是善言无瑕集团股份有限公司的工作分析专员。某日，人力资源部经理胡印财让你根据公司业务使用恰当的方法进行工作研究。</td></tr>
<tr><td>实训成果</td><td colspan="5"></td></tr>
<tr><td rowspan="6">实训评价</td><td>职业能力要求</td><td>权重 %</td><td>小组打分</td><td>教师打分</td><td>合计</td></tr>
<tr><td>能够查找工作研究方面存在的问题</td><td>25%</td><td></td><td></td><td></td></tr>
<tr><td>能够总结他人的有益做法并加以应用</td><td>25%</td><td></td><td></td><td></td></tr>
<tr><td>能够提出改进措施</td><td>25%</td><td></td><td></td><td></td></tr>
<tr><td>能够持续完善</td><td>25%</td><td></td><td></td><td></td></tr>
<tr><td>成绩加总</td><td>100%</td><td></td><td></td><td></td></tr>
<tr><td colspan="2">有益的经验和做法</td><td colspan="4"></td></tr>
<tr><td colspan="2">个人总结和反思</td><td colspan="4"></td></tr>
</table>

任务三　编写岗位说明书

<table>
<tr><td colspan="7">任务工单 2-3　企业组织什么时候需要变革</td></tr>
<tr><td colspan="2">所属项目</td><td colspan="2">项目二　工作分析专员</td><td>所属任务</td><td colspan="2">任务三　编写岗位说明书</td></tr>
<tr><td rowspan="2">实训目的</td><td>任务目标</td><td colspan="2">技能要点</td><td colspan="3">素质要点</td></tr>
<tr><td>全盘思考组织架构设计，培养收集资料和分析分类的能力</td><td colspan="2">能够编写岗位说明书</td><td colspan="3">养成一丝不苟的敬业精神</td></tr>
<tr><td colspan="2">实训背景材料及要求</td><td colspan="5">你是善言无瑕集团股份有限公司的工作分析专员。某日，人力资源部经理胡印财让你根据公司业务写出工作分析专员的岗位说明书。</td></tr>
<tr><td>实训成果</td><td colspan="6"></td></tr>
<tr><td rowspan="6">实训评价</td><td colspan="2">职业能力要求</td><td>权重 %</td><td>小组打分</td><td>教师打分</td><td>合计</td></tr>
<tr><td colspan="2">能够查找岗位说明书存在的问题</td><td>25%</td><td></td><td></td><td></td></tr>
<tr><td colspan="2">能够总结他人的有益做法并加以应用</td><td>25%</td><td></td><td></td><td></td></tr>
<tr><td colspan="2">能够提出改进措施</td><td>25%</td><td></td><td></td><td></td></tr>
<tr><td colspan="2">能够持续完善</td><td>25%</td><td></td><td></td><td></td></tr>
<tr><td colspan="2">成绩加总</td><td>100%</td><td></td><td></td><td></td></tr>
<tr><td colspan="2">有益的经验和做法</td><td colspan="5"></td></tr>
<tr><td colspan="2">个人总结和反思</td><td colspan="5"></td></tr>
</table>

任务四 数智化工作分析

<table>
<tr><td colspan="6">任务工单 2－4　数智化工作分析</td></tr>
<tr><td colspan="2">所属项目</td><td colspan="2">项目二 工作分析专员</td><td>所属任务</td><td>任务四 数智化工作分析</td></tr>
<tr><td rowspan="2">实训目的</td><td colspan="2">任务目标</td><td colspan="2">技能要点</td><td>素质要点</td></tr>
<tr><td colspan="2">全盘思考数智化工作分析设计，培养收集资料和分析分类的能力</td><td colspan="2">能够进行数智化工作分析</td><td>培养学习者遵纪守法的职业道德</td></tr>
<tr><td colspan="2">实训背景材料及要求</td><td colspan="4">你是善言无瑕集团股份有限公司的工作分析专员。某日，人力资源部经理胡印财让你根据公司业务制定数智化工作分析方案。</td></tr>
<tr><td>实训成果</td><td colspan="5"></td></tr>
</table>

<table>
<tr><td rowspan="6">实训评价</td><td>职业能力要求</td><td>权重 %</td><td>小组打分</td><td>教师打分</td><td>合计</td></tr>
<tr><td>能够查找数智化工作存在的问题</td><td>25%</td><td></td><td></td><td></td></tr>
<tr><td>能够总结他人的有益做法并加以应用</td><td>25%</td><td></td><td></td><td></td></tr>
<tr><td>能够提出改进措施</td><td>25%</td><td></td><td></td><td></td></tr>
<tr><td>能够持续完善</td><td>25%</td><td></td><td></td><td></td></tr>
<tr><td>成绩加总</td><td>100%</td><td></td><td></td><td></td></tr>
<tr><td colspan="2">有益的经验和做法</td><td colspan="4"></td></tr>
<tr><td colspan="2">个人总结和反思</td><td colspan="4"></td></tr>
</table>

项目三 招聘专员

任务一 分析招聘需求

<table>
<tr><td colspan="6">任务工单 3－1　如何设计招聘需求分析调查表</td></tr>
<tr><td colspan="2">所属项目</td><td colspan="2">项目三 招聘专员</td><td>所属任务</td><td>任务一 分析招聘需求</td></tr>
<tr><td rowspan="2">实训目的</td><td>任务目标</td><td colspan="3">技能要点</td><td>素质要点</td></tr>
<tr><td>熟悉招聘需求分析的任务，掌握招聘需求分析的要点</td><td colspan="3">能够设计招聘需求分析调查表，进行招聘需求分析</td><td>培养为大局考虑的观念和团队合作的精神</td></tr>
<tr><td colspan="2">实训背景材料及要求</td><td colspan="4">你是善言无瑕集团股份有限公司的招聘专员。由于公司用人部门有招聘需求，因此需要你设计一份招聘需求分析调查表。</td></tr>
<tr><td>实训成果</td><td colspan="5"></td></tr>
<tr><td rowspan="6">实训评价</td><td>职业能力要求</td><td>权重 %</td><td>小组打分</td><td>教师打分</td><td>合计</td></tr>
<tr><td>能够设计招聘需求分析调查表基本信息</td><td>25%</td><td></td><td></td><td></td></tr>
<tr><td>能够完善招聘需求分析调查表格式</td><td>25%</td><td></td><td></td><td></td></tr>
<tr><td>能够保证招聘需求分析调查表结构完整</td><td>25%</td><td></td><td></td><td></td></tr>
<tr><td>能够持续完善</td><td>25%</td><td></td><td></td><td></td></tr>
<tr><td>成绩加总</td><td>100%</td><td></td><td></td><td></td></tr>
<tr><td colspan="2">有益的经验和做法</td><td colspan="4"></td></tr>
<tr><td colspan="2">个人总结和反思</td><td colspan="4"></td></tr>
</table>

任务二 发布招聘信息

<table>
<tr><td colspan="8">任务工单 3－2　如何发布招聘信息</td></tr>
<tr><td colspan="2">所属项目</td><td colspan="3">项目三 招聘专员</td><td>所属任务</td><td colspan="2">任务二 发布招聘信息</td></tr>
<tr><td rowspan="2">实训目的</td><td>任务目标</td><td colspan="3">技能要点</td><td colspan="3">素质要点</td></tr>
<tr><td>熟悉发布招聘信息的任务，掌握发布招聘信息的要点</td><td colspan="3">作为招聘专员，能够发布招聘信息</td><td colspan="3">培养学习者诚实守信的职业操守</td></tr>
<tr><td colspan="2">实训背景材料及要求</td><td colspan="6">你是善言无瑕集团股份有限公司的招聘专员。由于公司要发布招聘信息，因此需要你选择好招聘信息发布渠道。</td></tr>
<tr><td>实训成果</td><td colspan="7"></td></tr>
<tr><td rowspan="6">实训评价</td><td colspan="2">职业能力要求</td><td>权重 %</td><td>小组打分</td><td>教师打分</td><td colspan="2">合计</td></tr>
<tr><td colspan="2">能够分析招聘渠道的优缺点</td><td>25%</td><td></td><td></td><td colspan="2"></td></tr>
<tr><td colspan="2">能够选择好招聘渠道</td><td>25%</td><td></td><td></td><td colspan="2"></td></tr>
<tr><td colspan="2">能够发布好招聘信息</td><td>25%</td><td></td><td></td><td colspan="2"></td></tr>
<tr><td colspan="2">能够持续完善</td><td>25%</td><td></td><td></td><td colspan="2"></td></tr>
<tr><td colspan="2">成绩加总</td><td>100%</td><td></td><td></td><td colspan="2"></td></tr>
<tr><td colspan="2">有益的经验和做法</td><td colspan="6"></td></tr>
<tr><td colspan="2">个人总结和反思</td><td colspan="6"></td></tr>
</table>

任务三 筛选简历

<table>
<tr><td colspan="6">任务工单 3－3　如何筛选简历</td></tr>
<tr><td colspan="2">所属项目</td><td colspan="2">项目三　招聘专员</td><td>所属任务</td><td>任务三　筛选简历</td></tr>
<tr><td rowspan="2">实训目的</td><td colspan="2">任务目标</td><td colspan="2">技能要点</td><td>素质要点</td></tr>
<tr><td colspan="2">熟悉筛选简历的任务，掌握筛选简历的要点</td><td colspan="2">能够筛选简历</td><td>培养精益求精、诚实守信的职业道德</td></tr>
<tr><td colspan="2">实训背景材料及要求</td><td colspan="4">你是善言无瑕集团股份有限公司的招聘专员。公司要进行应聘者的简历筛选，请你完成善言无瑕集团股份有限公司筛选简历的任务。</td></tr>
<tr><td>实训成果</td><td colspan="5"></td></tr>
</table>

<table>
<tr><td rowspan="6">实训评价</td><td>职业能力要求</td><td>权重 %</td><td>小组打分</td><td>教师打分</td><td>合计</td></tr>
<tr><td>能够做好筛选简历的准备工作</td><td>25%</td><td></td><td></td><td></td></tr>
<tr><td>能够明确筛选简历的要点</td><td>25%</td><td></td><td></td><td></td></tr>
<tr><td>能够筛选简历</td><td>25%</td><td></td><td></td><td></td></tr>
<tr><td>能够持续完善</td><td>25%</td><td></td><td></td><td></td></tr>
<tr><td>成绩加总</td><td>100%</td><td></td><td></td><td></td></tr>
<tr><td colspan="2">有益的经验和做法</td><td colspan="4"></td></tr>
<tr><td colspan="2">个人总结和反思</td><td colspan="4"></td></tr>
</table>

任务四 面试安排和设计面试评价表

<table>
<tr><td colspan="6">任务工单 3－4　如何设计面试评价表</td></tr>
<tr><td colspan="2">所属项目</td><td colspan="2">项目三 招聘专员</td><td>所属任务</td><td>任务四 面试安排和设计面试评价表</td></tr>
<tr><td rowspan="2">实训目的</td><td>任务目标</td><td colspan="3">技能要点</td><td>素质要点</td></tr>
<tr><td>熟悉面试评价表设计工作</td><td colspan="3">能够设计面试评价表</td><td>培养公平、公正的责任心和不怕困难的精神</td></tr>
<tr><td colspan="2">实训背景材料及要求</td><td colspan="4">你是善言无瑕集团股份有限公司的招聘专员。由于公司要进行应聘者的面试评价工作，因此需要你设计面试评价表。</td></tr>
<tr><td>实训成果</td><td colspan="5"></td></tr>
<tr><td rowspan="6">实训评价</td><td>职业能力要求</td><td>权重 %</td><td>小组打分</td><td>教师打分</td><td>合计</td></tr>
<tr><td>能够设计面试评价表的要点</td><td>25%</td><td></td><td></td><td></td></tr>
<tr><td>能够设计面试评价表的结构</td><td>25%</td><td></td><td></td><td></td></tr>
<tr><td>能够设计面试评价表的格式</td><td>25%</td><td></td><td></td><td></td></tr>
<tr><td>能够持续完善</td><td>25%</td><td></td><td></td><td></td></tr>
<tr><td>成绩加总</td><td>100%</td><td></td><td></td><td></td></tr>
<tr><td colspan="2">有益的经验和做法</td><td colspan="4"></td></tr>
<tr><td colspan="2">个人总结和反思</td><td colspan="4"></td></tr>
</table>

任务五 办理录用手续和招聘评估

<table>
<tr><td colspan="8">任务工单 3-5 如何办理录用手续</td></tr>
<tr><td colspan="2">所属项目</td><td colspan="3">项目三 招聘专员</td><td>所属任务</td><td colspan="2">任务五 办理录用手续和招聘评估</td></tr>
<tr><td rowspan="2">实训目的</td><td>任务目标</td><td colspan="4">技能要点</td><td colspan="2">素质要点</td></tr>
<tr><td>熟悉办理录用手续的任务</td><td colspan="4">能够办理录用手续</td><td colspan="2">培养认真负责，一丝不苟的职业素质</td></tr>
<tr><td colspan="2">实训背景材料及要求</td><td colspan="6">你是善言无瑕集团股份有限公司的招聘专员。由于公司要进行录用手续的办理，因此需你完成办理录用手续工作任务。</td></tr>
<tr><td>实训成果</td><td colspan="7"></td></tr>
<tr><td rowspan="6">实训评价</td><td colspan="3">职业能力要求</td><td>权重 %</td><td>小组打分</td><td>教师打分</td><td>合计</td></tr>
<tr><td colspan="3">能够公布录用名单并及时通知应聘者</td><td>25%</td><td></td><td></td><td></td></tr>
<tr><td colspan="3">能够安排新员工试用和签订合同</td><td>25%</td><td></td><td></td><td></td></tr>
<tr><td colspan="3">能够组织新员工培训</td><td>25%</td><td></td><td></td><td></td></tr>
<tr><td colspan="3">能够持续完善</td><td>25%</td><td></td><td></td><td></td></tr>
<tr><td colspan="3">成绩加总</td><td>100%</td><td></td><td></td><td></td></tr>
<tr><td colspan="2">有益的经验和做法</td><td colspan="6"></td></tr>
<tr><td colspan="2">个人总结和反思</td><td colspan="6"></td></tr>
</table>

任务六 数智化招聘

<table>
<tr><td colspan="6">任务工单 3－6　如何解决招聘业务流程痛点</td></tr>
<tr><td colspan="2">所属项目</td><td colspan="2">项目三　招聘专员</td><td>所属任务</td><td>任务六　数智化招聘</td></tr>
<tr><td rowspan="2">实训目的</td><td>任务目标</td><td colspan="2">技能要点</td><td colspan="2">素质要点</td></tr>
<tr><td>了解数智化招聘的作用，理解数智化招聘技术的应用流程</td><td colspan="2">掌握最新的数智化人力资源招聘流程</td><td colspan="2">培养与时俱进的创新精神，增强职业荣誉感</td></tr>
<tr><td colspan="2">实训背景材料及要求</td><td colspan="4">你是善言无瑕集团股份有限公司的招聘专员，公司请你思考如何利用数智化解决招聘业务流程痛点，提高招聘效率和质量。</td></tr>
<tr><td>实训成果</td><td colspan="5"></td></tr>
<tr><td rowspan="6">实训评价</td><td>职业能力要求</td><td>权重 %</td><td>小组打分</td><td>教师打分</td><td>合计</td></tr>
<tr><td>能够采取发布职位需求数智化解决方案</td><td>25%</td><td></td><td></td><td></td></tr>
<tr><td>能够采取简历智能筛选数智化解决方案</td><td>25%</td><td></td><td></td><td></td></tr>
<tr><td>能够采取笔试面试安排数智化解决方案</td><td>25%</td><td></td><td></td><td></td></tr>
<tr><td>能够持续完善</td><td>25%</td><td></td><td></td><td></td></tr>
<tr><td>成绩加总</td><td>100%</td><td></td><td></td><td></td></tr>
<tr><td colspan="2">有益的经验和做法</td><td colspan="4"></td></tr>
<tr><td colspan="2">个人总结和反思</td><td colspan="4"></td></tr>
</table>

项目四 培训专员

任务一 实现人才增值

<table>
<tr><td colspan="6">任务工单 4-1　填写年度培训需求表</td></tr>
<tr><td colspan="2">所属项目</td><td colspan="2">项目四 培训专员</td><td>所属任务</td><td>任务一 实现人才增值</td></tr>
<tr><td rowspan="2">实训目的</td><td>任务目标</td><td colspan="3">技能要点</td><td>素质要点</td></tr>
<tr><td>填写年度培训需求表</td><td colspan="3">能够理解专业岗位所对应的人才培养需求点，总结相应的培训需求</td><td>养成“终身学习”的理念</td></tr>
<tr><td colspan="2">实训背景材料及要求</td><td colspan="4">你是善言无瑕集团股份有限公司的培训专员。某日，人力资源部经理胡印财让你运用合理的调研方法，调研销售部门今年的培训需求。</td></tr>
<tr><td>实训成果</td><td colspan="5"></td></tr>
<tr><td rowspan="6">实训评价</td><td>职业能力要求</td><td>权重 %</td><td>小组打分</td><td>教师打分</td><td>合计</td></tr>
<tr><td>能够运用恰当的培训需求调研方法</td><td>25%</td><td></td><td></td><td></td></tr>
<tr><td>能够掌握完整的培训需求要素</td><td>25%</td><td></td><td></td><td></td></tr>
<tr><td>能够制定合理的培训需求</td><td>25%</td><td></td><td></td><td></td></tr>
<tr><td>能够有效填写年度培训需求表</td><td>25%</td><td></td><td></td><td></td></tr>
<tr><td>成绩加总</td><td>100%</td><td></td><td></td><td></td></tr>
<tr><td colspan="2">有益的经验和做法</td><td colspan="4"></td></tr>
<tr><td colspan="2">个人总结和反思</td><td colspan="4"></td></tr>
</table>

任务二 开发培训体系

<table>
<tr><td colspan="6">任务工单 4－2　如何选择恰当的培训课程</td></tr>
<tr><td colspan="2">所属项目</td><td>项目四 培训专员</td><td>所属任务</td><td colspan="2">任务二 开发培训体系</td></tr>
<tr><td rowspan="2">实训目的</td><td>任务目标</td><td colspan="2">技能要点</td><td colspan="2">素质要点</td></tr>
<tr><td>挑选最适合的培训课程</td><td colspan="2">能够正确判断人才发展所需的培训课程，并进行重要性排序</td><td colspan="2">培养创新思维和实践能力，提高关注时事的意识和行动力；牢记人才是企业长远发展的第一资源</td></tr>
<tr><td colspan="2">实训背景材料及要求</td><td colspan="4">你是善言无瑕集团股份有限公司的培训专员，近期公司都在召开关于学习党的二十大报告的培训课程，人力资源部经理胡印财让你为本部门制定一份党的二十大报告的主题学习培训课程方案。</td></tr>
<tr><td>实训成果</td><td colspan="5"></td></tr>
<tr><td rowspan="6">实训评价</td><td colspan="2">职业能力要求</td><td>权重 %</td><td>小组打分</td><td>教师打分</td><td>合计</td></tr>
<tr><td colspan="2">能够制定党的二十大报告的主题培训课程方案</td><td>25%</td><td></td><td></td><td></td></tr>
<tr><td colspan="2">能够结合本专业要求挑选培训课程</td><td>25%</td><td></td><td></td><td></td></tr>
<tr><td colspan="2">能够旁征博引、知识共享</td><td>25%</td><td></td><td></td><td></td></tr>
<tr><td colspan="2">能够持续完善</td><td>25%</td><td></td><td></td><td></td></tr>
<tr><td colspan="2">成绩加总</td><td>100%</td><td></td><td></td><td></td></tr>
<tr><td colspan="2">有益的经验和做法</td><td colspan="5"></td></tr>
<tr><td colspan="2">个人总结和反思</td><td colspan="5"></td></tr>
</table>

任务三　设计培训教材

<table>
<tr><td colspan="6">任务工单 4－3　企业如何设计培训教材？</td></tr>
<tr><td colspan="2">所属项目</td><td colspan="2">项目四　培训专员</td><td>所属任务</td><td>任务三　设计培训教材</td></tr>
<tr><td rowspan="2">实训目的</td><td>任务目标</td><td colspan="3">技能要点</td><td>素质要点</td></tr>
<tr><td>明确培训教材设计的要求、具备设计培训教材的能力</td><td colspan="3">能够按照总要求设计培训教材</td><td>培养正确的道德决策，开放和信任的企业文化、遵守国家法律法规</td></tr>
<tr><td colspan="2">实训背景材料及要求</td><td colspan="4">你是善言无瑕股份有限集团分公司培训专员。某日，人力资源部李主任让你根据公司培训计划为新员工培训设计培训教材。
（一）设计合适的培训手段
1. 课程内容：公司概况介绍、公司的主要政策、制度及其工作程序、公司设施和部门参观。
2. 培训对象：新员工。
3. 培训方法：讲授法、现场参观、多媒体教学法。
（二）设计和使用印刷材料
1. 工作任务表。
2. 岗位指南。
3. 学员手册。
4. 培训者指南。
（三）设计视听材料</td></tr>
<tr><td>实训成果</td><td colspan="5"></td></tr>
<tr><td rowspan="6">实训评价</td><td>职业能力要求</td><td>权重 %</td><td>小组打分</td><td>教师打分</td><td>合计</td></tr>
<tr><td>能够查找新员工培训方面存在的问题</td><td>25%</td><td></td><td></td><td></td></tr>
<tr><td>能够总结他人的有益做法并加以应用</td><td>25%</td><td></td><td></td><td></td></tr>
<tr><td>能够提出改进措施</td><td>25%</td><td></td><td></td><td></td></tr>
<tr><td>能够持续完善</td><td>25%</td><td></td><td></td><td></td></tr>
<tr><td>成绩加总</td><td>100%</td><td></td><td></td><td></td></tr>
<tr><td colspan="2">有益的经验和做法</td><td colspan="4"></td></tr>
<tr><td colspan="2">个人总结和反思</td><td colspan="4"></td></tr>
</table>

任务四 实施培训

<table>
<tr><td colspan="6">任务工单 4－4　企业如何实施培训？</td></tr>
<tr><td colspan="2">所属项目</td><td colspan="2">项目四　培训专员</td><td>所属任务</td><td>任务四　实施培训</td></tr>
<tr><td rowspan="2">实训目的</td><td>任务目标</td><td colspan="3">技能要点</td><td>素质要点</td></tr>
<tr><td>明确培训方法、具备现场组织培训的能力</td><td colspan="3">能够有效地组织培训，掌握常用的培训方法</td><td>培养责任担当和大局意识</td></tr>
<tr><td colspan="2">实训背景材料及要求</td><td colspan="4">你是善言无瑕股份有限集团分公司培训专员。某日，人力资源部李主任让你根据公司培训计划为新员工进行培训。
（一）采用适合的培训方法
培训的主要方法有工作指导法、工作轮换法、特别任务法、个别指导法、课堂讲授法、案例分析法、讨论法、角色扮演培训法、拓展训练。
（二）组织现场培训
1. 课前现场管理
（1）确认设施、资料到位。
（2）确认学员、培训师到位。
（3）介绍课程、培训师和培训安排。
2. 课中现场管理
（1）培训组织者的现场管理。
（2）培训师的现场管理。
课程进入具体的实施阶段，对于培训师来说，一个良好的开端加上有效的课堂掌控，对于课程的顺利进行十分重要。对于培训现场出现的各类问题，培训组织者在充分了解情况的基础上，与培训师进行必要的沟通，及时采取适当的补救措施。
3. 课后现场管理
（1）安排测试评估和结业证书颁发。
（2）致谢和送别培训师、学员。
（3）清理检查各类设施设备和物品。</td></tr>
<tr><td>实训成果</td><td colspan="5"></td></tr>
<tr><td rowspan="6">实训评价</td><td>职业能力要求</td><td>权重 %</td><td>小组打分</td><td>教师打分</td><td>合计</td></tr>
<tr><td>能够查找现场培训方面存在的问题</td><td>25%</td><td></td><td></td><td></td></tr>
<tr><td>能够总结他人的有益做法并加以应用</td><td>25%</td><td></td><td></td><td></td></tr>
<tr><td>能够提出改进措施</td><td>25%</td><td></td><td></td><td></td></tr>
<tr><td>能够持续完善</td><td>25%</td><td></td><td></td><td></td></tr>
<tr><td>成绩加总</td><td>100%</td><td></td><td></td><td></td></tr>
<tr><td colspan="2">有益的经验和做法</td><td colspan="4"></td></tr>
<tr><td colspan="2">个人总结和反思</td><td colspan="4"></td></tr>
</table>

任务五　数智化培训

<table>
<tr><td colspan="6">任务工单 4－5　如何开展一场高效的数智化培训?</td></tr>
<tr><td>所属项目</td><td colspan="2">项目四　培训专员</td><td>所属任务</td><td colspan="2">任务五　数智化培训</td></tr>
<tr><td rowspan="2">实训目的</td><td>任务目标</td><td colspan="2">技能要点</td><td colspan="2">素质要点</td></tr>
<tr><td>学会撰写某一部门的培训计划</td><td colspan="2">能够按照流程制定培训方案</td><td colspan="2">培养全局视角和脚踏实地的工作作风</td></tr>
<tr><td>实训背景材料及要求</td><td colspan="5">你是善言无瑕集团股份有限公司的培训专员。某日，人力资源部经理胡印财让你根据销售部门业务制订相应的培训计划。</td></tr>
<tr><td>实训成果</td><td colspan="5"></td></tr>
<tr><td rowspan="6">实训评价</td><td>职业能力要求</td><td>权重 %</td><td>小组打分</td><td>教师打分</td><td>合计</td></tr>
<tr><td>能够制订恰当的培训计划</td><td>25%</td><td></td><td></td><td></td></tr>
<tr><td>能够掌握正确的培训流程</td><td>25%</td><td></td><td></td><td></td></tr>
<tr><td>能够结合多元化的培训方式</td><td>25%</td><td></td><td></td><td></td></tr>
<tr><td>能够使用有效的培训评估方法</td><td>25%</td><td></td><td></td><td></td></tr>
<tr><td>成绩加总</td><td>100%</td><td></td><td></td><td></td></tr>
<tr><td colspan="2">有益的经验和做法</td><td colspan="4"></td></tr>
<tr><td colspan="2">个人总结和反思</td><td colspan="4"></td></tr>
</table>

项目五 绩效专员

任务一 绩效考核介绍

<table>
<tr><td colspan="5">任务工单 5－1　绩效考核相关建议</td></tr>
<tr><td colspan="2">所属项目</td><td colspan="2">项目五 绩效专员</td><td>所属任务</td><td>任务一 绩效考核介绍</td></tr>
<tr><td rowspan="2">实训目的</td><td colspan="2">任务目标</td><td colspan="2">技能要点</td><td>素质要点</td></tr>
<tr><td colspan="2">能够对中小企业存在的绩效考核问题有基本的认知和了解</td><td colspan="2">能够掌握公司绩效考核的一般步骤</td><td>培养善于观察的学习意识和宏观思维</td></tr>
<tr><td colspan="2">实训背景材料及要求</td><td colspan="4">你是善言无瑕管理咨询公司的绩效专员。某日，另一个公司需要你们为其公司绩效考核给出相关建议。概况如下：
一、Y 公司成立于 2016 年，是一家互联网企业，公司发展迅速，每年的增速超过 100%。在营业收入接近 1 亿元的时候，公司创始人发现原有的以创始人个人能力为核心的领导方式已经逐步成为公司快速发展的障碍，于是，2023 年，创始人决定放慢发展速度，开始对组织能力进行升级，主要举措有两个：
（1）招揽高级人才。公司在几个一线城市设立了办公室，招聘了一大批在一线城市和大企业有过成功经历的优秀人才，并组成了 7 个人的管理团队，7 个人每人负责一个板块的业务，但是工作内容并不固定，根据需要随时进行调整；
（2）在招揽人才的同时，公司聘请了多个不同领域的咨询公司分别对公司的不同模块进行升级改造，绩效管理体系的改造便是其中之一。
二、该公司 2022 年的绩效管理基本做法如下：
（1）部门负责人及以上没有绩效考核；
（2）员工的绩效指标主要由上下级共同讨论决定；
（3）采用百分制，结果按照“实际得分 /100”确定考核系数，并跟奖金挂钩。
请结合绩效考核的步骤对上述企业给出建议。</td></tr>
<tr><td>实训成果</td><td colspan="5"></td></tr>
</table>

<table>
<tr><td>实训成果</td><td colspan="5"></td></tr>
<tr><td rowspan="6">实训评价</td><td>职业能力要求</td><td>权重 %</td><td>小组打分</td><td>教师打分</td><td>合计</td></tr>
<tr><td>能够查找绩效考核步骤方面存在的问题</td><td>25%</td><td></td><td></td><td></td></tr>
<tr><td>能够总结他人的有益做法并加以应用</td><td>25%</td><td></td><td></td><td></td></tr>
<tr><td>能够提出改进措施</td><td>25%</td><td></td><td></td><td></td></tr>
<tr><td>能够持续完善</td><td>25%</td><td></td><td></td><td></td></tr>
<tr><td>成绩加总</td><td>100%</td><td></td><td></td><td></td></tr>
<tr><td colspan="2">有益的经验和做法</td><td colspan="4"></td></tr>
<tr><td colspan="2">个人总结和反思</td><td colspan="4"></td></tr>
</table>

任务二 设计绩效考核指标及常用考核工具

<table>
<tr><td colspan="6">任务工单 5－2　绩效考核指标的设计</td></tr>
<tr><td colspan="2">所属项目</td><td colspan="2">项目五 绩效专员</td><td>所属任务</td><td>任务二 设计绩效考核指标及常用考核工具</td></tr>
<tr><td rowspan="2">实训目的</td><td colspan="2">任务目标</td><td colspan="2">技能要点</td><td>素质要点</td></tr>
<tr><td colspan="2">能够设计绩效考核指标</td><td colspan="2">绩效考核指标的设计</td><td>培养善于思考的能力和总结分析能力</td></tr>
<tr><td colspan="2">实训背景材料及要求</td><td colspan="4">你是善言无瑕集团股份有限公司的绩效专员，请你结合绩效考核指标设计原则和方法分析下面案例，如果让你来调整，应如何开展工作。
案例：小李是一名工作 6 年的销售员，他们团队共有 5 人，团队中其他 4 人都是他一手带出来的，一般促销、疑难客户都是小李处理的。小李感觉自己工作中付出了很多，但是月度的绩效结果却与其他人很接近，这个结果让他没有了工作的动力。</td></tr>
<tr><td>实训成果</td><td colspan="5"></td></tr>
<tr><td rowspan="6">实训评价</td><td>职业能力要求</td><td>权重 %</td><td>小组打分</td><td>教师打分</td><td>合计</td></tr>
<tr><td>能够查找绩效考核指标方面存在的问题</td><td>25%</td><td></td><td></td><td></td></tr>
<tr><td>能够总结他人的有益做法并加以应用</td><td>25%</td><td></td><td></td><td></td></tr>
<tr><td>能够提出改进措施</td><td>25%</td><td></td><td></td><td></td></tr>
<tr><td>能够持续完善</td><td>25%</td><td></td><td></td><td></td></tr>
<tr><td>成绩加总</td><td>100%</td><td></td><td></td><td></td></tr>
<tr><td colspan="2">有益的经验和做法</td><td colspan="4"></td></tr>
<tr><td colspan="2">个人总结和反思</td><td colspan="4"></td></tr>
</table>

任务三 如何做好绩效面谈

<table>
<tr><td colspan="4">任务工单 5－3　绩效反馈面谈的原则</td></tr>
<tr><td>所属项目</td><td>项目五 绩效专员</td><td>所属任务</td><td>任务三 如何做好绩效反馈面谈</td></tr>
<tr><td rowspan="2">实训目的</td><td>任务目标</td><td>技能要点</td><td>素质要点</td></tr>
<tr><td>熟悉绩效反馈面谈的原则</td><td>能够掌握绩效反馈面谈的原则</td><td>培养宏观管理思维、增强职场沟通能力</td></tr>
<tr><td>实训背景材料及要求</td><td colspan="3">你是善言无瑕集团股份有限公司的工作分析专员。请结合面谈流程步骤和原则，分析并填写下面绩效面谈过程中各个环节的优点。
背景：
小陆刚升任部门运营主管（有 2 名下属）满一年，工作热情很高，但工作方法有所欠缺。根据公司一季度的考核标准，部门经理对他绩效考核的预评估结果为 C，你需要与小陆通过绩效面谈提前做好心理预期以及绩效辅导工作。
<table>
<tr><td>沟通过程</td><td>点评</td></tr>
<tr><td>准备工作
经理：小陆，公司第一季度的考核马上要开始了，这周我想跟你聊聊你的绩效考核，我看了一下我本周的计划，周四、周五这两天没什么特别的事情，你看你什么时候方便？
小陆：嗯……周四吧，我周四下午时间都可以，您看行吗？
经理：那就周四下午 3 点，咱们去部门的会客室聊聊，正好你也利用这两天，整理一下你一季度的工作总结和二季度的工作目标。</td><td></td></tr>
<tr><td>开场
周四下午，部门经理带着整理好的小陆的绩效评估材料，提前 10 分钟来到了会客室，在茶几上摆好一个茶壶、两个茶杯之后，再一次翻阅了评估材料，在某些地方有针对性地标注出来。几分钟后，小陆敲门进屋，经理微笑示意小陆坐在自己右前方（会客室茶几的侧面），面谈开始。
经理：小陆，你知道公司马上要进行一季度的考核，而且公司对这方面很重视，我也希望通过今天的交流，能对你第一季度的表现有一个比较客观的评价。当然，更重要的目的是发现问题、总结经验，以便你能更好地进行下一季度的工作，今天面谈的内容会围绕这些方面，你觉得可以吗？
小陆：经理，我明白您的意思，正好我对我下一季度的工作有些想法，也希望借此机会听听您的建议。
经理：很好，那我们开始吧。你先按照公司的季度工作总结思路，谈谈自己一季度的工作情况吧。</td><td></td></tr>
</table></td></tr>
</table>

	沟通过程	点评
实训背景材料及要求	**倾听员工的自我评价** 小陆：好的，那我先回顾一下我的工作……（小陆用了 5 分钟左右汇报完了自己的工作情况） 经理：非常好，一季度你所负责的品牌运营工作很不错，尤其是在用户前期分析方面，收集了大量的数据并做了很精准的分析，对咱们部门在运营规则和广告精准投放上起到了非常好的支持作用。你在这方面的努力和付出，大家都是有目共睹的。 假如咱们整体的绩效考核分数满分是 100 分，你给自己打几分？（公司绩效考核为百分制，根据分数给予相应的等级） 小陆：嗯……60 分吧。 经理：60 分？那扣分都扣在哪儿了呢？ 小陆：听说下游部门投诉我们部门了，原因是没分出人手来配合他们进行 ×× 专场活动，导致客户那边影响也不好……	
	告知对方评估结果 经理：很好，你也知道，咱们部门其中一项重要的 KPI 就是服务好下游部门，这次考核，下游部门确实投诉了我们部门协作性的问题，他们反馈我们经常以“工作忙”为借口，直接拒绝他们的要求，最后导致 ×× 专场活动不仅在客户那里影响不太好，也给公司带来了一定的损失。所以根据公司考核标准，一季度的考核我给你的绩效评估结果是 C。对这一点，我也想听听你的看法。	
	讨论员工不同意的地方 小陆：这个问题确实存在，尤其是在公司的一些大型促销活动推进开展的时候，每个指标都非常严格，感觉很多任务突然间就压了下来。但我觉得不公平，我们团队总共就 3 个人，忙的时候实在是顾不过来，虽然我也知道下游部门负责的专场活动很重要，但确实是抽不出人手，没办法才拒绝他们的，公司规则是死的，但领导评分的时候是不是也得考虑一下我们的难处？ 经理：嗯，确实是，你们团队人手比较少是实情，我也很能理解，之前我也碰到过类似的情况，忙起来的时候确实是挺让人头疼的，有种“巧妇难为无米之炊”的无力感。如果你站在我的角度，因为你有难处，评分的时候就网开一面，那其他团队该怎么想？团队人手少，事实确实如此，但工作总是要做的，那有没有其他办法来解决呢？ 小陆：那下次这种事情领导您看能不能帮我借调人员过来，作为临时的补充？ 经理：不错的办法，这个可以有。其实像这种情况，你可以第一时间跟我沟通，我来帮你协商解决办法，人手可能不足确实也是实情，但对我们来说，毕竟面向客户的工作才是更重要的。如果说因为人手不够就不干活，不仅对咱们部门目标达成不利，甚至会给公司带来一些负面的影响。 小陆：经理，我明白了，下次这种情况，我会及时跟您沟通。	

	沟通过程	点评
实训背景材料及要求	经理：对了，以后有这类问题一定记得先跟我沟通。此外，你认为除了我们及时沟通，还有没有什么更好的办法来处理和解决这个问题呢？ 小陆：嗯，其实事后我也有想过，团队的任务繁重，有一些工作可以按照事情的轻重缓急重新梳理，这样可以集中精力在更重要的事情上，也好让我们腾出手来支持下游部门。 经理：（点头）很好，把工作按照优先级排序，再确认重点，这样确实是能够让工作变得更有序一些。除了这点以外，还有吗？ 小陆：嗯，还有就是要多跟团队成员沟通，协调有限的人手，提升工作效率，团队的工作不是靠我一个人就能完成的。比如上次那个专场活动，本来我跟他俩的交流就不是很多，再加上任务数量突增，我也没细想，简单布置过任务后就各干各的，也没有顾得上对任务的过程和结果进行追踪，我想这样对我自己和团队的发展都不好。 经理：（身体前倾，点头、认真倾听）既然你注意到了这一点，那你有什么好的解决办法吗？ 小陆：我想我需要在平时跟他俩多交流，可以多把问题拿出来共同讨论，可以提升他们的参与感，另外也要不定期对他们进行一些辅导，对他们多了解，多听听他们的想法，平时结合他们的特长来安排一些具体的工作，更好地体现他们的价值感，多分享、多交流，让团队的氛围更融洽一些，也能让自己和团队共同进步。	
	协助员工制订改进计划 经理：我也这么想，团队氛围的好坏是影响团队极大的因素，如果能在团队氛围营造上多花一点时间，对团队和成员的成长都会有很大帮助。 小陆：嗯，这方面也是我给自己在下个季度列出的工作重点，这两天我把思路捋一捋，就开始在这上面着手了。 经理：能够快速行动，这点很好。 小陆：经理放心，这个季度我明白问题出在了哪里，下个季度我会改正的。 经理：好，我们今天实际上是谈了两个问题：一是工作优先级排序，二是团队沟通和协作，我也做了记录。这两个问题你可以列入你的绩效改进计划中，关键是我想看到你在下一季度的改变。如果过程中有什么需要支持的地方，尽管提出来，我会尽可能帮你协调。 小陆：经理您放心，感谢您对我的支持。	
	结束面谈 经理：好的，如果没有其他问题，我们今天就谈到这里。这份绩效面谈记录是刚才咱们谈话的内容，如果没有异议，我们一起签一下。另外，你下一季度的工作规划和关键任务调整，下周一能发给我吗？ 小陆：好的，下周一中午之前我通过邮件发给您。 经理：小陆，谢谢你的合作，期待你下一季度有所突破。 小陆：好的，有了这些改进方向，我会做得更好的，经理再见。	

<table>
<tr><td>实训成果</td><td colspan="6"></td></tr>
<tr><td rowspan="6">实训评价</td><td colspan="2">职业能力要求</td><td>权重 %</td><td>小组打分</td><td>教师打分</td><td>合计</td></tr>
<tr><td colspan="2">能够查找绩效面谈方面存在的问题</td><td>25%</td><td></td><td></td><td></td></tr>
<tr><td colspan="2">能够总结他人的有益做法并加以应用</td><td>25%</td><td></td><td></td><td></td></tr>
<tr><td colspan="2">能够提出改进措施</td><td>25%</td><td></td><td></td><td></td></tr>
<tr><td colspan="2">能够持续完善</td><td>25%</td><td></td><td></td><td></td></tr>
<tr><td colspan="2">成绩加总</td><td>100%</td><td></td><td></td><td></td></tr>
<tr><td colspan="2">有益的经验和做法</td><td colspan="5"></td></tr>
<tr><td colspan="2">个人总结和反思</td><td colspan="5"></td></tr>
</table>

任务四 如何做好绩效结果的运用

<table>
<tr><td colspan="6">任务工单 5－4　针对绩效考核结果进行恰当的安排</td></tr>
<tr><td colspan="2">所属项目</td><td colspan="2">项目五 绩效专员</td><td>所属任务</td><td>任务四 如何做好绩效结果的运用</td></tr>
<tr><td rowspan="2">实训目的</td><td colspan="2">任务目标</td><td colspan="2">技能要点</td><td>素质要点</td></tr>
<tr><td colspan="2">能够针对绩效考核结果进行恰当的安排</td><td colspan="2">增强做好绩效结果运用的思维意识和科学规划工作流程</td><td>培养学生对于企业员工的服务意识和处理工作时的宏观意识</td></tr>
<tr><td colspan="2">实训背景材料及要求</td><td colspan="4">李四在你所在的公司工作，职位是招聘专员。年底绩效考核结束后，其部门经理给他进行评估，说今年做得真不错，技能都达标，然后拿出一张员工培训计划表。实际上李四的技能已经达标，需要培训的技能似乎很少了，但是这张表格后面加了一条：3～5年内你的工作目标是什么？李四心想：我非常喜欢人力资源这个工作，也想往高的职位上升，不想局限于当一个招聘专员。后来他就在上面写：希望自己做到人力资源部经理。
现在你是该公司绩效专员。请你根据李四的绩效结果和其个人意愿，给出他接下来的工作思路。</td></tr>
<tr><td>实训成果</td><td colspan="5"></td></tr>
<tr><td rowspan="6">实训评价</td><td>职业能力要求</td><td>权重 %</td><td>小组打分</td><td>教师打分</td><td>合计</td></tr>
<tr><td>能够查找绩效结果方面存在的问题</td><td>25%</td><td></td><td></td><td></td></tr>
<tr><td>能够总结他人的有益做法并加以应用</td><td>25%</td><td></td><td></td><td></td></tr>
<tr><td>能够提出改进措施</td><td>25%</td><td></td><td></td><td></td></tr>
<tr><td>能够持续完善</td><td>25%</td><td></td><td></td><td></td></tr>
<tr><td>成绩加总</td><td>100%</td><td></td><td></td><td></td></tr>
<tr><td colspan="2">有益的经验和做法</td><td colspan="4"></td></tr>
<tr><td colspan="2">个人总结和反思</td><td colspan="4"></td></tr>
</table>

任务五 数智化绩效管理

<table>
<tr><td colspan="7">任务工单 5－5　数智化绩效管理的认知</td></tr>
<tr><td colspan="2">所属项目</td><td colspan="2">项目五 绩效专员</td><td>所属任务</td><td colspan="2">任务五 数智化绩效管理</td></tr>
<tr><td rowspan="2">实训目的</td><td>任务目标</td><td colspan="3">技能要点</td><td colspan="2">素质要点</td></tr>
<tr><td>对数智化绩效管理有更深的认知</td><td colspan="3">了解数智化绩效管理目前发展的前沿动态</td><td colspan="2">培养学生与时俱进、开拓创新的思想意识</td></tr>
<tr><td colspan="2">实训背景材料及要求</td><td colspan="5">数字化时代管理的核心是：不仅要实现绩效目标，还要激活人。激活人是指要让自己的员工更有动力，让更优秀的人不断加盟，同时要给成员描述愿景的能力，让员工开阔眼界，不断提升其认知水平和能力。
你是善言无瑕集团股份有限公司的绩效专员，请你参考传统绩效管理与数智化绩效管理的不同，从发展角度为公司数智化绩效管理给出至少 3 个发展方向。</td></tr>
<tr><td>实训成果</td><td colspan="6"></td></tr>
<tr><td rowspan="6">实训评价</td><td colspan="2">职业能力要求</td><td>权重 %</td><td>小组打分</td><td>教师打分</td><td>合计</td></tr>
<tr><td colspan="2">能够查找绩效管理方面存在的问题</td><td>25%</td><td></td><td></td><td></td></tr>
<tr><td colspan="2">能够总结他人的有益做法并加以应用</td><td>25%</td><td></td><td></td><td></td></tr>
<tr><td colspan="2">能够提出改进措施</td><td>25%</td><td></td><td></td><td></td></tr>
<tr><td colspan="2">能够持续完善</td><td>25%</td><td></td><td></td><td></td></tr>
<tr><td colspan="2">成绩加总</td><td>100%</td><td></td><td></td><td></td></tr>
<tr><td colspan="2">有益的经验和做法</td><td colspan="5"></td></tr>
<tr><td colspan="2">个人总结和反思</td><td colspan="5"></td></tr>
</table>

项目六 薪酬专员

任务一 设计薪酬体系

任务工单 6－1　薪酬设计					
所属项目	项目六 薪酬专员		所属任务	任务一 设计薪酬体系	
实训目的	任务目标	技能要点		素质要点	
	掌握薪酬设计的原则	设计薪酬体系		培养公平公正的道德观	
实训背景材料及要求	你是善言无瑕集团股份有限公司房地产销售公司的薪酬专员，请设计公司的薪酬制度。				
实训成果					
实训评价	职业能力要求	权重 %	小组打分	教师打分	合计
	能够查找薪酬设计方面存在的问题	25%			
	能够总结他人的有益做法并加以应用	25%			
	能够提出改进措施	25%			
	能够持续完善	25%			
	成绩加总	100%			
有益的经验和做法					
个人总结和反思					

任务二 薪酬管理制度与实施流程

<table>
<tr><td colspan="6">任务工单 6-2　设计薪酬管理制度的实施流程</td></tr>
<tr><td colspan="2">所属项目</td><td colspan="2">项目六 薪酬专员</td><td>所属任务</td><td>任务二 薪酬管理制度与实施流程</td></tr>
<tr><td rowspan="2">实训目的</td><td>任务目标</td><td colspan="2">技能要点</td><td colspan="2">素质要点</td></tr>
<tr><td>掌握设计薪酬管理制度的实施流程</td><td colspan="2">设计薪酬管理制度的实施流程</td><td colspan="2">培养积极向上的精神</td></tr>
<tr><td colspan="2">实训背景材料及要求</td><td colspan="4">你的职位是薪酬专员，请设计公司的薪酬管理制度的实施流程。</td></tr>
<tr><td>实训成果</td><td colspan="5"></td></tr>
<tr><td rowspan="6">实训评价</td><td>职业能力要求</td><td>权重 %</td><td>小组打分</td><td>教师打分</td><td>合计</td></tr>
<tr><td>能够查找薪酬设计方面存在的问题</td><td>25%</td><td></td><td></td><td></td></tr>
<tr><td>能够总结他人的有益做法并加以应用</td><td>25%</td><td></td><td></td><td></td></tr>
<tr><td>能够提出改进措施</td><td>25%</td><td></td><td></td><td></td></tr>
<tr><td>能够持续完善</td><td>25%</td><td></td><td></td><td></td></tr>
<tr><td>成绩加总</td><td>100%</td><td></td><td></td><td></td></tr>
<tr><td colspan="2">有益的经验和做法</td><td colspan="4"></td></tr>
<tr><td colspan="2">个人总结和反思</td><td colspan="4"></td></tr>
</table>

任务三　计算个人所得税

<table>
<tr><td colspan="6">任务工单 6-3　计算个人所得税</td></tr>
<tr><td colspan="2">所属项目</td><td colspan="2">项目六 薪酬专员</td><td>所属任务</td><td>任务三 计算个人所得税</td></tr>
<tr><td rowspan="2">实训目的</td><td colspan="2">任务目标</td><td colspan="2">技能要点</td><td>素质要点</td></tr>
<tr><td colspan="2">计算个人所得税</td><td colspan="2">计算个人所得税</td><td>培养遵纪守法的价值观</td></tr>
<tr><td colspan="2">实训背景材料及要求</td><td colspan="4">善言无瑕集团股份有限公司的小李每年的工资、薪金收入为 17 万元，小李每月的减除费用（基本保险、公积金、企业年金）为 2 000 元，专项扣除 5 000 元。小李每月缴纳的个人所得税为预缴，在下一年时才汇算清缴当年应纳税款。那小李应纳税款是多少？要求列出算式。</td></tr>
<tr><td>实训成果</td><td colspan="5"></td></tr>
<tr><td rowspan="6">实训评价</td><td>职业能力要求</td><td>权重 %</td><td>小组打分</td><td>教师打分</td><td>合计</td></tr>
<tr><td>能够查找薪酬计算方面存在的问题</td><td>25%</td><td></td><td></td><td></td></tr>
<tr><td>能够总结他人的有益做法并加以应用</td><td>25%</td><td></td><td></td><td></td></tr>
<tr><td>能够提出改进措施</td><td>25%</td><td></td><td></td><td></td></tr>
<tr><td>能够持续完善</td><td>25%</td><td></td><td></td><td></td></tr>
<tr><td>成绩加总</td><td>100%</td><td></td><td></td><td></td></tr>
<tr><td colspan="2">有益的经验和做法</td><td colspan="4"></td></tr>
<tr><td colspan="2">个人总结和反思</td><td colspan="4"></td></tr>
</table>

任务四 工资表的制作与核算

<table>
<tr><td colspan="6">任务工单 6-4　工资表的制作与核算</td></tr>
<tr><td colspan="2">所属项目</td><td colspan="2">项目六　薪酬专员</td><td>所属任务</td><td>任务四　工资表的制作与核算</td></tr>
<tr><td rowspan="2">实训目的</td><td>任务目标</td><td colspan="2">技能要点</td><td colspan="2">素质要点</td></tr>
<tr><td>掌握工资表的制作与核算</td><td colspan="2">工资表的制作与核算</td><td colspan="2">公平、公正的薪酬标准</td></tr>
<tr><td colspan="2">实训背景材料及要求</td><td colspan="4">你所在的单位是善言无瑕集团股份有限公司医疗器械分公司，你的职位是薪酬专员。请你设计公司的工资表格。</td></tr>
<tr><td>实训成果</td><td colspan="5"></td></tr>
<tr><td rowspan="6">实训评价</td><td>职业能力要求</td><td>权重 %</td><td>小组打分</td><td>教师打分</td><td>合计</td></tr>
<tr><td>能够查找薪酬设计方面存在的问题</td><td>25%</td><td></td><td></td><td></td></tr>
<tr><td>能够总结他人的有益做法并加以应用</td><td>25%</td><td></td><td></td><td></td></tr>
<tr><td>能够提出改进措施</td><td>25%</td><td></td><td></td><td></td></tr>
<tr><td>能够持续完善</td><td>25%</td><td></td><td></td><td></td></tr>
<tr><td>成绩加总</td><td>100%</td><td></td><td></td><td></td></tr>
<tr><td colspan="2">有益的经验和做法</td><td colspan="4"></td></tr>
<tr><td colspan="2">个人总结和反思</td><td colspan="4"></td></tr>
</table>

任务五 数智化薪酬管理

<table>
<tr><td colspan="6">任务工单 6－5 数智化薪酬管理的流程</td></tr>
<tr><td colspan="2">所属项目</td><td colspan="2">项目六 薪酬专员</td><td>所属任务</td><td>任务四 数智化薪酬管理</td></tr>
<tr><td rowspan="2">实训目的</td><td>任务目标</td><td colspan="3">技能要点</td><td>素质要点</td></tr>
<tr><td>系统掌握数智化薪酬管理的流程</td><td colspan="3">能够具备一定的数智化管理思维，掌握数智化薪酬管理的流程并灵活运用</td><td>培养学习者与时俱进的思想意识、严谨的逻辑思维</td></tr>
<tr><td colspan="2">实训背景材料及要求</td><td colspan="4">你是善言无瑕集团股份有限公司的薪酬专员。某日，人力资源部经理胡印财让你根据薪酬管理数智化转型需要绘制出数智化薪酬管理流程图。</td></tr>
<tr><td>实训成果</td><td colspan="5"></td></tr>
<tr><td rowspan="6">实训评价</td><td>职业能力要求</td><td>权重 %</td><td>小组打分</td><td>教师打分</td><td>合计</td></tr>
<tr><td>能够把握薪酬管理数智化转型的方向</td><td>25%</td><td></td><td></td><td></td></tr>
<tr><td>能够根据所学知识梳理薪酬管理流程</td><td>25%</td><td></td><td></td><td></td></tr>
<tr><td>能够提出改进措施</td><td>25%</td><td></td><td></td><td></td></tr>
<tr><td>能够持续完善</td><td>25%</td><td></td><td></td><td></td></tr>
<tr><td>成绩加总</td><td>100%</td><td></td><td></td><td></td></tr>
<tr><td colspan="2">有益的经验和做法</td><td colspan="4"></td></tr>
<tr><td colspan="2">个人总结和反思</td><td colspan="4"></td></tr>
</table>

项目七 社保专员

任务一 企业开设社保账户

<table>
<tr><td colspan="6">任务工单 7－1　企业如何开设社保账户</td></tr>
<tr><td colspan="2">所属项目</td><td colspan="2">项目七 社保专员</td><td>所属任务</td><td>任务一 企业开设社保账户</td></tr>
<tr><td rowspan="2">实训目的</td><td>任务目标</td><td colspan="3">技能要点</td><td>素质要点</td></tr>
<tr><td>能够熟知开设社保账户和申领社保的流程</td><td colspan="3">熟练掌握开设社保账户与申领的条件</td><td>激发学生的求知欲，培养学生的创造性和探索精神；培养学生诚实公正、遵章守法、恪尽职守的职业道德素养</td></tr>
<tr><td colspan="2">实训背景材料及要求</td><td colspan="4">你是善言无瑕集团股份集团有限公司的社保专员。由于是新成立的公司，需要开设社保账户，实地调研，画出开设账户流程图。</td></tr>
<tr><td>实训成果</td><td colspan="5"></td></tr>
<tr><td rowspan="6">实训评价</td><td>职业能力要求</td><td>权重 %</td><td>小组打分</td><td>教师打分</td><td>合计</td></tr>
<tr><td>能够找到办理途径和收集资料信息</td><td>25%</td><td></td><td></td><td></td></tr>
<tr><td>能够总结他人的有益做法并加以应用</td><td>25%</td><td></td><td></td><td></td></tr>
<tr><td>能够提出改进措施</td><td>25%</td><td></td><td></td><td></td></tr>
<tr><td>能够持续完善</td><td>25%</td><td></td><td></td><td></td></tr>
<tr><td>成绩加总</td><td>100%</td><td></td><td></td><td></td></tr>
<tr><td colspan="2">有益的经验和做法</td><td colspan="4"></td></tr>
<tr><td colspan="2">个人总结和反思</td><td colspan="4"></td></tr>
</table>

任务二 社会保险的使用方法

<table>
<tr><td colspan="6">任务工单 7－2 社会保险的法律要求有哪些?</td></tr>
<tr><td>所属项目</td><td colspan="2">项目七 社保专员</td><td>所属任务</td><td colspan="2">任务二 社会保险的使用方法</td></tr>
<tr><td rowspan="2">实训目的</td><td>任务目标</td><td>技能要点</td><td colspan="3">素质要点</td></tr>
<tr><td>能够熟知社会保险的构成要素</td><td>能够熟练掌握社会保险的法律要求</td><td colspan="3">养成团队合作精神、创新精神和不怕困难的精神；培养遵纪守法、恪尽职守的职业道德素养</td></tr>
<tr><td>实训背景材料及要求</td><td colspan="5">你是善言无瑕集团股份有限公司的社保专员。某日，人力资源部经理胡印财让你根据公司情况准备一份给员工普及社保知识的讲稿。</td></tr>
<tr><td>实训成果</td><td colspan="5"></td></tr>
<tr><td rowspan="6">实训评价</td><td>职业能力要求</td><td>权重 %</td><td>小组打分</td><td>教师打分</td><td>合计</td></tr>
<tr><td>能够查找相关资料</td><td>25%</td><td></td><td></td><td></td></tr>
<tr><td>能够总结他人的有益做法并加以应用</td><td>25%</td><td></td><td></td><td></td></tr>
<tr><td>能够提出改进措施</td><td>25%</td><td></td><td></td><td></td></tr>
<tr><td>能够持续完善</td><td>25%</td><td></td><td></td><td></td></tr>
<tr><td>成绩加总</td><td>100%</td><td></td><td></td><td></td></tr>
<tr><td>有益的经验和做法</td><td colspan="5"></td></tr>
<tr><td>个人总结和反思</td><td colspan="5"></td></tr>
</table>

任务三 企业开设公积金账户

<table>
<tr><td colspan="5">任务工单 7－3　住房公积金的申领流程</td></tr>
<tr><td>所属项目</td><td colspan="2">项目七 社保专员</td><td>所属任务</td><td>任务三 企业开设公积金账户</td></tr>
<tr><td rowspan="2">实训目的</td><td>任务目标</td><td colspan="2">技能要点</td><td>素质要点</td></tr>
<tr><td>能够熟知开设住房公积金账户与申领的条件</td><td colspan="2">能够熟练掌握开设社保账户和申领社保的流程</td><td>激发求知欲，培养创造性和探索精神；培养诚实公正、遵章守法、恪尽职守的职业道德素养</td></tr>
<tr><td>实训背景材料及要求</td><td colspan="4">你是公司的社保专员，由于是新成立的公司，请列举住房公积金账户开设所需准备的材料和流程。</td></tr>
<tr><td>实训成果</td><td colspan="4"></td></tr>
</table>

<table>
<tr><td rowspan="6">实训评价</td><td>职业能力要求</td><td>权重 %</td><td>小组打分</td><td>教师打分</td><td>合计</td></tr>
<tr><td>能够找到办理渠道和收集所需资料信息</td><td>25%</td><td></td><td></td><td></td></tr>
<tr><td>能够总结他人的有益做法并加以应用</td><td>25%</td><td></td><td></td><td></td></tr>
<tr><td>能够提出改进措施</td><td>25%</td><td></td><td></td><td></td></tr>
<tr><td>能够持续完善</td><td>25%</td><td></td><td></td><td></td></tr>
<tr><td>成绩加总</td><td>100%</td><td></td><td></td><td></td></tr>
<tr><td colspan="2">有益的经验和做法</td><td colspan="4"></td></tr>
<tr><td colspan="2">个人总结和反思</td><td colspan="4"></td></tr>
</table>

任务四 申领工伤保险

<table>
<tr><td colspan="7">任务工单 7－4　工人违章操作受伤，能否认定为工伤？</td></tr>
<tr><td colspan="2">所属项目</td><td colspan="2">项目七 社保专员</td><td>所属任务</td><td colspan="2">任务四 申领工伤保险</td></tr>
<tr><td rowspan="2">实训目的</td><td colspan="2">任务目标</td><td colspan="2">技能要点</td><td colspan="2">素质要点</td></tr>
<tr><td colspan="2">能够熟知社保申领的条件</td><td colspan="2">能够熟练掌握申领工伤保险的流程</td><td colspan="2">激发求知欲，培养创造性和探索精神；培养诚实公正、遵章守法、恪尽职守的职业道德素养</td></tr>
<tr><td colspan="2">实训背景材料及要求</td><td colspan="5">邢某是某金属制品有限公司的一名操作工人。2023 年 8 月 13 日工作时，邢某嫌机器出件慢而没有按照规章制度操作机器，导致右手被机器挤压致残后住院。出院后，邢某要求公司为其申报工伤认定，遭公司拒绝。
请判断能否认定为工伤并说明理由。</td></tr>
<tr><td>实训成果</td><td colspan="6"></td></tr>
<tr><td rowspan="6">实训评价</td><td colspan="2">职业能力要求</td><td>权重 %</td><td>小组打分</td><td>教师打分</td><td>合计</td></tr>
<tr><td colspan="2">能够查找案例中存在的问题</td><td>25%</td><td></td><td></td><td></td></tr>
<tr><td colspan="2">能够查找相关法律并分析</td><td>25%</td><td></td><td></td><td></td></tr>
<tr><td colspan="2">能够提出改进措施</td><td>25%</td><td></td><td></td><td></td></tr>
<tr><td colspan="2">能够持续完善</td><td>25%</td><td></td><td></td><td></td></tr>
<tr><td colspan="2">成绩加总</td><td>100%</td><td></td><td></td><td></td></tr>
<tr><td colspan="2">有益的经验和做法</td><td colspan="5"></td></tr>
<tr><td colspan="2">个人总结和反思</td><td colspan="5"></td></tr>
</table>

任务五 数智化福利管理

<table>
<tr><td colspan="6">任务工单 7－5 数智化福利管理的含义和内容</td></tr>
<tr><td>所属项目</td><td colspan="2">项目七 社保专员</td><td>所属任务</td><td colspan="2">任务五 数智化福利管理</td></tr>
<tr><td rowspan="2">实训目的</td><td>任务目标</td><td colspan="2">技能要点</td><td colspan="2">素质要点</td></tr>
<tr><td>能够熟知数智化福利管理的含义和内容</td><td colspan="2">能够熟练掌握数智化福利管理的开展方向和内容</td><td colspan="2">培养遵章守法、恪尽职守的职业道德素养</td></tr>
<tr><td>实训背景材料及要求</td><td colspan="5">你是善言无瑕集团股份有限公司的社保专员。某日，人力资源部经理胡印财让你根据公司情况设计一个福利方案。</td></tr>
<tr><td>实训成果</td><td colspan="5"></td></tr>
<tr><td rowspan="6">实训评价</td><td>职业能力要求</td><td>权重 %</td><td>小组打分</td><td>教师打分</td><td>合计</td></tr>
<tr><td>能够查找福利方案中的不足</td><td>25%</td><td></td><td></td><td></td></tr>
<tr><td>能够总结他人的有益做法并加以应用</td><td>25%</td><td></td><td></td><td></td></tr>
<tr><td>能够提出改进措施</td><td>25%</td><td></td><td></td><td></td></tr>
<tr><td>能够持续完善</td><td>25%</td><td></td><td></td><td></td></tr>
<tr><td>成绩加总</td><td>100%</td><td></td><td></td><td></td></tr>
<tr><td>有益的经验和做法</td><td colspan="5"></td></tr>
<tr><td>个人总结和反思</td><td colspan="5"></td></tr>
</table>

项目八 劳动关系专员

任务一 职位变动沟通

<table>
<tr><td colspan="6">任务工单 8－1　如何做好员工变动沟通？</td></tr>
<tr><td colspan="2">所属项目</td><td colspan="2">项目八 劳动关系专员</td><td>所属任务</td><td>任务一 职位变动沟通</td></tr>
<tr><td rowspan="2">实训目的</td><td>任务目标</td><td colspan="3">技能要点</td><td>素质要点</td></tr>
<tr><td>了解职位变动类型；掌握职位变动申请表制作方法与技巧</td><td colspan="3">能熟练掌握职位沟通原则，独立操作计算机办公软件，独立完成员工职位变动表格制作</td><td>培养逻辑思维能力、创新能力和计算机操作能力</td></tr>
<tr><td colspan="2">实训背景材料及要求</td><td colspan="4">你是公司人力资源部经理助理，请独立完成员工职位变动表格制作，包括表格设计、表格内容选择等。
学生设计职位变动表，教师组织学生进行成果展示，学生之间互相评分。教师根据学生作品设计存在的问题进行点拨，破解学生在设计职位变动表中遇到的问题。</td></tr>
<tr><td>实训成果</td><td colspan="5"></td></tr>
<tr><td rowspan="5">实训评价</td><td>职业能力要求</td><td>权重 %</td><td>小组打分</td><td>教师打分</td><td>合计</td></tr>
<tr><td>能够通过同伴互助完成实训</td><td>50%</td><td></td><td></td><td></td></tr>
<tr><td>能够提出改进措施</td><td>25%</td><td></td><td></td><td></td></tr>
<tr><td>能够持续完善</td><td>25%</td><td></td><td></td><td></td></tr>
<tr><td>成绩加总</td><td>100%</td><td></td><td></td><td></td></tr>
<tr><td colspan="2">有益的经验和做法</td><td colspan="4"></td></tr>
<tr><td colspan="2">个人总结和反思</td><td colspan="4"></td></tr>
</table>

任务二 员工冲突管理

<table>
<tr><td colspan="6">任务工单 8-2　员工冲突处理方法</td></tr>
<tr><td>所属项目</td><td colspan="2">项目八 劳动关系专员</td><td>所属任务</td><td colspan="2">任务二 员工冲突管理</td></tr>
<tr><td rowspan="2">实训目的</td><td>任务目标</td><td colspan="2">技能要点</td><td colspan="2">素质要点</td></tr>
<tr><td>掌握冲突处理与预防；熟练掌握解决员工冲突方法</td><td colspan="2">熟练掌握解决员工之间冲突的方法，独立解决岗位员工冲突</td><td colspan="2">培养诚实公正、遵章守法、恪尽职守的职业道德素养</td></tr>
<tr><td>实训背景材料及要求</td><td colspan="5">当你走过你的部门时，下属小杰朝你走来，要求与你私下谈谈。显然有什么事情在烦扰着小杰。因此，你回到办公室才坐下，小杰就滔滔不绝地谈他与同事小麦之间的冲突。照小杰的说法，小麦欺人太甚了。特别是，小麦为了使小杰难堪，故意把持住一些重要的信息，而小杰正需要这些信息来充实报告。小麦甚至利用别人做的工作为自己获得荣誉。小杰坚持认为：你必须对小麦的态度采取行动，而且必须尽快行动，否则，他警告地说，你的部门将会有好戏看。
要求：分组训练，扮演其中的角色，运用所学知识处理员工之间的冲突。在演练的过程中，注意服饰、举止与仪容的和谐，交谈的声音、语调、话语内容要适宜。</td></tr>
<tr><td>实训成果</td><td colspan="5"></td></tr>
<tr><td rowspan="5">实训评价</td><td>职业能力要求</td><td>权重 %</td><td>小组打分</td><td>教师打分</td><td>合计</td></tr>
<tr><td>能够通过同伴互助完成实训</td><td>50%</td><td></td><td></td><td></td></tr>
<tr><td>能够提出改进措施</td><td>25%</td><td></td><td></td><td></td></tr>
<tr><td>能够持续完善</td><td>25%</td><td></td><td></td><td></td></tr>
<tr><td>成绩加总</td><td>100%</td><td></td><td></td><td></td></tr>
<tr><td>有益的经验和做法</td><td colspan="5"></td></tr>
<tr><td>个人总结和反思</td><td colspan="5"></td></tr>
</table>

任务三 员工离职面谈

<table>
<tr><td colspan="6">任务工单 8-3　离职面谈</td></tr>
<tr><td colspan="2">所属项目</td><td colspan="2">项目八 劳动关系专员</td><td>所属任务</td><td>任务三 员工离职面谈</td></tr>
<tr><td rowspan="2">实训目的</td><td>任务目标</td><td colspan="2">技能要点</td><td colspan="2">素质要点</td></tr>
<tr><td>了解员工离职的类型及原因，掌握离职面谈原则</td><td colspan="2">能够熟练掌握员工离职面谈的方法与技巧，能够独立进行员工离职面谈</td><td colspan="2">激发求知欲，培养创造性和探索精神；培养诚实公正、遵章守法、恪尽职守的职业道德素养</td></tr>
<tr><td colspan="2">实训背景材料及要求</td><td colspan="4">宏瑞公司车间新招来 8 名员工，由于最近生产订单任务很重，人事经理小张特意嘱咐车间主任小赵要多关心一下新员工。第七天，车间主任小赵告诉人事经理小张，新招来的员工中有 3 名要离职，这才入职七天就离职，订单压力将会更大。于是人事经理小张决定亲自找员工谈谈，看看如何能够挽留他们。员工：“一个人要管理 6 台机器，劳动强度大，以前一个人开 4 台机器，工资却差不多；我们以前工资是不缴税的，现在还要缴税，到手工资还少了一点。我们不需要保险，因为不知道在上海会待几年，说不定很快就要回老家了，怎么算都缴不满 15 年，缴了也白缴。”人事经理：“我们公司虽然计件工资和你之前差不多，但我们公司没有明显的淡季，这点周围没有其他企业可以相比的，就算淡季放假，也是发全额工资的。此外，我们还有年终奖，周围很多企业一线工人是没有年终奖的。从一年综合收入的角度来看，我们公司比周围的其他企业是明显要高的。我们是全员缴纳社保，对你们以后是有保障的，回老家可以把社保转回去，不满年限，你们可以自己的名义接着缴纳或者转为农保，总体还是划算的。”员工：“我们是基层打工的，看不到这么远，我们只关心做了多少、每个月到手可以拿多少钱。社保我们实在不想缴，还不如把这个钱给我们，反而更加实惠。谢谢你了领导，我们已经决定离开了。”
要求：学生分组角色演练，教师点评。</td></tr>
<tr><td>实训成果</td><td colspan="5"></td></tr>
<tr><td rowspan="5">实训评价</td><td>职业能力要求</td><td>权重 %</td><td>小组打分</td><td>教师打分</td><td>合计</td></tr>
<tr><td>能够通过同伴互助完成实训</td><td>50%</td><td></td><td></td><td></td></tr>
<tr><td>能够提出改进措施</td><td>25%</td><td></td><td></td><td></td></tr>
<tr><td>能够持续完善</td><td>25%</td><td></td><td></td><td></td></tr>
<tr><td>成绩加总</td><td>100%</td><td></td><td></td><td></td></tr>
<tr><td colspan="2">有益的经验和做法</td><td colspan="4"></td></tr>
<tr><td colspan="2">个人总结和反思</td><td colspan="4"></td></tr>
</table>

任务四 数智化劳动关系管理

<table>
<tr><td colspan="6">任务工单 8－4　数智化劳动争议</td></tr>
<tr><td colspan="2">所属项目</td><td colspan="2">项目八 劳动关系专员</td><td>所属任务</td><td>任务四 数智化劳动关系管理</td></tr>
<tr><td rowspan="2">实训目的</td><td colspan="2">任务目标</td><td colspan="2">技能要点</td><td>素质要点</td></tr>
<tr><td colspan="2">掌握数智化劳动关系管理原则，掌握数智化劳动合同内容和电子劳动合同签订方法与技巧</td><td colspan="2">能够熟练掌握电子劳动合同制作方法与技巧；电子劳动合同签订方法与技巧；能够独立制作电子劳动合同</td><td>激发求知欲，培养创造性和探索精神；培养诚实公正、遵章守法、恪尽职守的职业道德素养</td></tr>
<tr><td colspan="2">实训背景材料及要求</td><td colspan="4">乙方的职务为天地网络公司内部网络维护工程师，主要负责公司内部网数据规划建设和内部网安全维护。乙方的正常工作时间为每日 8 小时。甲方根据工作需要要求乙方加班时，乙方除不可抗拒的原因，应予配合。乙方须遵守员工手册中规定的各项劳动纪律。甲方应按月支付乙方报酬，乙方的工资待遇为 6 000 元 / 月。本合同一式两份，甲、乙双方各一份，经双方签章后于 2023 年 8 月 1 日起生效。本合同为长期合同，甲、乙双方若不特别声明，本合同持续有效。甲、乙双方在履行本合同的过程中发生争议，同意以人力资源和社会保障局为第一审理机关。请指出以上条款中缺少哪些法定条款。补充完整后制定一份电子劳动合同，并组织甲、乙双方签订电子劳动合同。</td></tr>
<tr><td>实训成果</td><td colspan="5"></td></tr>
<tr><td rowspan="5">实训评价</td><td>职业能力要求</td><td>权重 %</td><td>小组打分</td><td>教师打分</td><td>合计</td></tr>
<tr><td>能够独立设计电子劳动合同</td><td>50%</td><td></td><td></td><td></td></tr>
<tr><td>能够总结他人的有益做法并加以应用</td><td>25%</td><td></td><td></td><td></td></tr>
<tr><td>能够提出改进措施</td><td>25%</td><td></td><td></td><td></td></tr>
<tr><td>能够持续完善</td><td>100%</td><td></td><td></td><td></td></tr>
<tr><td colspan="2">有益的经验和做法</td><td colspan="4"></td></tr>
<tr><td colspan="2">个人总结和反思</td><td colspan="4"></td></tr>
</table>

省级精品在线开放课程配套教材

新编21世纪高等职业教育精品教材
人力资源管理系列

人力资源管理基础技能

（含活页练习册）

主　编　马蔚然　顾　然
副主编　王　琪　何　峰　王　君　谢艾秀　郭远红
参　编　魏芳园　赵婧婉　王英杰
主　审　刘　洁

中国人民大学出版社
·北京·

图书在版编目（CIP）数据

人力资源管理基础技能：含活页练习册 / 马蔚然，顾然主编 .-- 北京 ：中国人民大学出版社，2024.1

新编 21 世纪高等职业教育精品教材. 人力资源管理系列

ISBN 978-7-300-32129-5

Ⅰ. ①人… Ⅱ. ①马… ②顾… Ⅲ. ①人力资源管理－高等职业教育－教材 Ⅳ. ① F243

中国国家版本馆 CIP 数据核字（2023）第 160488 号

省级精品在线开放课程配套教材

新编 21 世纪高等职业教育精品教材 · 人力资源管理系列

人力资源管理基础技能（含活页练习册）

主　编　马蔚然　顾　然

副主编　王　琪　何　峰　王　君　谢艾秀　郭远红

参　编　魏芳园　赵婧婉　王英杰

主　审　刘　洁

Renli Ziyuan Guanli Jichu Jineng

出版发行	中国人民大学出版社		
社　　址	北京中关村大街 31 号	**邮政编码**	100080
电　　话	010－62511242（总编室）		010－62511770（质管部）
	010－82501766（邮购部）		010－62514148（门市部）
	010－62515195（发行公司）		010－62515275（盗版举报）
网　　址	http://www.crup.com.cn		
经　　销	新华书店		
印　　刷	中煤（北京）印务有限公司		
开　　本	787 mm × 1092 mm　1/16	**版　　次**	2024 年 1 月第 1 版
印　　张	16.5	**印　　次**	2024 年 1 月第 1 次印刷
字　　数	363 000	**定　　价**	49.00 元

前言

PREFACE

随着社会的飞速发展和经济环境的不断变化，企业想要谋取更好的生存发展，就需要建立灵活的人力资源管理模式、改进人力资源管理工作体制、提升人力资源管理水平，从而提升自身的竞争力。

本书立足于实际岗位，是在全面理解《国家职业教育改革实施方案》等相关职教文件精神的基础上，为进一步深化职业教育“三教”改革而推出的校企双元合作教材。本书通过大量的前期调研，以贴近真实岗位、贴近实际工作为编写宗旨，多角度、全方位、深入浅出地讲解人力资源管理的工作内容。与同类教材相比，本书具有以下特色：

1. 活页式教材。本书的编写以学生为中心，以行动为导向，各基本框架相对独立，可组合、可拆分、可单独更新；使用时可结合实际情况灵活地对教材中涉及的工作任务进行单独更新和优化组合。

2. 工作手册式教材。本书打破传统的学科体系，以职业岗位活动为中心、以典型工作任务为载体，将企业工作手册的编写理念引入教材建设，给出从工作准备到工作验收的完整操作流程，指出工作中可能遇到的问题和处理方法，既反映企业真实的岗位活动和生产流程，又符合职业教育的基本教学规律。

3. 融媒体教材。本书以互联网为基本载体，将传统纸质媒体与新兴数字媒体相融合，综合利用文字、图片、声音、动画、视频等不同方式展示教材内容，多层次、立体化地展示设备仪器的立体结构和动态的生产过程，与教材使用者之间具有较强的交互性。

4. 加入人力资源管理数字化、智能化相关内容，体现人力资源前沿趋势。党的二十大报告中强调加快建设“网络强国、数字中国”和“加快发展数字经济，促进数字经济和实体经济深度融合”。面向未来，数字化、智能化是各个行业发展的必然趋势，因此，本书有效融入了目前人力资源管理方向数字化、智能化的知识和故事，与时俱进，帮助学生开阔视野、提升认知。

本书的编写人员中既有经验丰富的一线教师，也有企业专家及专业的一线人力资源管理人员。他们能够坚持正确的政治导向，熟悉相关行业发展前沿知识与技术且教材编写经验丰富。全书由辽宁经济职业技术学院副教授马蔚然和讲师王君、郭远红、魏芳园，辽宁特殊教育师范高等专科学校副教授顾然，辽宁省人力资源和社会保障行业协会会长、法人代表、汇智人力资源集团股份有限公司董事长王英杰，沈阳中宏全域旅游发展公司副总经理王琪，广东财贸职业学院中级经济师谢艾秀，焦作大学何峰，威孚商务信息咨询（上海）有限公司沈阳分部签证专员赵婧婉共同编写。马蔚然任第一主编，顾然任第二主编，王琪、何峰、王君、谢艾秀、郭远红任副主编。马蔚然负责全书统稿、编写大纲、框架设计、制定学习目标、勾画全书配图和思维导图，编写故事案例及项目一、项目二、项目六、项目三的任务六的主教材及活页练习册，主讲微课。顾然编写项目五的主教材及活页练习册，主讲微课。王琪编写项目八的主教材及活页练习册，主讲微课。何峰编写项目七的主教材及活页练习册。王君编写项目三的任务一、二、三、四、五的主教材及活页练习册。谢艾秀编写项目四的任务一、二、五的主教材及活页练习册。郭远红编写项目四的任务三、四的主教材及活页练习册，主讲微课。王英杰编写并审查了书中的部分企业案例，主讲微课。魏芳园、赵婧婉负责部分文稿和图表校对。

在本书编写过程中，我们得到了企业和社会团体各方大力支持，58 同城人力资源事业部外包总监刘洁主审了全书，为书中的新技能、新知识、新理念以及数智化提供了宝贵意见。书中部分内容参阅并借鉴了国内优秀教材和一些网络资源，参考文献无法一一列出，在此一并感谢。

本书是辽宁省高等职业教育兴辽卓越专业群立项建设项目和辽宁省职业教育与继续教育教学改革研究项目立项（辽教办〔2022〕350 号）阶段性成果。本书数字教材部分的配套资源被评为 2022 年辽宁省职业教育精品在线开放课程。

本书既可以作为高职工商管理类、人力资源管理类、公共管理类、市场营销类、企业管理类专业的教材，同时也可以供相关从业人员使用。

由于时间原因，书中不足之处在所难免，恳请读者批评指正。

编者

目录

CONTENTS

项目一 人力资源管理基础技能概述

学习目标

知识目标

- 了解人力资源管理体系的架构；
- 熟悉现代企业“以人为本”的管理要求；
- 掌握中小企业人力资源管理体系的建构方法；
- 掌握数智化的基本含义。

技能目标

- 能够熟知人力资源管理专员的工作能力；
- 能够熟知数智化的工作内容；
- 能够了解人力资源管理工作的岗位职责和工作流程。

素质目标

- 具有强烈的社会责任感和敬业精神；
- 维护企业和员工的合法权益。

- 人力资源管理基础技能概述
  - 人力资源管理体系的建立
    - 人力资源管理体系的架构
    - 人力资源管理体系的构建步骤
  - 人力资源管理专员的工作能力
    - 人力资源管理专员的工作
    - 人力资源管理专员的胜任力
    - 人力资源管理专员岗位工作细则
    - 人力资源管理专员胜任力提升的基本路径
  - 人力资源管理数智化转型
    - 数智化的基本含义
    - 人力资源管理数智化转型的含义及特征
    - 人力资源管理数智化转型的意义
    - 人力资源管理数智化转型的步骤
    - 人力资源管理数智化转型实施过程中需要注意的问题

任务一 人力资源管理体系的建立

故事

善言无瑕集团股份有限公司医药保健分公司人事档案室的老员工郭曲盛即将退休，与周正新正在进行工作交接。周正新尊敬地称呼郭曲盛为“师父”。周正新一边整理资料，一边说：“师父，我整理公司资料的时候，发现一个有趣的问题。在20世纪90年代，咱们公司由一个注册资金只有75万元、员工几十人的小企业，只用了几年时间就实现了利润2亿元。短短几年，集团可谓飞黄腾达、‘牛气’冲天。但蹊跷的是，集团后来在报纸上登出一则广告——集团集体进入休整，然后便不见踪迹了。这是为什么?”

郭曲盛拿出一份资料：“你瞧瞧这个，这是两年以后，消失两年的创始人才公开面对大众，并坦率地承认集团公司的失败是因为人才管理的失误。”郭曲盛指着档案资料，慢慢回忆说：“那时候，集团除了向社会招聘营销人才外，从来没有对人才结构认真地进行过战略性设计。随机招收人员、凭人情招收人员，甚至出现通过亲情、家庭、联姻等非正常渠道招收人员的现象，而且这种状况持续3年之久。”

“我们作为国内医药保健品前几名的公司，外人或许难以想象，公司竟没有一个完整的人才结构，也没有一个完整的选择和培养人才的规章。人员素质偏低，人才结构不合理。在无人才结构设计的前提下，集团盲目地大量招收中医药方向的专业人才，并且安插在企业所有部门和机构，造成企业高层、中层知识结构单一，企业人才结构不合理，严重地阻碍了企业的发展。”郭曲盛又指着一份档案材料说：“你看这个材料，就是因为一位高层领导的失误，造成营销中心主任离开公司，当时营销中心一度陷入混乱。这样一来，实际上就造成了无法管理和不管理。”

周正新说：“师父，现在咱们公司变得这样好，那是在人力资源管理方面下了很大功夫呢。”郭曲盛说：“是的，科学管理出效率啊!”

启示

- 人力资源管理是中小企业发展的关键所在，但是，我国绝大多数中小企业在人力资源管理方面的投入以及重视程度远远不足，许多中小企业在人力资源管理开发方面处于停滞状态，甚至许多小企业并没有设置人力资源部。

人力资源管理体系是按照现代企业“以人为本”的管理要求，并依据国家劳动法律、法规，以充分开发和利用人力资源，调动劳动者的积极性、智慧和创造力为根本目的，将人员规划、招聘与配置管理、培训管理、绩效管理、薪酬奖金管理、保险福利管理和人工成本控制等方面的管理活动按照其内在联系组成一个有机整体，是现代企业管理的核心内容。

一、人力资源管理体系的架构

企业的人力资源是指能够推动整个企业发展的劳动者的能力的总称，是一种很重要的资源。人力资源管理的基本任务是根据企业发展战略的要求，有计划地对人力资源进行合理配置，通过对企业中员工的招聘、培训、使用、考核、评价、激励、调整等一系列过程，调动员工的积极性，发挥员工的潜能，为企业创造价值，确保企业战略目标的实现。

企业人力资源管理体系主要包括人力资源规划、工作分析、员工招聘、培训开发、绩效管理、薪酬管理、福利管理、劳动关系等模块。

归根到底，人力资源管理就是将“人”作为核心，通过科学的管理理念和执行方法为企业培养优秀的人才。“人”的问题解决不了，企业自然无法长久发展。

目前企业人力资源部的主要职责依然停留在薪资核算、档案管理、行政管理等工作上，传统的人力资源管理模式已无法满足激烈竞争环境下的现代企业发展。

二、人力资源管理体系的构建步骤

人力资源管理体系的构建步骤分为三个阶段：调研分析阶段、编制制度阶段、实施执行阶段。

（一）调研分析阶段

（1）设计组织框架。确立公司人力资源管理建设的整体框架草图；建立健全公司的组织机构管理制度框架草图。

（2）收集资料，进行市场调研与分析。根据现有的组织机构、岗位的设立设计职务问卷，对各部门的工作信息进行收集，做基础调查和分析；进行企业内部薪酬调查和分析；进行企业外部的地区性行业市场调研；重点收集薪酬情况信息，编写薪酬调查报告，确定企业外部的竞争定位。

（3）草拟各项制度方案。编制公司薪资方案，根据职务说明书，进行岗位评估，确定各岗位的等级，由此确定工资等级，同时根据薪酬调查报告的市场水平设计薪资方案（基础工资）部分草案，编制绩效考核方案。根据职务说明书分析设定各岗位的年度工作目标，实现目标管理，确定绩效考核的标准，编制员工考核办法，以此确定奖金的发放、晋升的标准。

（4）修改完善各项草案。建立和完善公司的人力资源规划、人力资源信息系统、招聘录用程序、培训与开发规划、员工的激励措施、人事调整制度、员工的福利计划、劳动合同等人力资源的其他内容的草案。

（二）编制制度阶段

（1）总体规划。根据企业战略目标确定人力资源管理体系框架，编制人力资源组织管理制度，全面建立人力资源管理制度。

（2）职务分析与职务说明书的编制。根据前阶段收集的工作信息资料，企业需要进行人力资源基础的管理能力分析，把当前职务的职责、权限、工作内容、工作程序和方法、执行标准、任职资格等信息以文字的形式记录下来，编制职务说明书，以供管理人员使用。

（3）不同的岗位应采用不同的薪资结构，如管理人员、行政人员、生产技术人员应采用不同的岗位工资制。

（4）绩效考核管理方案的编制。区分不同岗位标准，确认关键绩效指标；进一步从理论上验证关键绩效指标，确定绩效指标体系；修订绩效管理指标体系，使之完善。

（5）其他配套制度的制订。

（三）实施执行阶段

执行阶段需要制订培训计划，把各项制度实施贯彻到底，需要企业方面的人力资源部门积极配合，根据新的制度调整组织结构，调整员工薪酬，推行新的绩效管理制度。

（1）在高层管理者中，统一认识，排除阻力；

（2）对中层管理人员进行培训；

（3）召开全体员工大会，将新的制度全面贯彻下去；

（4）在推行的过程中，发现问题要及时纠正。

在线练习

边学边练

善言无瑕集团股份有限公司医药保健分公司邀请你帮助其构建人力资源管理体系，请你指出设计和构建该公司人力资源管理体系的具体步骤。

任务二 人力资源管理专员的工作能力

故事

管仁彩任职善言无瑕集团股份有限公司人力资源管理专员。谢志仁是她的前任，两人在人力资源管理办公室面对面坐着，正在交接工作。

谢志仁说："工作是这样的，我口述，你记录。另外，还有一些表格工具我已经打包发你的微信了，记得下载。"管仁彩说："谢谢。我看到了，已收藏。"她在电脑前飞速地按着键盘，忙着记录：

一、招聘工作

每月5日之前应联系各个部门主管填写招聘需求表，对有招聘需求的部门，及时组织该部门主管填写招聘申请表，报人力资源部经理、副总经理、总经理、董事长审批后一个工作日内在网站上发布招聘信息。

对所有简历按照招聘申请表上的硬性要求（如学历、年龄等）进行筛选后，将符合条件的简历报相关主管进行二次筛选，确定面试名单；对不符合条件的简历，应将淘汰原因予以简单记录，填写简历筛选记录表。

对符合面试条件的人员，应提前至少两个工作日通知其面试，并将可以前来面试的人员名单按照面试时间制成面试人员名单。

面试时应协助相关部门主管组织面试，在面试人员名单上对应聘者进行登记，收取简历，向相关主管发放面试考评表；面试结束后及时回收面试考评表，通知合格者复试情况，并及时将情况告知被淘汰的应聘者，并将被淘汰者简历按照时间、职位等编入公司人才库。

对通过考核决定录用的人员，应告知其需要交纳的材料（身份证复印件、照片、学历学位证书、离职证明、其他相关证明），将材料收齐后交人事经理。

二、按要求做好考勤、档案管理工作

应在接到通知后一个工作日内，为新员工办理考勤指纹录入工作（附件1.考勤录入记录本照片）。

每月5日前完成全体员工的考勤核对工作，核对时需认真对照员工的请假、换班、加班表，如有不符，如实记录，且病假、丧假、婚假须有相应证明；核对完成后制成考勤记录表，报人力资源部经理、副总经理、总经理、董事长审核（附件2.考勤表照片、附件3.餐费表照片、附件4.保洁保安餐费表照片）。

管理员工各类劳动合同和员工档案，无关人员（除人力资源部经理、副总经理、总经理、董事长以外的人员）不得随意调看合同和档案；所有档案应分类保存，予以编号（附件5.档案、合同照片）。

三、按要求做好保险相关工作

应在接到转正通知书后当月内，为该员工办理保险相关事宜；在接到离职通知后当月，为员工办理保险转移手续（附件6.保险月报表照片、附件7.保险个人信息登记表照片、附件8.进行保险信息系统录入照片）。

为员工办理保险时应耐心回答员工的提问，妥善保管员工保险档案；每月将保险月报表报人力资源部经理（附件9.保险合同领取签单、附件10.医保手册领取签单、附件11.社保签字转移单领取签字表、附件12.员工上保险盖章审批单照片、附件13.减少员工保险盖章审批单、附件14.员工上保险审批单、附件15.减少员工保险盖章审批单、附件16.参加保险登记表）。

熟知社保机构联系方式、联系人，必要时为公司提供支持。

在各种关于保险的法律法规颁布时应主动学习，并填写保险政策法规变化分析表，报人力资源部经理，为公司各项整改提供咨询。

谢志仁说：“工作交接完毕，人力资源工作面临的很多问题都是琐碎的细节问题，但与员工满意度有千丝万缕的联系，不能小视。这就要求人力资源管理专员在工作中养成耐心细致的作风，并坚持诚实正直、公平公正。人力资源管理专员要倾听各个方面的问题，因此也掌握着海量信息，但出于对公司利益和员工利益的维护要做到‘守口如瓶’。”

管仁彩正襟危坐，连连点头：“感谢前辈提醒，前辈放心吧，我都记下了。我可能还有不懂的，以后会经常给您添麻烦，多多向您请教啊。”谢志仁说：“你客气了，你很棒，我虽然调动到其他岗位，但是我也会努力配合你工作的。”

启示

- 人力资源管理专员需要具备专业的知识和技能，才能胜任相关工作。

人力资源管理专员已从过去的人事行政档案管理员的角色逐渐转变为吸收、培养、激励人才的教练角色，对企业的发展壮大发挥着越来越重要的作用。人力资源管理专员是否具备必要的能力素质，直接影响企业人力资源管理的有效性。

一、人力资源管理专员的工作

（一）工作职责

（1）负责公司招聘、培训、员工入离调转等工作的综合管理；

（2）负责公司员工薪酬、福利、社会保险等工作的综合管理；

（3）做好员工考勤、奖惩管理，并调查各部门对考勤、奖惩的执行情况；

（4）上述人事工作联络以及相关问题的解答工作；

（5）严格执行公司软件使用制度，及时录入各种信息，并定期整理数据，向上级领导出具数据分析结果。

（二）工作权限

（1）对招聘渠道的选择建议权；

（2）对人力资源规划的建议权；

（3）对人力资源需求申请的审核权；

（4）对应聘人员资格的审查建议权；

（5）对职务分析工作的调查权；

（6）制定、实施、调整培训计划的建议权。

（三）考核项目

（1）招聘计划的可行性和准确性，招聘人员的及时性和留岗率，招聘费用的有效控制；

（2）培训费用的有效控制，年度培训计划的可行性和实施的有效性，培训效果评估的准确性；

（3）员工薪酬、福利、社会保险等工作的有效性；

（4）员工考勤、奖惩执行的有效性；

（5）各种信息录入的及时性。

（四）任职资格

（1）企业管理、中文、人力资源等相关专业专科以上学历；

（2）具有两年以上人力资源开发相关工作经验；

（3）诚实正直、严谨细心、责任心强、思维敏锐、善于沟通；

（4）熟练使用办公软件，英语听、说、读、写能力良好。

二、人力资源管理专员的胜任力

（一）知识

1. 专业知识

人力资源管理专员要掌握的专业知识包括工作分析、招聘选拔、培训、绩效考核、薪酬管理、劳动关系管理等。扎实的专业根基是胜任人力资源工作的基础。

2. 资格证书

为了提高专业知识的实操性，人力资源管理专员应积极考取人力资源管理师等专业资格证书。这样，一方面可以提高自身对知识灵活运用的能力，另一方面也有利于人力资源管理专员在企业的职业生涯发展。

3. 岗位职责和工作流程工作经验

有丰富工作经验的人力资源管理专员对人力资源管理工作的岗位职责和工作流程熟悉度更高，在处理突发事件时也比无经验人员有较大优势。因此，工作经验是人力资源管理专员胜任力的重要构成指标。

4. 劳动法等相关法律法规知识

劳动关系始终是公司的敏感地带，所有的人力资源工作都和劳动关系密不可分，因此，人力资源管理专员要清楚地掌握劳动法等相关法律法规，以指导日常工作的顺利开展，防止劳动关系纠纷的发生。

（二）技能

1. 沟通技能

人力资源管理的一项重要工作就是沟通，与员工沟通，与上级沟通，与公司合作伙伴沟通，因此，人力资源管理专员要强化自身的沟通能力。随着国际化发展趋势愈演愈烈，人力资源管理专员要具备基本的英语技能。当今社会很多企业都推行了“无纸化”办公，因此，线上办公是人力资源管理专员必须掌握的基本技能，包括不限于基本的 WPS 的操作以及公司人力资源管理 ERP 使用等。

2. 分析判断能力

人力资源工作除了部分本职工作，还有很多非本职工作，需要人力资源工作人员迅速对问题做出分析判断并及时决策，因此，对人力资源管理专员的分析能力提出了较高要求。

3. 识人能力

对人力资源进行科学管理首要的一点是准确识人，这是实现人岗匹配、提高员工满意度的前提。因此，人力资源管理专员要锻炼自己的识人能力，把自己培养成“伯乐”。

4. 抗压能力

人力资源管理专员的终极工作目标是让上级和员工双重满意，而上级总是以成本最小化为衡量指标，员工总是盼望加薪，双方满意点的差异将人力资源管理专员置于夹板的位置。这就要求人力资源管理专员下意识地培养自身的抗压能力，学会在压力状态下及时调节自己并寻求平衡。

5. 组织领导能力

组织领导能力是人力资源管理专员的必备素质之一。人力资源管理专员要实现公司人力资源的最优配置，必须具备较强的组织领导能力以实现资源的合理调配，因此人力资源管理专员要提高自己的组织领导能力。

6. 创新能力

企业处在持续动态发展中，人力资源管理工作要与企业战略定位相匹配，这就要求人力资源管理者具备创新能力，能及时捕捉信息，根据企业战略规划调整工作思路和方法。

（三）个性特征

1. 善于沟通的性格

开朗、善于沟通的性格更有利于从事人力资源工作，因此，人力资源管理专员要注重对自身性格的培养。

2. 工作充满热情

兴趣是进步的最大动力，要在以后的职业生涯中获得持续发展，人力资源管理专员要培养自己的兴趣，使自己在步入职场后对人力资源工作充满热情。

3. 形成善于倾听的习惯

善于倾听是人力资源管理专员必须具备的特质，也是成功沟通的第一步，因此，人力资源管理专员要在日常生活中引导自己养成善于倾听的习惯。

三、人力资源管理专员岗位工作细则

（一）熟悉公司人事工作流程，全面负责人力资源工作

1. 管理员工考勤档案

及时办理新员工考勤识别录入工作；核对考勤情况，定期向人事经理提交上月员工考勤表以及员工产生的各项公司可提供的补助统计表。

2. 建立公司人事档案

（1）负责管理和保存公司所有员工的档案，内容包括：上家单位解除劳动合同证明书、上家单位离职前至少6个月的薪资流水证明、劳动合同书、员工的学历证明文件、身份证复印件、照片（最少3张）、应聘登记表、体检报告、保密协议和承诺书、新员工入职手续清单、新员工培训记录表。

（2）所有的档案均应进行编号，有序排放。

（3）如在办理保险和档案管理中出现特殊情况，应立即向上级主管邮件确认特殊情况处理方式；如该反映属于工作能力以外因素而不能完成的，不予以处罚。

3. 办理保险

（1）严格遵守社保机构劳动保险缴费基数和缴费比例，做好公司所有员工的保险工作，不出现漏人、漏项、错入等情况；准确及时办理各项保险上缴、停缴、补缴等工作；在接到部门入职通知后办理新人入保险工作，在接到辞职、离职通知后办理保险调离工作。

（2）与社保机构和社保人员建立并长期保持良好的沟通关系。

（3）为员工提供各项社保险种的政策咨询；及时掌握国家和本地区的关于社保的相关政策，并充分结合公司实际加以贯彻执行。

4. 劳动安全教育管理

配合做劳动安全教育，参与员工的伤亡事故调查处理，提出处理意见。

5. 劳动纪律管理

负责抓好公司劳动纪律管理工作。严格执行考勤制度，定期检查劳动纪律。

6. 法律、法规的贯彻落实

负责组织《中华人民共和国劳动法》及地方政府有关劳动法律法规的贯彻落实。

7. 协调工作

协助领导做好与地方政府相关部门的协调工作。

（二）全面负责公司招聘工作，为公司选拔出优秀、合格的人才

（1）负责各部门人员需求信息的收集、整理。

（2）负责组织公司员工的招聘、录用、合同签订、建档、优化、考勤、调动、考核、考查、推荐等劳动人事系列化基础管理工作。

（3）建立招聘流程和相关制度。

（4）对公司招聘方案的制定以及实施提供合理化建议，并保证招聘工作的顺利实施。

（5）及时为新员工建立档案，做好背景外调工作，并组织相关部门对新员工进行培训。

（6）为考核、培训合格的新员工办理入职以及转正手续。

四、人力资源管理专员胜任力提升的基本路径

（一）专业知识、法律知识、技能培训

（1）以专业知识培训使人力资源管理专员全面掌握人力资源管理的基本知识，构建

起人力资源管理的知识框架。

（2）以法律知识培训使人力资源管理专员了解《中华人民共和国劳动法》等基本法律法规，在工作中依法办事，维护企业和员工的合法权益。

（3）技能培训是提高英语技能和计算机技能的主要途径，通过集中技能培训使人力资源管理专员具备基本的英语沟通能力，掌握必备的计算机技能。

（二）岗位轮换

（1）岗位轮换是企业有计划地按确定的期限，让员工轮换不同工作岗位，从而达到考察员工的适应性和开发员工多种能力、提高换位思考意识、进行在职训练、培养主管的目的。

（2）人力资源管理专员在岗位轮换的过程中不仅能全面掌握人力资源管理各个模块工作所需的知识和技能，而且通过适应新环境也能提高员工的沟通能力和分析问题的能力，积累宝贵的工作经验。

（三）拓展训练

拓展训练是在特定的培训基地，让员工以小组的形式展开训练和竞技，一般由团队热身、个人项目、团队项目、回顾总结组成，具有综合活动性、挑战极限、显示个性等特点，既能锻炼人力资源管理专员的组织领导能力和抗压能力，又能塑造其开拓创新的心态、认真负责的态度、独立协作的精神和共享成功的团队意识。

（四）情境模拟培训

情境模拟培训是通过模拟人力资源管理专员工作中的常见场景，将被测试者安排在模拟的工作情境中处理可能出现的各种问题，用多种方法来测评其心理素质、潜在能力，以锻炼人力资源管理专员的分析能力和识人能力，培养其擅于倾听、耐心细致的工作习惯，形成较高的保密意识。主要采用的方法有公文处理、无领导小组讨论、角色扮演、管理游戏等。

（五）绩效沟通

绩效沟通是绩效管理的核心，是指考核者与被考核者就绩效考评反映出的问题以及考核机制本身存在的问题展开实质性的面谈，并着力于寻求应对之策，服务于后一阶段企业与员工绩效改善和提高的一种管理方法。在绩效考核后，由上级领导与人力资源管理专员进行充分的沟通，根据绩效考核情况分析取得成绩和出现问题的原因，针对问题提出相应的解决措施，这是提高人力资源管理专员胜任力的有效途径之一。

在线练习

边学边练

小组讨论：如何做好一个人力资源管理专员？

任务三　人力资源管理数智化转型

故事

一日，谢小明来到康兰兰所在的善言无瑕集团股份有限公司医疗器械分公司。谢小明是经过公司官方批准，来求取人力资源管理经验的。康兰兰把谢小明让到会议室，安排公司办公室的服务人员端茶倒水。一切安排妥当，康兰兰介绍说："我们公司是一家全球性企业，拥有数千名员工。随着业务的扩大和公司规模的增长，我们公司意识到人力资源管理需要更高效、更灵活、更数字化的解决方案。因此，我们公司开始了人力资源管理数智化转型。"

善言无瑕集团股份有限公司医疗器械分公司制定了一系列措施，包括：

1. 数字化招聘和招聘流程

公司采用了一个名为"人才库"的数字化招聘系统，将招聘流程从传统的手动操作转换为在线操作。通过该系统，求职者可以在线申请职位，并在系统中创建自己的简历。招聘人员可以随时查看这些申请，快速筛选合适的候选人，并进行面试安排。该系统还具有自动化通知功能，可以向候选人发送面试邀请和拒绝通知。

2. 数字化培训和发展

公司实施了一个名为"学习平台"的数字化培训和发展系统。通过该系统，员工可以在线学习各种课程和培训项目，包括技能培训、领导力发展、职业规划等。该系统还可以帮助员工跟踪他们的学习进度，并提供定制化的建议。

3. 数字化薪酬和福利

公司实施了一个名为"员工自助平台"的数字化薪酬和福利系统。通过该系统，员工可以在线查看他们的工资和福利信息，包括缴纳社会保险和公积金的情况、休假时间、医疗保险和其他福利等。员工还可以在线提交相关申请，如休假申请和报销申请。

4. 数字化人力资源数据分析

（1）数据隐私保护：在数据采集、存储和使用过程中，必须遵守相关法律法规，保护员工个人隐私，不得泄露员工个人信息。

（2）技术保障：为了保证数智化转型的顺利进行，需要投入大量的技术和资金，同时需要专业的技术人才进行维护和升级。

（3）组织架构调整：随着数智化转型的推进，企业的组织架构可能会发生变化，需要适时调整，确保人力资源管理的有效实施。

（4）培训和教育：数智化转型需要员工具备相应的知识和技能，因此需要加强员工的培训和教育，提高员工的数智化素养。

启示

- 人力资源管理的数智化转型是未来的趋势。这将帮助组织更好地管理人力资源，提高效率和效益，并帮助组织实现长期目标。

一、数智化的基本含义

数智化是指掌握和利用数字科技为人类服务的能力，包括如何应用在商业模式和管理决策上。数字科技是指利用技术并通过算法来生产信息，建构与物理世界形成映射关系的数字世界，以指导管理和社会更方便地运行。企业通过运用大数据、云计算、物联网、人工智能等新一代数字科技，对数据进行分析并构建算法模型，在此基础上提供数据分析解决各种问题，并将数智技术融入产品、服务与流程当中，从而驱动企业经营管理、业务流程变革与重塑，提升效率和降低成本，实现更强竞争优势，促进企业持续发展。

在实际应用中，“数智化”与“数字化”的概念易混淆，两者既有联系也有区别。数字化指的是一个技术概念，其本质是利用数字科技采集和分析复杂多变的数据，而数智化是在数字化的基础上，利用数字科技的强大优势帮助未来智慧决策升级。随着数字科技的蓬勃发展，数智化普遍应用于业务与管理场景。当前，数智化转型升级已成为推动企业实现增长的核心引擎，从数字化转型到数智化，是企业迈向智慧决策的必由之路。

二、人力资源管理数智化转型的含义及特征

（一）人力资源管理数智化转型的含义

人力资源管理数智化转型是为了更好地实现企业发展战略，利用数字科技的优势对大数据进行科学分析、预测，从而更好地进行人力资源管理，为组织赋能。这一定义结合了 AI 时代的特点和企业数智化转型的定义，对人力资源管理的数智化活动进行界定，并明确了 AI 时代对人力资源管理数智化转型的要求。企业依托数字科技，推动人力资源管理的流程化、自动化和智能化，通过搭建数字场景来更加直观地展示人力资源管理相关活动，并采用大数据、人工智能和其他数据处理技术洞察人力资源规律，增强员工体验，推动企业人力资源管理效率提升和数智化决策。

（二）人力资源管理数智化转型的特征

人力资源管理数智化转型是 AI 时代人力资源管理发展的必然趋势。实现数智化转型，企业秉持以人为本的理念建立起人力资源管理数字化平台，通过对数据变化的感知、分析、预测推动人力资源管理服务数智化转型，赋能组织。与传统人力资源管理相比，数智化人力资源管理能有力支持组织更好地发展（见表 1－1）。其具体特征如下：

表 1－1 传统人力资源管理与数智化人力资源管理的比较

维度	传统人力资源管理	数智化人力资源管理
人员需求	普通员工	复合型数字化人才
关注重点	基础服务	以人为本
治理工具	人工和传统人事软件	数字化人力资源管理平台
决策机制	依靠经验	数据驱动
管理地位	执行层	战略层
管理目标	控制人力成本	降本增效、提升竞争优势

1. 以数字化人才为主导

随着我国经济数字化转型的不断深入，数字化人才日益成为我国创新驱动发展、企业转型升级的核心竞争力。数字化人才不仅指拥有互联网云计算、大数据等专业技术技能的人才，还覆盖了从数字化技术研发到管理的全领域。“根据所处价值链位置的不同，数字化人才大致可分为为转型提供核心技术支撑的数字化专业人才、将新技术与业务模式融合助力转型的数字化应用人才、持续推进转型变革的数字化管理人才（见图 1－1）[①]”，在持续推进数智化转型的时代，这三类数字化人才缺一不可。数字化人才聚焦于特定领域，把海量数据转化成有价值的信息和知识，将数字技能与专业技能充分融合，推动数字科技的深化落地，梳理并实施业务场景的数智化解决方案。因此，企业的数智化转型需以人才先行。以华为为例，为推进“数据 + 智能”战略，华为发起了高校“金种子发展计划，与高校展开数据库实训课程，成立数据库联合创新实验室，积极布局数字人才生态”[②]。

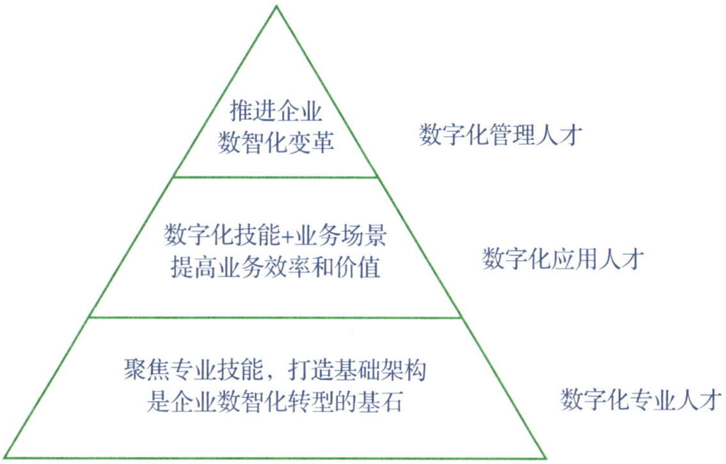

图 1－1 数字化人才分类

① 张庆龙 . 财务共享服务数字化转型路径探析［J］. 财会月刊，2020（17）.

② 胡梦平，李申华，孙杰 . 新旧动能转换背景下重点产业紧缺人才需求调查分析——以青岛市为例［J］. 中国人事科学，2021（4）.

2. 数据驱动科学决策

企业通过精细化人力资源管理以建立数据驱动的“一站式”大数据分析平台，基于企业人力资源管理的全业务链条，利用数字科技进行数据管理，集成与整合多源异构数据（相关的多个数据的集合），并对收集的数据进行清理，进而确定有效的数据与实体之间的关系，再采用线性回归、运筹学方法以及决策支持系统等技术进行数据建模，最终通过可视化将数据应用于人力资源管理中。数据分析平台使贯穿于整个企业员工生命周期的数据串联起来，形成分析结论，指导选、用、育、留所有环节的科学决策，从而帮助未来人才管理战略规划，让人力资源管理者由原来凭直觉做感性判断转变为用可量化的数据进行科学分析。例如：在数字科技的支持下，大数据算法可以根据岗位需求自动筛选岗位或任务适配的求职者，极大地提高了招聘的效率。基于数据勾勒人才画像，并以收集到的应聘者的数据来分析应聘者的特质以及与岗位的匹配程度，在已有数字化的基础上不断进行调整，从而更有效地连接业务场景，推动业务和人力资源管理打通，实现真正的闭环管理和有效协同，进一步促进人力资源管理流程化、自动化、智能化。

三、人力资源管理数智化转型的意义

（一）提高效率

人力资源管理涉及众多工作流程，包括招聘、培训、绩效管理等。如果还在采用人工操作的方式，效率必然受到限制。而通过数智化转型，可以实现自动化、智能化的管理，大大提高了效率，节约了时间和成本。

（二）加强数据分析

人力资源管理需要对员工信息、绩效数据、薪酬数据等进行管理和分析，以便为决策提供数据支持。数智化转型可以让数据集中化、标准化，为管理层提供更加准确、全面的信息支持，让企业的决策更加科学化。

（三）提高员工参与度

数智化转型可以让员工更加便利地参与到管理和决策中来，如员工自助查询、自助绩效评估等功能，让员工更有参与感和归属感，同时也能够减轻人力资源部的工作压力。

四、人力资源管理数智化转型的步骤

（一）分析现状

在进行数智化转型前，需要对现有的人力资源管理流程进行分析，找出其中的痛点和不足，可以通过问卷调查、员工反馈、数据分析等多种方式进行现状分析。

（二）设定目标

在明确现状后，需要根据企业的发展战略和人力资源管理需求，设定相应的数智化转型目标，如提高管理效率、加强数据分析能力、提高员工参与度等。

（三）选择合适的技术和工具

选择合适的技术和工具是实施数智化转型的关键，需要根据企业的实际情况和需求进行选择，如人力资源管理系统（HRMS）、人力资源业务伙伴（HRBP）、智能招聘系统等。

五、人力资源管理数智化转型实施过程中需要注意的问题

（一）确定目标和方向

企业在进行数智化转型时，必须明确转型的目标和方向，确保转型方向与企业发展战略相一致。

（二）选择合适的技术和工具

企业应根据自身需求和实际情况选择合适的技术和工具进行数智化转型，同时还需要考虑技术的稳定性和安全性。

（三）制订详细的实施计划

企业在进行数智化转型时，需要制订详细的实施计划，并逐步实施，确保转型过程的平稳进行。

（四）加强沟通和协作

企业在进行数智化转型时，需要加强内部部门之间的沟通和协作，确保各项工作的顺利进行。

（五）建立数据管理机制

企业在进行数智化转型时，需要建立健全数据管理机制，确保数据安全性和完整性。

边学边练

什么是人力资源管理数智化转型？

在线练习

项目二 工作分析专员

学习目标

知识目标

- 了解搭建组织架构的步骤；
- 熟悉工作分析的方法；
- 掌握岗位说明书的设计方法。

技能目标

- 能够熟练运用访谈法、问卷调查法、观察法、工作日志法等方法分析工作岗位所需信息；
- 能够编写岗位说明书；
- 具有较强的文献收集、整理、归纳分析和写作能力。

素质目标

- 培养强烈的社会责任感和敬业精神；
- 培养精益求精的工匠思维。

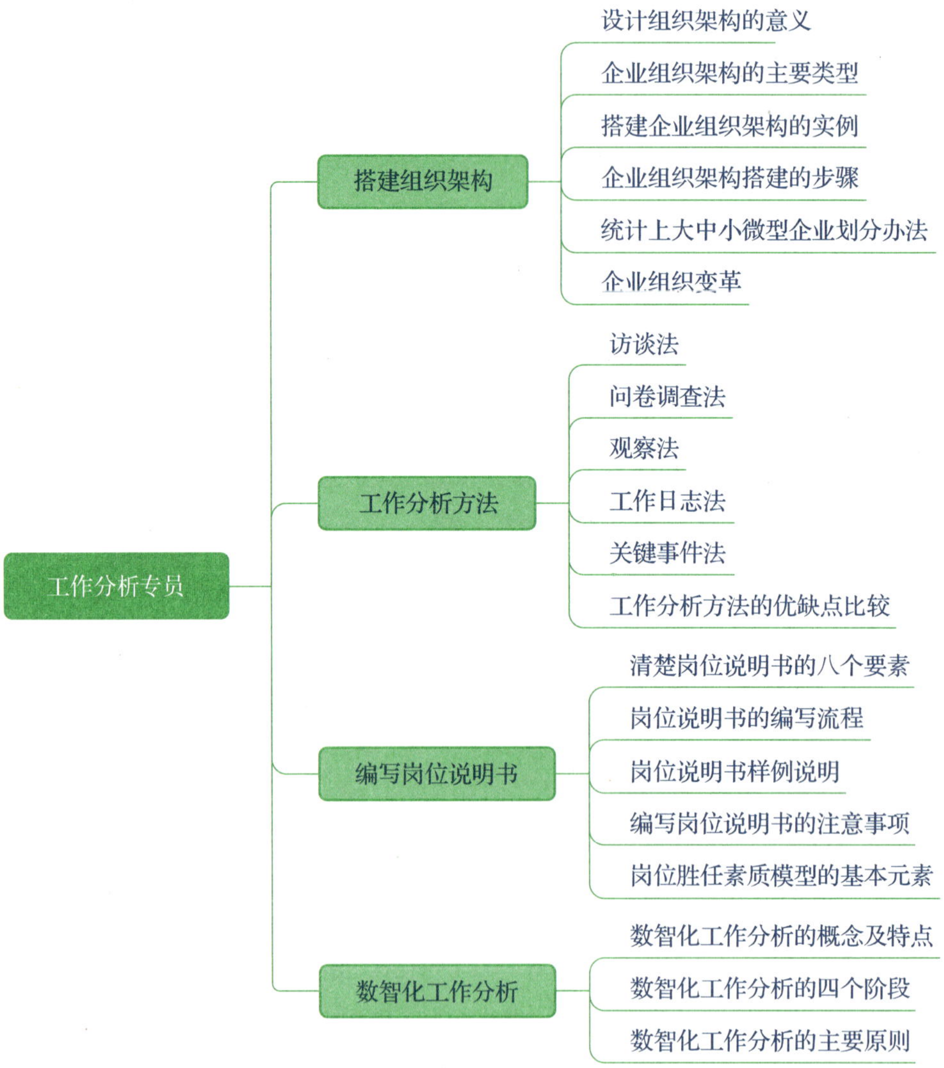
工作分析专员
搭建组织架构
设计组织架构的意义
企业组织架构的主要类型
搭建企业组织架构的实例
企业组织架构搭建的步骤
统计上大中小微型企业划分办法
企业组织变革
工作分析方法
访谈法
问卷调查法
观察法
工作日志法
关键事件法
工作分析方法的优缺点比较
编写岗位说明书
清楚岗位说明书的八个要素
岗位说明书的编写流程
岗位说明书样例说明
编写岗位说明书的注意事项
岗位胜任素质模型的基本元素
数智化工作分析
数智化工作分析的概念及特点
数智化工作分析的四个阶段
数智化工作分析的主要原则

任务一 搭建组织架构

故事

善言无瑕集团股份有限公司刚成立不久的时候，总经理王超思对人力资源部经理胡印财说："应该先招人，再设部门或岗位，因为现在人才竞争日趋激烈，如果人员迟迟招聘不上来，不能及时到岗，那就没有必要提前设置某个部门或者某个岗位，因为即使设计出来也是空架子。"

王超思说："完全可以在招聘到相应的人员后再设立相应的部门和岗位。"他认为应该设立发展规划部，研究和设计企业的长远发展，但是因为没有现成的人选，所以在确定组织架构时就没有设，在招聘时却向胡印财提出，要招聘能够做公司发展规划的人员。

胡印财努力安排工作，但是这个岗位一直空缺。无奈之下，王超思找到了自己的老领导张东财，说明了情况。张东财听后，明确指出了王超思在思路理念方面的失误。张东财给王超思边画边说："小王，你认为由于没有现成的人选，因此在确定组织架构时就没有设立对应的部门，等招到相应的人员后再来设，这个想法听起来很有道理，操作上却是大大的错误。有意向的人员在应聘时，很有可能会因为这个公司没有发展规划部这个部门而直接选择放弃，因为他看不到他的前途。尽管公司承诺说以后会设立，但这又如何能够保证，又如何让他确信呢？只有你先设立相应的部门或岗位，你想要的专业人员才会看到希望。"王超思听后连连点头，认识到了自己这方面经验的不足。于是他马上设立了发展规划部，公司组织架构如图 2-1 所示，人员招聘的问题很快得到了解决。

启示

- 善言无瑕集团股份有限公司的故事让我们从人员招聘的角度得知企业组织设计的重要性。如果不了解公司的组织架构图，或者不清楚各个部门、岗位的设置与人员的配备情况，就无法继续撰写岗位说明书，无法继续开展招聘、培训、薪酬与绩效管理等业务。

- 董事长 —— 总经理
  - 副总经理
    - 产品部
      - 产品策划
      - 生产人员
    - 物流部
      - 仓储人员
      - 发货人员
      - 入库人员
  - 副总经理
    - 销售部 — 销售人员
    - 推广部
      - 推广人员
      - 市场人员
      - 营销人员
  - 副总经理
    - 财务部
      - 会计人员
      - 出纳人员
    - 人力资源部
      - 招聘专员
      - 培训专员
      - 绩效专员
      - 薪酬专员
      - 社保专员
      - 劳动关系专员
  - 副总经理
    - 研发部 — 技术人员
    - 行政后勤部 — 后勤人员
    - 发展规划部 — 规划专员

图 2-1　善言无瑕集团股份有限公司组织架构图

一、设计组织架构的意义

中国政府网（www.gov.cn）于 2010 年 4 月 15 日发布了《关于印发企业内部控制配套指引的通知》(财会〔2010〕11 号)，其中附件 1《企业内部控制应用指引第 1 号——组织架构》指出：组织架构是指企业按照国家有关法律法规、股东（大）会决议和企业章程，结合本企业实际，明确股东（大）会、董事会、监事会、经理层和企业内部各层级机构设置、职责权限、人员编制、工作程序和相关要求的制度安排。

（一）通过组织架构的设计形成制衡

企业应当根据国家有关法律法规的规定，明确董事会、监事会和经理层的职责权限、任职条件、议事规则和工作程序，确保决策、执行和监督相互分离，形成制衡。

（二）通过组织架构的设计为科学决策提供支持

董事会对股东（大）会负责，依法行使企业的经营决策权。可按照股东（大）会的有关决议，设立战略、审计、提名、薪酬与考核等专门委员会，明确各专门委员会的职责权限、任职资格、议事规则和工作程序，为董事会科学决策提供支持。

（三）通过组织架构的设计明确职责分工

监事会对股东（大）会负责，监督企业董事、经理和其他高级管理人员依法履行职责。经理层对董事会负责，主持企业的生产、经营、管理工作。经理和其他高级管理人员的职责分工应当明确。

董事会、监事会和经理层的产生程序应当合法合规，其人员构成、知识结构、能力素质应当满足履行职责的要求。

（四）通过组织架构的设计明确各机构的职责权限和工作机制

企业的重大决策、重大事项、重要人事任免及大额资金支付业务等，应当按照规定的权限和程序实行集体决策审批或者联签制度。任何个人不得单独进行决策或者擅自改变集体决策意见，重大决策、重大事项、重要人事任免及大额资金支付业务的具体标准由企业自行确定。企业应当按照科学、精简、高效、透明、制衡的原则综合考虑企业性质、发展战略、文化理念和管理要求等因素，合理设置内部职能机构，明确各机构的职责权限，避免职能交叉、缺失或权责过于集中，形成各司其职、各负其责、相互制约、相互协调的工作机制。

（五）组织架构设计与运行中的风险

（1）治理结构形同虚设，缺乏科学决策、良性运行机制和执行力，可能导致企业经营失败，难以实现发展战略。

（2）内部机构设计不科学，权责分配不合理，可能导致机构重叠、职能交叉或缺失、推诿扯皮，运行效率低下。

二、企业组织架构的主要类型

企业组织架构的主要类型包括职能制、事业部制、矩阵制、项目制、模拟分权制和网络制六种。企业在确定职权和岗位分工的过程中，应当体现不相容职务相互分离的要求。

（一）职能制

职能制是最简单、最传统的组织类型，目前被我国绝大多数中小型企业采用。职能制组织架构是采取自上而下的纵向管理关系，按照职能将组织划分成不同的部门，各部门各司其职、分工协作，最终达成组织目标。职能制组织架构样式如图 2－2 所示。

（二）事业部制

以善言无瑕集团股份有限公司为例，公司的运营工作由总经理做出决策和统一领导。按照产品、地区或客户的不同类型，公司分别设立了事业部 A 和事业部 B，各事业部在经营管理方面拥有自主权，实行独立核算、自负盈亏，并根据经营需要设置了相应的采购、生产、销售和财务部门，据此绘制的组织架构图就属于典型的事业部制，如图 2－3 所示。

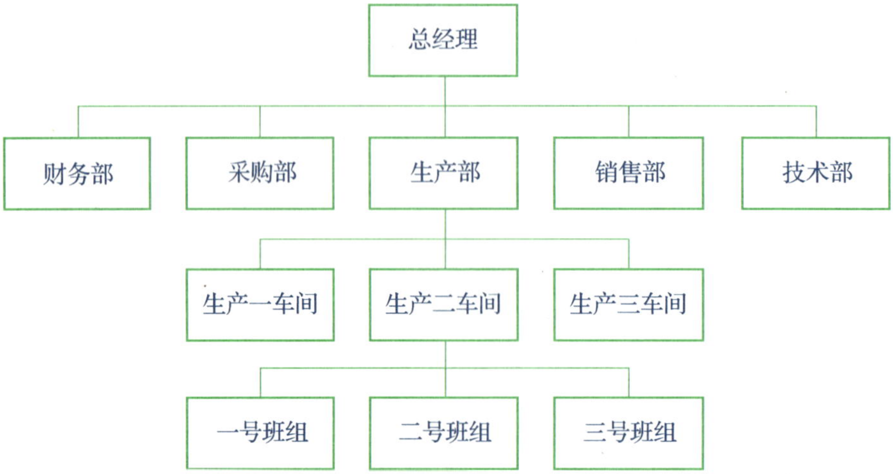

图 2－2 职能制组织架构

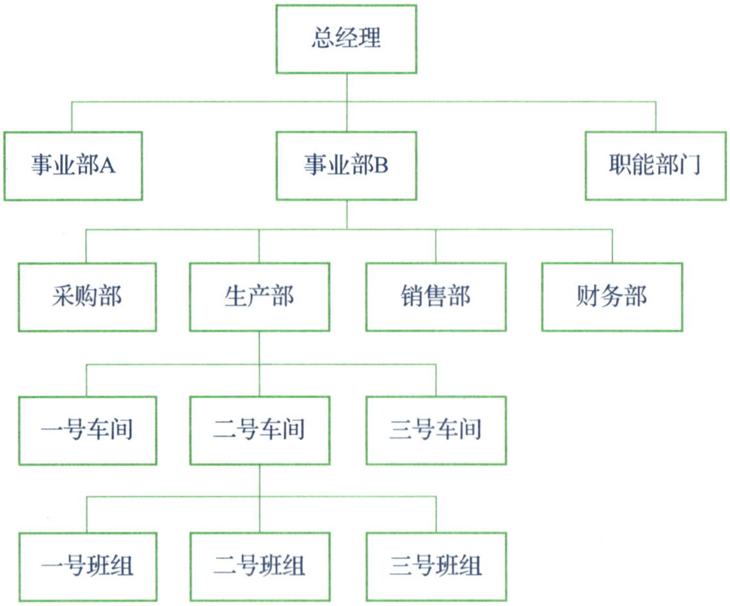

图 2－3 事业部制组织架构

如果公司规模较大，产品、市场、地域等情况较复杂，在一个事业部下可再分设多个事业部，形成超事业部制组织架构。比如，M 集团公司除了设置职能部门外，还设立了分别以饮品、家电和房地产为主营业务的三大事业部。但由于三大主营业务中各自产品和地域不同，经营和管理方式也各不相同，因此在三大主营事业部下又分设不同的事业部，超事业部制组织架构如图 2－4 所示。

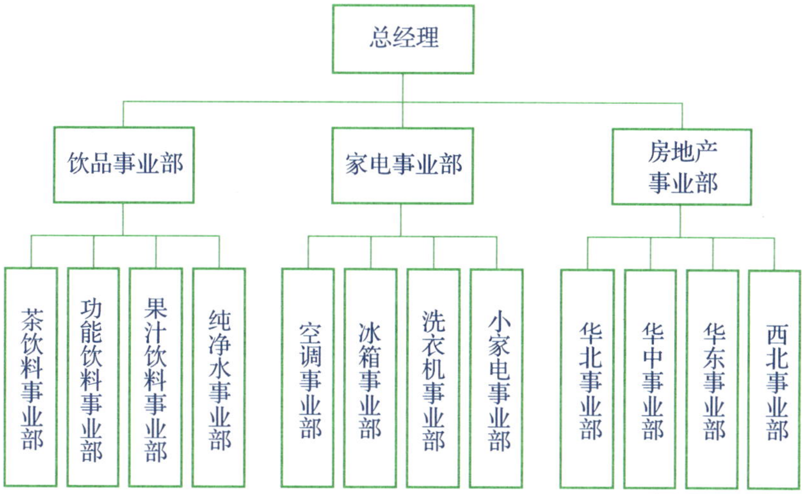

图 2－4　超事业部制组织架构

（三）矩阵制

矩阵制组织架构是一种目标型组织架构，它是以完成某项具体工作为目的而组成临时工作小组的组织形式。这类组织架构中的项目小组往往目的性和适应性较强，可以随时成立或解散。这样同一名员工既能够与原职能部门保持组织关系和业务联系，又能够参与所在项目小组的工作。该组织架构的最大特点就是员工接受双重命令。矩阵制组织架构如图 2－5 所示。

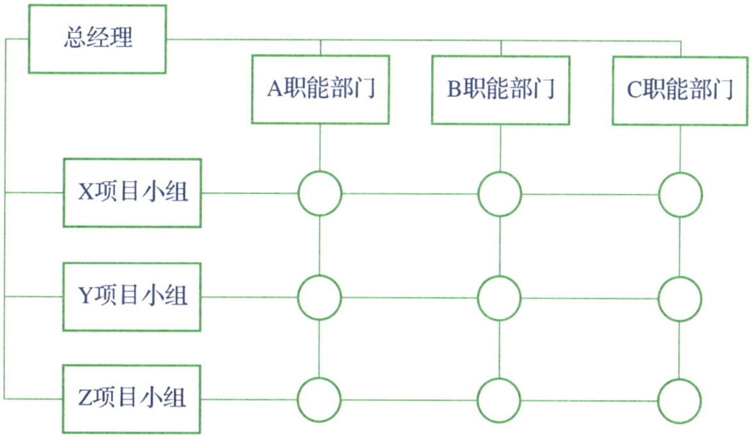

图 2－5　矩阵制组织架构

（四）项目制

项目制是以项目组作为独立运行单位的组织架构形式，项目组拥有专用资源。项目制对时间进度或产品性能的要求极为严格，对技术、质量的要求较高，而对项目开发的成本要求较低。项目制组织架构的最大优点是灵活。项目制组织架构如图 2－6 所示。

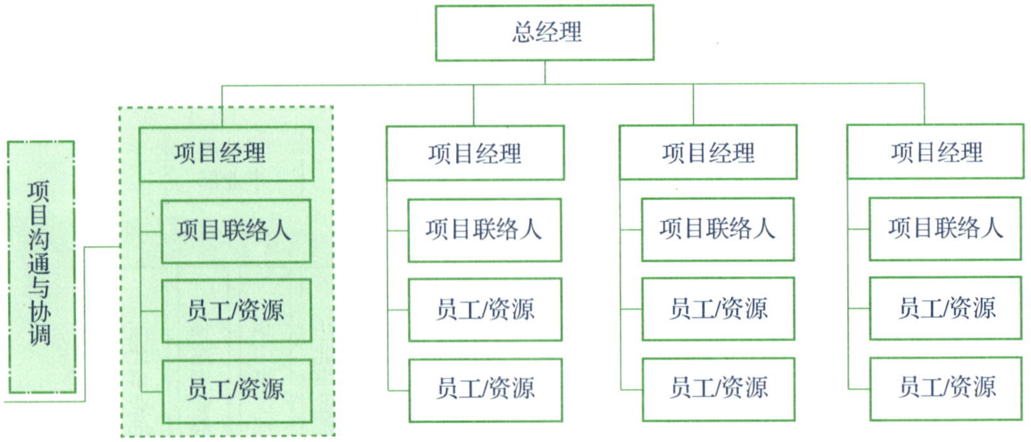

图 2－6　项目制组织架构

（五）模拟分权制

模拟分权制组织架构是在职能制组织架构的基础上，根据各部门的特点以及在管理上的不同要求，将组织划分成类似于事业部的多个单位，将其作为独立的生产经营部门，模拟独立经营、独立核算、自负盈亏。

需要注意的是，与事业部制组织架构不同，模拟分权制组织划分的部门并非真正意义上的经济实体，通常只有总公司才具有法人资格。其他部门的独立经营和自负盈亏是通过内部财务核算的方式体现的。这种组织架构大多适用于已经具备一定规模，生产的规模性、稳定性或连续性较强，具备一定财务管理能力的企业，是一种统分结合的管理模式，同时具备职能制和事业部制组织架构的特点，如图 2－7 所示。

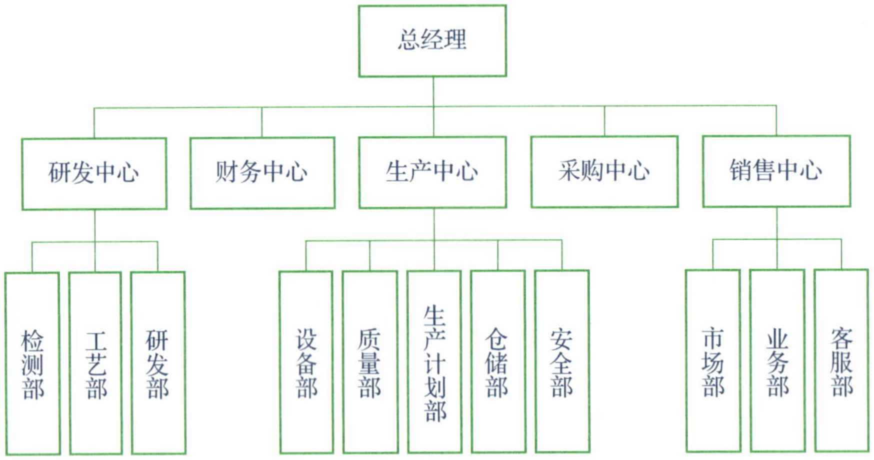

图 2－7　模拟分权制组织架构

（六）网络制

网络制组织架构是一种虚拟组织，它的关键词是“联合”与“外包”。它是通过信息技术等手段，把研发、供应、生产、服务等各类企业或个体连接成一个经济联合体。通过与经济联合体内其他企业或个体的互动，企业可以专注于某个细分领域，保持自身的核心优势，实现“做强”组织能力而不需要“做大”组织规模。网络制组织架构如图 2-8 所示。

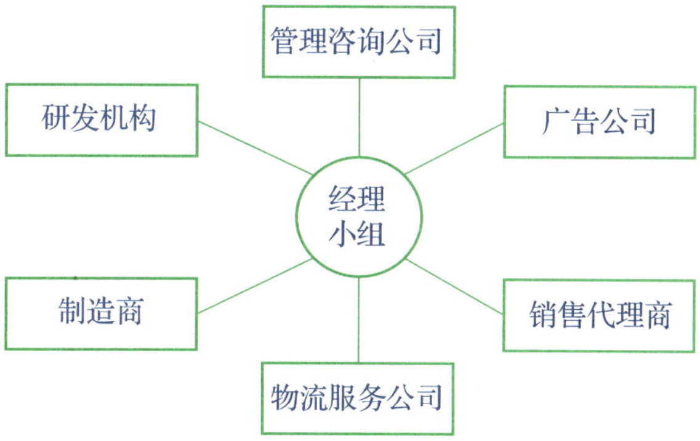

图 2-8　网络制组织架构

三、搭建企业组织架构的实例

（一）初始阶段的直线组织

如图 2-9 所示，刚开始创业时，公司上下只有 3 个人，小红相当于公司总经理，小黄负责公司的营销，小蓝负责公司的行政。

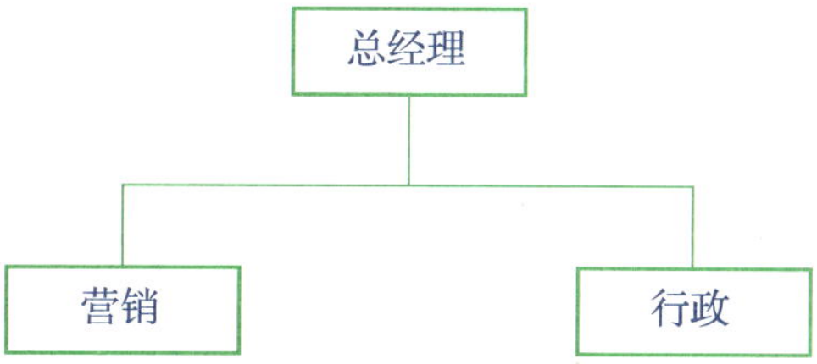

图 2-9　直线制

（二）职能制

如图 2-10 所示，随着公司不断发展，人员越来越多，公司的创始人小红也越来越忙。这个时候公司就开始出现专业化与部门化，简单来说就是根据公司不同的事，划分不同的部门，各个部门经理对本部门人员进行管理。而小红作为公司总经理，只需要管理几个经理就可以了，这样管理的效率就大大提升了，但这仍然相当于职能制。

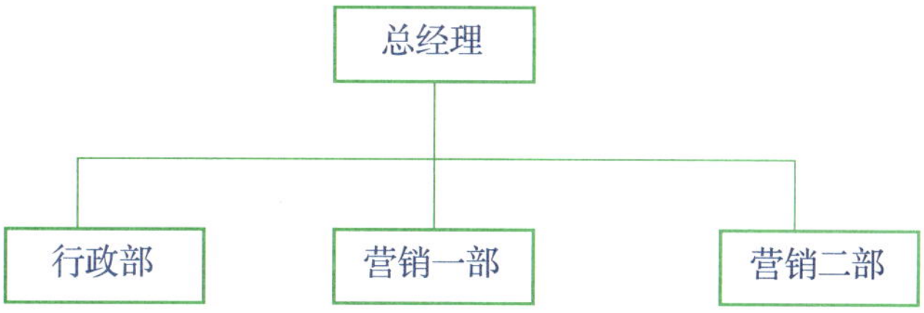

图 2-10　职能制

（三）事业部制

如图 2－11 所示，随着公司的进一步发展，业务也越来越多，为了保证每一个产品线的独立运作，让各个事业部都具有更大的权限，公司的组织架构就由职能制升级成了事业部制。除核心部门由总部直接管理之外，各个事业部会拥有很大的权限，可以独立做出各种运营决策。各个事业部财务独立核算，事业部之间进行市场化运作，这样可以使公司生产力进一步解放。

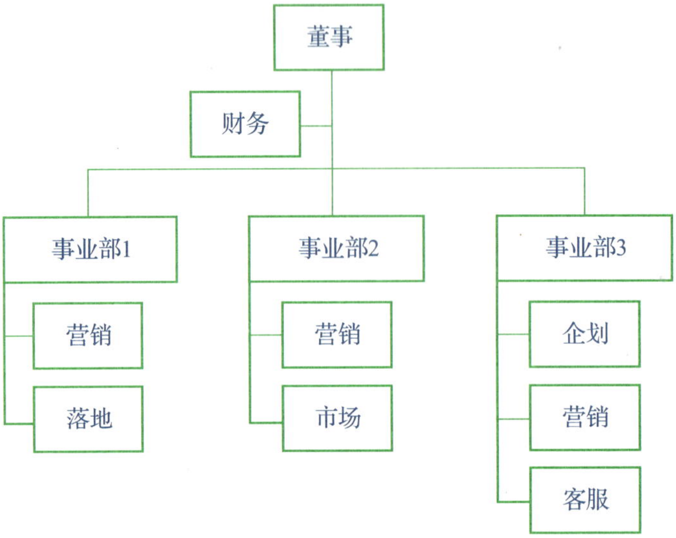

图 2－11　事业部制

（四）虚拟组织

虚拟组织是指两个以上的独立实体，为迅速向市场提供产品和服务，在一定时间内结成的动态联盟。虚拟组织有别于传统组织，可以看作一种人机一体化组织。虚拟组织通过丰富的现代通信技术、发达的信息存储技术，突破传统组织架构，创造性地实现组织职能及目标。虚拟组织打破了传统的组织边界，打破了固定的地理空间和时间限制，结构比较松散，几乎没有管理层级。很多国内外知名企业在信息化时代都采用了虚拟组织架构，如 IBM、戴尔、福特、耐克、海尔等。图 2－12 为虚拟组织的架构。

虚拟组织不具有法人资格，也没有固定的组织层次和内部命令系统，是一种开放的组织架构，因此可以在拥有充分信息的条件下，从众多的组织中通过竞争招标或自由选择等方式精选出合作伙伴，迅速形成各专业领域中的独特优势，实现对外部资源的整合利用，从而以强大的结构成本优势和机动性完成单个企业难以承担的市场功能，如产品开发、生产和销售。

虚拟组织是由在地理上分布的企业、机构和个人所组成的一种基于共同目标的协作形式。这些在法律上独立的虚拟组织成员以他们各自的核心竞争力参与横向和纵向的协作，对于第三方而言，他们表现为一个统一的组织，而随着组织目标的完成或中断，整个虚拟组织也不复存在。虚拟组织完全抛弃了传统组织的管理功能集中化，其所需的协调过程主要通过合适的信息 / 通信技术予以实现。对于虚拟组织中虚拟的含义，我们可以理解为是空间虚拟、时间虚拟以及结构虚拟的三维叠加。

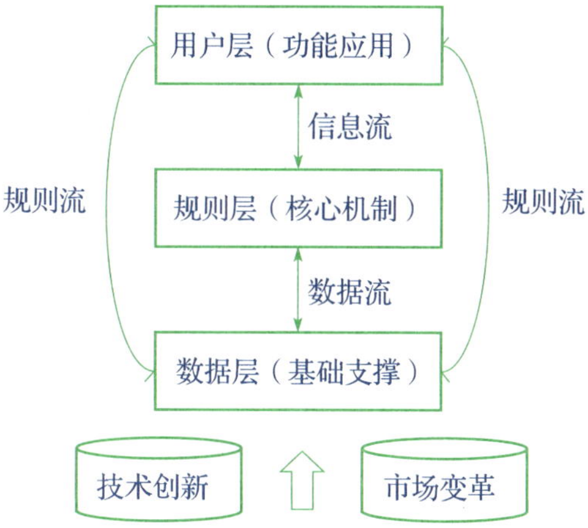

图 2－12　虚拟组织（平台组织）的架构

四、企业组织架构搭建的步骤

企业组织架构搭建的步骤，如图 2－13 所示。

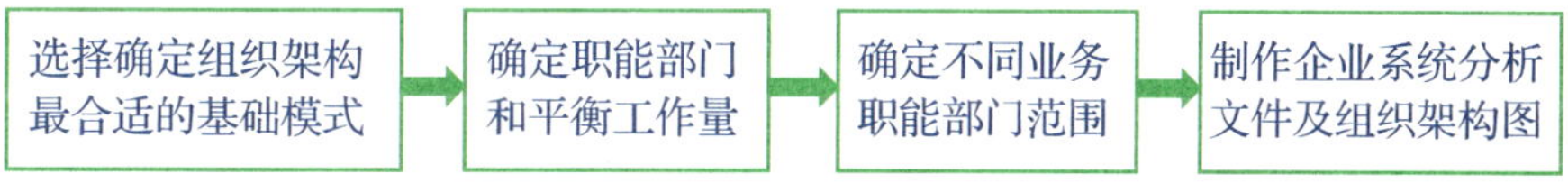

图 2－13　企业组织架构搭建的步骤

（一）选择确定组织架构最合适的基础模式

这一步工作要求企业根据自己的实际，选择确定一个最合适的基础组织模式，作为企业的组织架构的基础模式。

（二）确定职能部门和平衡工作量

这一步工作要求企业平衡各部门的工作量，并设置职能部门。专业化的分工不仅是一种效率的提升，更是细化工作量的一个标准。确定不同部门的工作职责、工作量后，就需要考虑职能部门的有效配置。

（三）确定不同业务职能部门范围

这一步工作要求企业确定不同业务职能部门，并确定对上、对下的接入口及各个部门的职能管辖范围。

（四）制作企业系统分析文件及组织架构图

这一步工作要求企业分别以制度和形象图表的形式清晰地展示部门任务和目标等信息。

五、统计上大中小微型企业划分办法

2017 年，《国民经济行业分类》（GB/T 4754—2017）已正式实施，对《统计上大中小微型企业划分办法（2011）》进行了修订。本次修订保持原有的分类原则、方法、结构框架和适用范围，仅将所涉及的行业按照《国民经济行业分类》（GB/T 4754—2011）和《国民经济行业分类》（GB/T 4754—2017）的对应关系，进行相应调整，形成《统计上大中小微型企业划分办法（2017）》，如表 2－1 所示。

表 2－1　统计上大中小微型企业划分标准

行业名称	指标名称	计量单位	大型	中型	小型	微型
农、林、牧、渔业	营业收入（Y）	万元	Y ≥ 20 000	500 ≤ Y<20 000	50 ≤ Y<500	Y<50
工业 *	从业人员（X）	人	X ≥ 1 000	300 ≤ X<1 000	20 ≤ X<300	X<20
	营业收入（Y）	万元	Y ≥ 40 000	2 000 ≤ Y<40 000	300 ≤ Y<2 000	Y<300
建筑业	营业收入（Y）	万元	Y ≥ 80 000	6 000 ≤ Y<80 000	300 ≤ Y<6 000	Y<300
	资产总额（Z）	万元	Z ≥ 80 000	5 000 ≤ Z<80 000	300 ≤ Z<5 000	Z<300
批发业	从业人员（X）	人	X ≥ 200	20 ≤ X<200	5 ≤ X<20	X<5
	营业收入（Y）	万元	Y ≥ 40 000	5 000 ≤ Y<40 000	1 000 ≤ Y<5 000	Y<1 000
零售业	从业人员（X）	人	X ≥ 300	50 ≤ X<300	10 ≤ X<50	X<10
	营业收入（Y）	万元	Y ≥ 20 000	500 ≤ Y<20 000	100 ≤ Y<500	Y<100
交通运输业 *	从业人员（X）	人	X ≥ 1 000	300 ≤ X<1 000	20 ≤ X<300	X<20
	营业收入（Y）	万元	Y ≥ 30 000	3 000 ≤ Y<30 000	200 ≤ Y<3 000	Y<200
仓储业 *	从业人员（X）	人	X ≥ 200	100 ≤ X<200	20 ≤ X<100	X<20
	营业收入（Y）	万元	Y ≥ 30 000	1 000 ≤ Y<30 000	100 ≤ Y<1 000	Y<100
邮政业	从业人员（X）	人	X ≥ 1 000	300 ≤ X<1 000	20 ≤ X<300	X<20
	营业收入（Y）	万元	Y ≥ 30 000	2 000 ≤ Y<30 000	100 ≤ Y<2 000	Y<100
住宿业	从业人员（X）	人	X ≥ 300	100 ≤ X<300	10 ≤ X<100	X<10
	营业收入（Y）	万元	Y ≥ 10 000	2 000 ≤ Y<10 000	100 ≤ Y<2 000	Y<100
餐饮业	从业人员（X）	人	X ≥ 300	100 ≤ X<300	10 ≤ X<100	X<10
	营业收入（Y）	万元	Y ≥ 10 000	2 000 ≤ Y<10 000	100 ≤ Y<2 000	Y<100
信息传输业 *	从业人员（X）	人	X ≥ 2 000	100 ≤ X<2 000	10 ≤ X<100	X<10
	营业收入（Y）	万元	Y ≥ 100 000	1 000 ≤ Y<100 000	100 ≤ Y<1 000	Y<100
软件和信息技术服务业	从业人员（X）	人	X ≥ 300	100 ≤ X<300	10 ≤ X<100	X<10
	营业收入（Y）	万元	Y ≥ 10 000	1 000 ≤ Y<10 000	50 ≤ Y<1 000	Y<50
房地产开发经营	营业收入（Y）	万元	Y ≥ 200 000	1 000 ≤ Y<200 000	100 ≤ Y<1 000	Y<100
	资产总额（Z）	万元	Z ≥ 10 000	5 000 ≤ Z<10 000	2 000 ≤ Z<5 000	Z<2 000

续表

行业名称	指标名称	计量单位	大型	中型	小型	微型
物业管理	从业人员（X）	人	X ≥ 1 000	300 ≤ X<1 000	100 ≤ X<300	X<100
	营业收入（Y）	万元	Y ≥ 5 000	1 000 ≤ Y<5 000	500 ≤ Y<1 000	Y<500
租赁和商务服务业	从业人员（X）	人	X ≥ 300	100 ≤ X<300	10 ≤ X<100	X<10
	资产总额（Z）	万元	Z ≥ 120 000	8 000 ≤ Z<120 000	100 ≤ Z<8 000	Z<100
其他未列明行业 *	从业人员（X）	人	X ≥ 300	100 ≤ X<300	10 ≤ X<100	X<10

注：带 * 的项为行业组合类别。

六、企业组织变革

当组织架构需要变革时，组织通常会展示出如下特点：

（1）内部沟通不畅，权责不清，分工不明；

（2）决策、指令等信息传达力度低；

（3）架构臃肿，人员庞杂，办事效率低下；

（4）缺乏活力，缺少创新和进取的动力；

（5）人浮于事，推诿、纠纷等内耗现象较多；

（6）员工士气低落，员工满意度和敬业度较低；

（7）中高层管理人员离职率增多，各类请假较多；

（8）各部门之间的职责有重叠的部分。

企业进行组织变革的关键，是要建立和发挥指挥计划系统、沟通联络系统、检查反馈系统和执行监督系统四个系统间的相互作用。同时，要调整好决策层、管理层、执行层和操作层四个层面间的定位、分工与协作。

边学边练

六人一组进行研讨，选择统计上标准的大、中、小、微四种企业类型的一个典型代表，分析四种企业的组织架构都是什么类型，并填在表 2－2 中。

表 2－2　四种企业的组织架构类型分析表

企业类型	企业名称	组织架构类型
大型企业		
中型企业		
小型企业		
微型企业		

在线练习

任务二 工作分析方法

故事

善言无瑕集团股份有限公司的客户中，曾经有一个总经理感言："刚刚做完战略咨询，但手下没有人，外聘不理想，事情不好办，只好将花费几十万元甚至上百万元的战略方案锁在柜子里，无法实施也不敢实施。"也有公司总经理感慨："公司战略实施做得不理想，好多事情到关键时刻却执行不下去了，手下无人可用，庸人太多，大事做不了，小事还凑合……"还有部分公司的总经理很无奈：市场竞争越来越激烈，客户要求也越来越高，价格越来越低，利润越来越薄，虽然重构了公司战略，但因为没有合适的人，凑合着实施了一段时间，效果不理想，只得暂缓实施战略。

各个地方录用人才的标准都不相同，有的看你有没有成功的过去，有的看你是不是具备该岗位所必需的能力与素质。在"人岗匹配"方面，主要体现出如下"三重奏"。

第一重：因人设岗——是错误的，主要是指国企因个人的私人条件而设立岗位。

第二重：因岗设人——曾经被认为是先进的。

第三重：因才设岗——是正确的，主要是指因个人特长而设置适合的岗位。

启示

- "人岗匹配"一方面对人的职业发展有莫大的好处，另一方面对民营公司而言，把人才的作用最大化，公司也会得到相应的回报，公司和个人就能实现真正的双赢。

一、访谈法

访谈法是指工作分析人员通过面对面的访谈方式，就一个职位的具体内容，了解任职者和与任职者相关的其他人员的意见和看法。对于某些工作分析，工作分析专员没有条件实际去做，或者难以观察到工作者的实际工作情况，因此，必须对那些工作者进行访问，了解他们的实际工作内容，获得工作分析的第一手资料。

（一）访谈法的三种形式

根据访谈对象的不同，访谈法可分为个别员工访谈法、群体访谈法和主管人员访谈法三种形式。

1. 个别员工访谈法

该方法主要适用于各个员工的工作有明显差别，工作分析时间又比较充裕的情况。

2. 群体访谈法

该方法适用于多个员工从事同样或相近工作的情况。使用群体访谈法时，必须请这些工作任职者的上级主管人员到场，或是事后向主管征求对收集到的信息的看法。

3. 主管人员访谈法

该方法是指与一个或多个主管面谈，因为他们对工作非常了解，有助于减少工作分析的时间。

（二）访谈法的操作流程

访谈法的操作流程一般分为三个阶段，即准备阶段、实施阶段和整理阶段。

（1）在准备阶段，实施主体应确定访谈对象、访谈方式，并设计访谈内容提纲。该阶段的访谈内容主要包括工作目标、工作内容、工作性质和范围、工作责任、工作中遇到的问题、任职者对薪酬与考核等制度的意见和建议等。

（2）在实施阶段，一般由专业的访谈人员对访谈对象进行提问，并准确捕捉对话中的信息，收集有关资料。

（3）在整理阶段，职位分析的实施主体要及时整理访谈记录，并根据访谈记录形成相关的文字分析报告。

（三）访谈法三种形式综合运用的适用范围

需要注意的是：可能有些工作的主管人员与员工所提供的信息不同，分析人员必须把双方资料合并在一起，予以独立的观察与权衡，必要时可以安排重新访谈。实际上，人们通常将三种形式综合运用，以求得更准确的信息。三种形式综合运用的适用范围如表 2－3 所示。

表 2－3　三种形式综合运用的适用范围

访谈对象	适用范围
个别员工	适用于各个员工的工作有明显差别，工作分析时间又比较充裕的情况。
群体员工	适用于多个员工从事同样或相近工作的情况。
主管人员	指与一个或多个主管面谈，因为他们对工作非常了解，有助于减少工作分析的时间。

（四）访谈提纲

访谈提纲如表 2－4 所示，访谈之前准备好，可以帮助工作人员更顺利地开展工作。

表 2－4　访谈提纲

序号	具体问题示例
1	你所在部门的主要职责是什么？
2	你个人的主要职责有哪些？
3	在 × 职责中需要从事哪些具体工作？
4	工作对象和流程是怎样的？
5	完成 × 工作任务大约需要多长时间？
6	完成 × 工作的主要难点和障碍是什么？

续表

序号	具体问题示例
7	履行 × 职责或工作任务应该达到的基本绩效标准是什么?
8	你个人认为目前的工作量是否适中?如不适中，是过大还是过小?
9	完成这些工作需要什么样的学历、经验、技能等?完成工作时的环境和条件如何?
10	你认为你们部门内部的职位设置和分工情况是否合理?

（五）访谈法适用范围和注意事项

访谈法适合绝大部分的岗位，但非常费时间和精力。如果企业所有岗位都采用访谈法进行工作分析，将花费很长的周期，因此往往只针对部分重要岗位采用访谈法。

二、问卷调查法

问卷调查法是通过让相关人员填写与其工作职责有关的调查问卷来收集信息的方法。

（一）问卷调查法的分类

1. 定量结构化问卷

定量结构化问卷是按照结构化的要求设计的相对稳定的职位分析问卷，一般采用封闭式问题，问卷遵循严格的逻辑体系，分析结果可通过对信息的统计分析加以量化，形成对职位的量化描述或评价。定量结构化问卷最大的优势在于问卷一般经过大量的实证检验，具有较高的信度与效度，便于职位之间相互比较。

2. 非结构化问卷

非结构化问卷是目前国内使用较多的工作分析问卷形式，其特点在于能对职位信息进行全面、完整的调查收集，适用范围广泛，能根据不同的组织性质、特征进行个性化设计。与定量结构化问卷相比，非结构化问卷存在精度不够、随意性强、与分析师主观因素高度相关等缺点，但是非结构化问卷也有适应性强、灵活高效、互动性强等优势。

（二）问卷调查法的操作流程

问卷调查法的操作流程一般包括四个环节。

（1）设计问卷内容，主要包括职位信息、职位职责、绩效标准、组织结构和任职资格等；

（2）问卷测试及修订环节，在此环节需要完成的工作是对问题进行测试并予以修订；

（3）问卷的发放和回收环节，在此环节应注意说明填写规范，统一填写标准，并及时收回问卷；

（4）问卷的处理环节，在此环节要完成的工作是对回收的问卷进行整理、分类，将相同职位的问卷调查结果进行对比分析，提炼有价值的信息，并编制问卷调查分析报告。

（三）问卷调查法的适用范围

问卷调查法是使用最广泛的一种工作分析方法，尤其适用于办公室岗位、中高等管理岗位。

三、观察法

观察法是通过观察工作人员的工作过程，记录工作行为各方面的特点，了解工作中所使用的工具设备、工作程序和体力消耗等，从而收集职位信息的方法。观察时，可以用笔记录，也可以事先准备好观察项目表进行观察核对。运用观察法时的注意事项有：

（1）观察员的工作在一定时间内，其工作内容、程序、对工作人员的要求相对稳定。

（2）观察法适用于大量标准化的、周期较短的、以体力劳动为主的工作，不适用于以脑力劳动为主的工作。

（3）观察人员尽可能不要引起被观察者的注意，以免干扰他们的工作。

（4）观察前要有详细的观察提纲和行为标准。

四、工作日志法

（一）工作日志法的概念

工作日志法又称工作者自我记录法或现场日志法，是观察分析法的一种。当观察者与被观察者角色重合时，就是任职者观察自身工作。它是指任职者本人按工作日志的形式，依照时间顺序详细记录自己在一定工作周期的工作内容与工作过程，然后经过归纳、分析、实现工作分析目的的一种方法。工作日志法要求任职者在一段时间内实时记录自己每天发生的工作，按工作日的时间记录下自己工作的实际内容，形成某一工作职位一段时间以来发生的工作活动的全景描述。在缺乏工作文献时，工作日志法的优势尤为明显。

（二）工作日志法的操作流程

工作日志法的操作流程主要包括三个阶段。

1. 准备阶段

这一阶段包括表单设计、目标定位、培训相关人员和确定填写周期四个环节。其中，目标定位是指根据目标任职者的多少决定选择哪些任职者为考查对象。当目标任职者较少时，可以将其全部作为考查对象；当目标任职者较多时，可选 5 ～ 10 位任职者填写工作日志，同时应选取绩效水平较高的任职者。一份完整的工作日志表单应该包括三部分内容，即填写说明、任职者信息和工作日志。

2. 填写阶段

在此阶段中，组织管理者应通过工作分析交流会等方式对任职者进行监控，保证任职者按要求及时填写工作日志；通过中期讲解、阶段成果分析、工作分析交流会等方法督促考查对象保质保量地填写好工作日志。

3. 信息整理、分析阶段

这一阶段包括提炼工作活动、工作职责描述、工作任务性质描述、工作联系、工作地点描述及工作时间描述。

（三）工作日志法的注意事项

（1）应采取措施加强与填写者的沟通交流，可采用事前培训、过程指导、中期辅导等方法。

（2）应按照后期分析整理信息的要求，设计结构化程度较高的表格，以控制任职者在填写过程中可能出现的偏差和不规范之处。

（四）工作日志法的优点和缺点

工作日志法的优点是成本低、所需费用较少，对分析高水平与复杂的工作而言比较经济有效。其缺点在于无法对日志的填写过程进行有效的监督；任职者可能不会按照规定的填写时间及时填写工作日志；需要占用任职者足够的时间填写；信息可能记录不全；信息量大，整理归纳工作烦琐。

（五）工作日志法的适用范围

工作日志法可适用于操作型的工作，如技术工人；部分复杂的技术类工作，如技术开发人员。很多科学家或者实验室的工作人员就采用工作日志法。

五、关键事件法

关键事件法是通过对被分析员工在工作中极为成功或失败的关键事件进行分析，确定某一工作的关键特征和行为要求。

（一）关键事件记录的内容

（1）记录导致事件发生的原因和背景。

（2）记录员工特别有效或多余的行为。

（3）记录员工关键行为的后果。

（4）记录员工自己能否支配或控制上述后果。

（二）关键事件法的适用范围

关键事件法往往并不是一种单独的工作分析方法，它是其他方法的有效补充。

六、工作分析方法的优缺点比较

如表 2-5 所示，工作分析方法各有优缺点，在实际工作中运用哪种方法，要因实际工作不同而灵活运用。

表 2-5　工作分析方法的优缺点比较

方法	优点	缺点
访谈法	● 一种被广泛采用、相对简单、便捷的搜集信息的方法，而且适用面较广，尤其被用来达到编制工作描述的目的； ● 经常被作为其他信息收集方法的辅助，如当问卷填写不清楚、观察员工工作时存在问题等； ● 通过访谈能探察到一些不为管理层所知晓的内容，如工作态度、工作动机等较深层次的东西或一些管理问题； ● 方式亲切，能拉近访谈者与员工的距离。	● 对访谈者技巧要求高，如运用不当，可能影响信息搜集的质量； ● 不能作为工作分析的唯一方法； ● 因害怕效率革命而带来薪酬变化致使信息失真； ● 打断被访问人员的正常工作，有可能造成生产的损失； ● 可能会因问题不够明确或不够准确而造成双方误解或信息失真。

续表

方法	优点	缺点
问卷调查法	• 能够从众多员工处迅速得到信息，节省时间和人力，费用低； • 员工填写工作信息的时间较为宽裕，不会影响工作时间； • 适用于在短时间内对大量人员进行调查的情形； • 结构化问卷所得到的结果可由计算机处理。	• 问卷的设计需要花费时间、人力和物力，费用较高； • 单向沟通方式，所提问题可能部分不被员工理解； • 可能造成填写者不认真填写，影响调查的质量。
观察法	• 操作较灵活、简单易行； • 直观、真实，能给岗位分析人员直接的感受，因而所获得的信息资料也较准确； • 可以了解广泛的信息，如工作活动内容、工作中的正式行为和非正式行为，工作人员的士气等。	• 只适用于一些变化少而动作性强的工作； • 动作性强，不一定可以观察到工作的所有前因后果或者前后关系。
工作日志法	• 由于工作日志是在工作不知觉状态下的忠实记录，因此资料来源比较可靠； • 工作记录本身非常翔实，提供的信息充分。	• 需要积累的周期较长，时间成本高； • 收集信息可能较凌乱，资料口径可能与岗位分析的要求有出入，因而整理的工作量较大； • 工作日志往往有夸大的倾向，不利于信息的收集。
关键事件法	• 为下属的绩效评价结果提供了确切的事实依据； • 确保对下属进行绩效考查时，所依据的是员工在整个年度中的表现（因为这些关键事件肯定是在一年中累积下来的），而不是员工在最近一段时间的表现； • 保存一种动态的关键事件记录，还可以获得一份关于下属是通过何种途径消除不良绩效的具体实例。	• 费时，需要花大量的时间去搜集那些关键事件，并加以概括和分类； • 容易遗漏平均绩效水平，对中等绩效的员工就难以涉及，因而全面的职务分析工作就不能完成； • 需要专业人员对“关键性事件和行为”进行信息收集、概括和分类； • 没有提供对工作全方位的描述和探察，主要应用于下述工作分析目的：绩效评价标准的建立（BARS）、甄选标准的开发以及培训员工。

边学边练

3～5人为一组，参考下面的内容，查找访谈法的基本话术并模拟训练，可制成视频提交到班级指定网盘，互相查找问题，以利于此项技能的不断提高。

- 你所做的是一种什么样的工作？
- 你所在职位的主要职责是什么？你又是如何处理的呢？
- 你的工作环境与别人的有什么不同呢？
- 做这项工作所需具备的教育程度、工作经历、技能是怎样的？它要你必须具有什么样的文凭或工作许可证？
- 你都参加些什么活动？

在线练习

任务三 编写岗位说明书

故事

善言无瑕集团股份有限公司车间的一名操作工人把润滑油洒在工作室的地板上，车间主任叫他清扫干净，他拒绝执行，理由是他的岗位说明书上没有这个职责，他就可以不做。于是，车间主任便让一名学徒工清扫。结果这名学徒工同样拒绝，理由也是岗位责任书中没有包括这项工作。后来车间主任威胁要把他解雇，学徒工勉强同意，但干完后即向公司投诉。

启示

- 职责不清，势必造成相互推诿责任，甚至吵架，管理混乱，效率低下。只有通过部门职责和岗位说明书把岗位职责澄清并固定下来，进行角色定位，责任才能被真正锁定。岗位说明书（Standard Operating Procedure，SOP），也称岗位工作说明书，是表明企业期望员工做些什么、员工应该做什么、应该怎么做和在什么样的情况下履行职责的汇总。它具有明确工作职责与权限、工作目标、工作特点、任职人员资格等作用，并能为工作评价、人员招聘、绩效管理、培训与开发、薪酬管理等提供依据。

一、清楚岗位说明书的八个要素

岗位说明书是对某工作进行完整的描述或说明以便为管理活动提供信息而进行的一系列工作信息的搜集、分析和总结的人力资源管理基础性活动。如表 2－6 所示，岗位说明书要从八个要素着手（也称 6w2h）：

表 2－6　岗位说明书的八个要素

要素	说明
who	谁从事此项工作，责任人是谁，对人员的学历及文化程度、专业知识与技能、经验以及职业化素质等资格要求。
what	做什么，即本职工作或工作内容是什么，负什么责任。
whom	为谁做，即顾客是谁。这里的顾客不仅指外部的客户，也指企业内部的员工，包括与从事该工作的人有直接关系的人：直接上级、下级、同事、客户等。
why	为什么做，即工作对其从事者的意义所在。
when	工作的时间要求。

续表

要素	说明
where	工作的地点、环境等。
how	如何从事或者要求如何从事此项工作，即工作程序、标准以及为从事该工作所需的权利。
how much	为此项工作所需支付的费用、报酬等。

二、岗位说明书的编写流程

如图 2－14 所示，岗位说明书的编写流程有：（1）确定（原有的修订）公司的组织架构；（2）岗位说明书制定专题培训；（3）公司组建团队；（4）制定（原有的修订）各部门的职能、职责；（5）根据各部门的职能、职责，确定各部门的岗位；（6）制定分级标准和具体的岗位名称；（7）针对各岗位进行职务分析；（8）修订；（9）审批、签发、存档；（10）培训、考试；（11）当岗位的工作标准和要求发生改变时，按照文件增删申请、审核、批准、分发、签收、旧文回收到期销毁、文件学习、存档的程序进行；（12）制定维护运行管理制度，如岗位说明书管理制度。

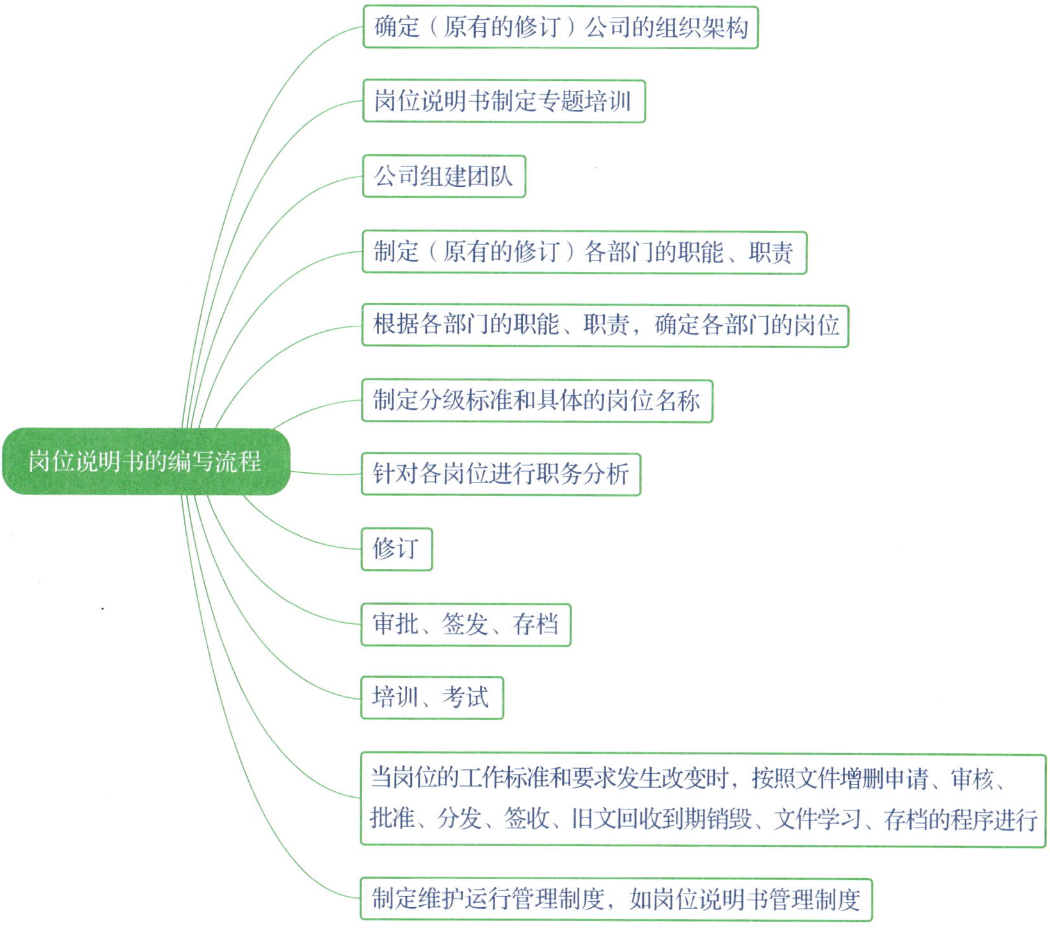

图 2－14　岗位说明书的编写流程

三、岗位说明书样例说明

如表 2－7、表 2－8、表 2－9 所示，行政专员的岗位职责、工作关系和任职要求是分开的。

表 2－7　行政专员岗位说明书岗位职责

职位名称	行政专员	所属部门	行政管理部
职位编号	00001	职位编制	××××
职位使命	在行政管理部经理的领导下，负责集团日常行政、文件管理、办公用品、车务管理等，为公司各项经营管理活动的顺利开展提供保障支持。		
职责概述	工作职责和工作内容	负责程度	考核要点
参与部门管理	参与部门管理，提出改善工作的建议； 参加部门的相关工作会议，参与部门相关重要事项的决策。	部分	建议的科学合理性
文件管理	负责执行集团文件管理有关制度，具体承办文件的编号、统一格式、文印、整理、收发、传递、存档、销毁等工作； 参与草拟各种行政办公文件、制度； 文件签批流程跟踪，签收登记等。	全责	资料文件完整清晰、文件制度管理规范、具操作性
日常行政管理	各种会议准备工作的支持； 负责对公接待安排； 各种证照、资质、办理及年审等工作； 负责公司的信印管理； 负责行政制度执行监控。	全责	员工满意度
办公用品管理	负责制定办公用品采购计划、预算、采购等工作； 定期组织办公用品的盘点； 负责办公用品的使用控制。	全责	员工满意度、记录完整清晰、成本控制情况
公关宣传	协助部门总经理负责公司的公关宣传工作，具体承办各种对外宣传材料及活动的组织、媒体的联络接待等； 参与编辑出版各种内刊； 负责监控集团统一 CI 系统的应用情况，并及时向部门经理汇报。	部分	上级满意度
固定资产管理	协助负责公司非经营性财产的统计、造册、调配、盘点及处置等工作。	支持	账目完整清晰、账实相符
成本控制	协助部门经理严格控制各项行政办公费用的支出。	支持	费用控制情况
其他	完成上级安排的其他工作。		

表 2－8　行政专员的工作关系

外部工作关系单位	行政管理关系	内部工作关系部门及职位
办公用品供应商 工商局等相关政府机关 媒体机构 其他机构	行政管理部经理 ↓ 本职位 ↓ 无	信息管理专员 档案管理专员 法律事务专员 前台 司机 人力资源部招聘培训专员 其他部门相关人员

表 2－9　行政专员的任职要求

最低学历	大学本科	专业	中文、文秘、管理及相关专业
工作经验	两年以上行政管理相关工作经验。		
专业知识	掌握行政管理知识和相关业务的市场信息；了解国家有关政策法规和公司规章制度；熟练使用常用办公软件。		
能力素质	优秀的沟通能力、问题解决能力和成本意识；优秀的写作能力。		
资格证书	无。		
工作环境其他要求	年龄在 45 周岁以下。		

编制：＿＿＿＿＿＿　审核：＿＿＿＿＿＿　审批：＿＿＿＿＿＿

时间：＿＿＿＿＿＿　时间：＿＿＿＿＿＿　时间：＿＿＿＿＿＿

表 2－10 是善言无瑕集团股份有限公司开料车间主管的岗位说明书，这是另一种表现方式。

表 2－10　善言无瑕集团股份有限公司开料车间主管的岗位说明书

岗位名称	开料车间主管	岗位编码	YH-SC-002	所属部门	生产部
职级	C	代理岗位	开料组长	定岗人数	1 人
直接上级	生产经理	直接下级	开料组长、过胶组长		
职位概要	协助生产经理完成开料车间生产任务及各方面管理。				

续表

工作内容	1. 协助生产经理制订开料车间的工作计划。 2. 根据生产计划下达开料组、过胶组的生产任务，并保证保质保量完成。 3. 定期召开本部门管理会议，讨论工作中存在的问题和改善措施，上报批准后执行。 4. 配合工程部进行新产品试产，对工艺流程做改良建议。 5. 与物料人员一起监督物料情况，督促当日成品和不良产品及时入仓。 6. 安排机器保养人员对机器进行定期保养，以确保生产正常运作。 7. 督促属下严格执行“5S”。 8. 提前做人员储备，培训初级管理人员，加强员工的培训工作，确保人员充足。 9. 了解员工心态，解决员工在生活、工作上遇到的困难，增强员工的归属感。 10. 积极主动检查每组生产设备、物料、消防设备的摆放和完整有效，检查消防通道是否畅通。 11. 定时召开生产安全培训会议，对部分易造成工伤的工位做专业培训，并对机器进行定时检查，防止工伤事故的发生。 12. 完成上级交代的其他任务。				
任职条件	1. 教育背景：大专以上学历。 2. 培训经历：接受过生产现场管理、品质管理等方面的培训。 3. 工作经验：5 年以上工作经验，3 年以上生产现场管理工作经验。 4. 技能技巧：（1）熟悉生产现场管理流程。（2）熟悉本行业的产品及工艺操作等。（3）良好的沟通表达能力。（4）熟练使用办公软件。				
权责范围	1. 权利：（1）对开料车间有计划权、建议权。（2）对下属各小组完成任务情况有考核评议权。（3）对所管开料组、过胶组员工有任免建议权。 2. 责任：（1）对开料车间任务达成情况负责。（2）对开料车间品质控制和各方面管理（人员、“5S”、设备等）不达标负责。（3）其他相关责任。				
工作关系	（1）报告对象：生产经理。（2）监督与指导：开料组、过胶组人员。（3）协作部门：PMC、工程部、品质部。				
编制		审批		批准	
编制日期		审批日期		批准日期	

四、编写岗位说明书的注意事项

（一）岗位说明书不是工作任务简单的罗列

一个职位包括的工作任务有很多，但是岗位说明书不是将所有工作任务事无巨细地罗列出来，而是要将职位所要完成的工作分解或者归纳为几个重要的组成部分，将其重新进行组合，形成系统的职责。

对公司前台转接电话这项职责进行分析后，错误的分析表述和正确的分析表述如表 2－11 所示。

表 2－11 公司前台转接电话职责分析表述

错误的表述	听到电话铃响后接起，说出公司的名字，然后询问对方的要求，再按下转接键，转接到相应人员那里。
正确的表述	按照公司的要求接听电话，并迅速转接到相应人员那里。

也就是说，不需要将所有的活动都罗列上去。

（二）岗位说明书针对的是“工作”不是“个人”

工作分析只关注职位本身的特征和要求。例如：如果某个公司的某个岗位，正常来说，应该是由本科学历的人员来承担；而实际上，由于种种原因，该位置目前是由一名专科学历的人来从事，那么即便如此，在标记这一职位的任职资格时仍要规定为本科，而不能根据现状将学历要求规定为专科。

（三）岗位说明书是事实而不是判断

工作分析人员要尽可能准确、全面地传递关于职位的事实资料，而不是凭个人主观做判断。判断的工作应由该职位上的任职者根据岗位说明书提供的事实和自己的目的去做，如判断岗位的职责是否需要调整以及岗位是否需要撤销、合并或增加等，然后在接受调研时提出需求。

（1）各个企业的岗位说明书各不相同，不能从网上随随便便找来一个模板就对付。一定要和领导确认好，选择符合自身企业需求的岗位说明书模板。

（2）岗位说明书的编写是一个持续、渐进的过程，需要不断地结合企业实际规模、目标进行修改、补充和完善。

（3）岗位说明书的模式和内容，与企业人力资源管理的阶段（水平）相关，不同阶段就同一岗位编写的岗位说明书内容也不同。

（4）岗位说明书的编写是一项复杂的工作，涉及人员多，需要企业各个层面的人员广泛参与。

五、岗位胜任素质模型的基本元素

胜任素质也称能力素质，是指促使员工做出卓越绩效的一系列综合素质，如员工的知识水平、技能 / 能力、职业素养、性格特征等。能否显著区分员工的工作绩效差异是判断员工是否具备某项胜任素质的标准，即工作业绩卓越和工作业绩一般的员工在该项标准方面的行为表现是有明显差别的。人力资源管理专员可以从以下几个角度识别员工的能力素质或岗位胜任特征。

（一）知识水平

此处提到的知识既包括员工从事某一职业领域的工作必须具备的专业知识，如财务管理、人力资源管理、市场营销等学科的专业知识，也包括员工在某一组织中工作必须掌握的相关知识，如公司知识、客户信息和产品知识等。岗位胜任模型中的知识应包括行业知识、专业知识和公共知识三类。

（二）技能 / 能力

技能是指完成某项具体工作应具备的技术或能力，如计算机操作技能、财务分析能力等。能力是指员工具备的、不容易改变的特质，如人际关系协调能力、问题分析能力、判断推理能力和市场拓展能力等。

（三）职业素养

职业素养是指员工应具备的思想道德、意识及行为习惯，如主动性、责任心、忠诚度、团队意识和诚信意识等。

（四）性格特征

性格特征是指员工持续而稳定的行为与心理特征，如稳重型、开朗型、忧患型等。

在线练习

边学边练

3～5人为一组，每组查找5家公司的同一岗位的岗位说明书，然后进行不同特点或者优缺点的对比分析，形成分析报告。

任务四 数智化工作分析

故事

善言无瑕集团股份有限公司在全球拥有香港研发中心、深圳数字研究中心等六大科研机构，在墨西哥、俄罗斯设立了控股生产基地，逐步形成了国际化经营模式。

集团十分重视人才招揽和人才培养战略。为加快在中国的业务发展，集团需要快速精准地梳理内部人员目前的能力情况并实现人岗匹配。如何快速找到符合标准的人才以及怎样在计划内完成业务团队的搭建便成为关键问题。

随着信息技术的发展和组织的不断变革，传统的工作分析方法已经不再适用于当今动态的人力资源管理了。集团审时度势，计划对能力素质较高员工的关键特征和组织的环境变量两方面进行分析，来确定岗位的胜任要求和组织的核心岗位，让人员与岗位、岗位与组织战略目标的匹配度更高。

接下来，集团选择与大数据领域建模专家合作。通过对员工进行人才测评、BEI访谈与分析、提炼胜任力要素，实现优秀标杆的精准复制。最后，集团利用大数据的建模理念，充分发挥信息化和数字化优势，精准建立了岗位胜任力模型和人才胜任力评估系统，实现了内外同步人员的评估与招聘，及时做到了人员岗位的调整，提高了团队业务能力，完成了快速精准地找到合适的人才的预期目标。

启示

- 数字化工作分析更加精准和迅速实现对工作信息的提炼和数据的控制有重大意义，可以帮助企业提高质量和效率。

一、数智化工作分析的概念及特点

随着科技的飞速发展，工作分析利用数字技术改变信息收集方式，借助大数据、人工智能进行分析、处理和可视化岗位数据，可以直接推动工作分析技术化和信息化发展，有效提升岗位设置的合理性与科学性以及工作分析的信度与效度。

数智化工作分析，就是指对信息系统中蕴含的海量数据进行挖掘、整理预设工作场景并构建数据模型，再运用数字技术对其进行逻辑推理和运算，进而对工作职位进行科学、系统的分析和研究，明确工作职责及任职资格，并对其保持动态管理的过程。

数智化工作分析可以提供有数据分析基础的结论，为优化人才管理机制提供数据实证，提升人力资源管理的循证化水平。基于此，数智化工作分析具有以下三个特点：

（1）基础数据更多、更全：数智化工作分析首先要有广泛的信息和数据，包括公司内部和公司外部一切与人力资源管理有关的信息链接。

（2）计算方式更加灵活：数智化工作分析能够构建一个全感知、全链接、全场景、全智能的数字平台，通过实际需求选择不同的计算方法，对相关工作进行预测预警、辅助决策。

（3）信息数据更加立体：随着人工智能的深入应用，数智化工作分析具备灵敏感知能力、适应学习能力和预测判断能力，同时将各个场景下的管理实践通过神经网络传送到中枢系统，结合实际给出行动建议。

例如：善言无瑕集团股份有限公司构建了灵活、开放的新平台，对其劳动力分析平台和 ADP 数据云进行了提升，数据云中有大量关于工作和基于公司 80 万客户建立的应聘者的数据。有了数据云，ADP 平台可以根据位置和公司规模，将企业的人力资本度量与其同行进行对比，并运用人工智能对比基准数据和 ADP 海量数据，为用户提供实用的劳动力参考，然后提出更改建议。

如果从信息收集和数据分析两个环节将传统工作分析和数智化工作分析进行对比，得出的结论也是比较明显的（见表 2－12）。无论是哪个环节，数智化工作分析的优越性都碾压传统工作分析。

表 2－12 传统工作分析和数智化工作分析对比表

传统工作分析			数智化工作分析		
内容	方法	缺点	内容	方法	优点
信息收集	多采用访谈法、观察法等对任职者及其领导进行调查的方式收集职位信息。	容易出现收集信息扭曲和遗漏等问题，有时难以收集到职位本质的、核心的信息。	信息收集	运用数字工具从业务流程的上下环节等多角度对职位信息进行收集。	数据获取途径更加广泛，对职位信息进行全面收集，能够帮助组织获取一些潜在的、复杂的、难以被直观感受到的职位信息。
数据分析	多采用人工分析的方式。	分析内容容易浮于表面，角度不够全面。	数据分析	借助数字工具进行全局分析。	从不同的角度来对工作进行描述和理解，能够更大程度地避免误差，呈现更强的数据分析科学性，有利于对工作岗位进行全面分析。

二、数智化工作分析的四个阶段

在多变、不确定、未知的时代，数智化工作分析是一项技术性非常强的工作。为了保证实施效果，只有在实际操作中遵循一定的步骤，才能发挥其在企业转型与发展当中的积极作用。如图 2－15 所示，数智化工作分析有四个阶段：准备阶段、调查阶段、分析阶段和完成阶段。

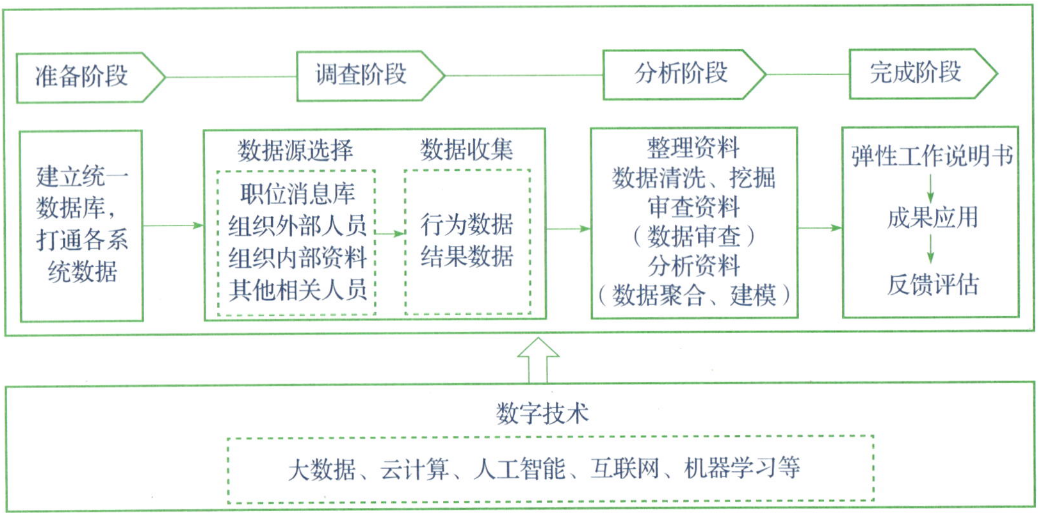

图 2－15 数智化工作分析的四个阶段

（1）准备阶段：建立统一数据库，打通各系统数据。在 AI 时代变革下，智能系统的使用时间和频率不断增加，工作行为数据和结果数据呈指数级增长，因此需要广泛输入各类数据和做好扩大整个岗位信息库调查范围的准备。

（2）调查阶段：数智化信息收集方法是运用新一代数字技术来进行数字采集、储存、传输和运用，打通全方位、全过程、多领域的数据融合。调查涉及的人员包括企业内部、外部和其他相关人员。

（3）分析阶段：整理资料过程中，数智化工作分析可通过万物互联的各种数字设备将信息聚集起来并建立一套算法模型，为提高后续工作分析的效率与质量打下基础。在分析过程中，数智化工作分析通过系统对数据进行多维度的采集和更精准的判断，将现有的人力资源判断规则转化为由系统机器可以读取的规则，并将人力资源中的经验和逻辑部分，通过建模形成判断流程，降低人工情感等因素带来的结果判断偏差，以及可能会产生的遗漏情况，得到更加精准的分析结果。

（4）完成阶段：大数据时代的到来使企业不得不随时做好组织重构和流程重塑。随着相对稳定的职务的消失，传统的、稳定的、强调具体工作描述的岗位说明书已经不能适应现实中变化的岗位，而缩短工作分析周期、经常更新岗位说明书又必然造成企业成本的上升，所以就需要弹性岗位说明书来提高人力资源管理效率。而人工智能恰恰可以解决这一问题，通过快速收集并处理数据、分析因果关系、构建标准版的岗位画像和人才画像并形成文字版岗位说明书，从而更好地保持工作分析结果的灵活性。

三、数智化工作分析的主要原则

（一）服务战略原则

服务战略原则指的是工作分析要基于企业的战略并着眼于未来识别出企业的核心竞争力，使岗位职责体系与公司的战略目标相统一，有效推动数智化转型、推进企业结构变革。

（二）动态调整原则

动态调整原则指的是一个企业的岗位并不是一成不变的，当企业所处环境发生变化以及职能的调整引起岗位变动时，要适时地根据岗位的变动对岗位说明书进行调整。

（三）科学可靠原则

数智化工作分析需要借助大数据、人工智能等数字工具将信息聚集起来，将原先各部门的数据孤岛逐渐打通。基于各个部门的数据分析测算构建出岗位胜任的素质模型及人才画像的准确性、可预测性更高。

边学边练

3～5人一组进行研讨，每人查找一个工作分析数智化的故事并进行分享，并填在表2-13中（国内外均可）。

表2-13 工作分析数智化的故事

序号	故事概述	所属行业
1		
2		
3		
…		

在线练习

项目三 招聘专员

学习目标

知识目标

- 了解招聘需求的含义；
- 熟悉发布招聘信息的常用渠道；
- 掌握常用的招聘甄选技术；
- 掌握录用的手续和招聘评估方法；
- 了解数智化招聘的价值和作用，理解数智化招聘技术的应用场景。

技能目标

- 能够熟练进行招聘需求分析；
- 能够熟练设计招聘广告和发布招聘信息；
- 能够熟练组织筛选简历和面试等甄选工作和为空缺岗位甄选出合适的人才；
- 能够熟练完成录用和招聘评估工作；
- 能够运用最新的数智化人力资源招聘技术。

素质目标

- 培养诚实守信的职业操守；
- 培养在各个环节工作中一丝不苟的敬业精神。

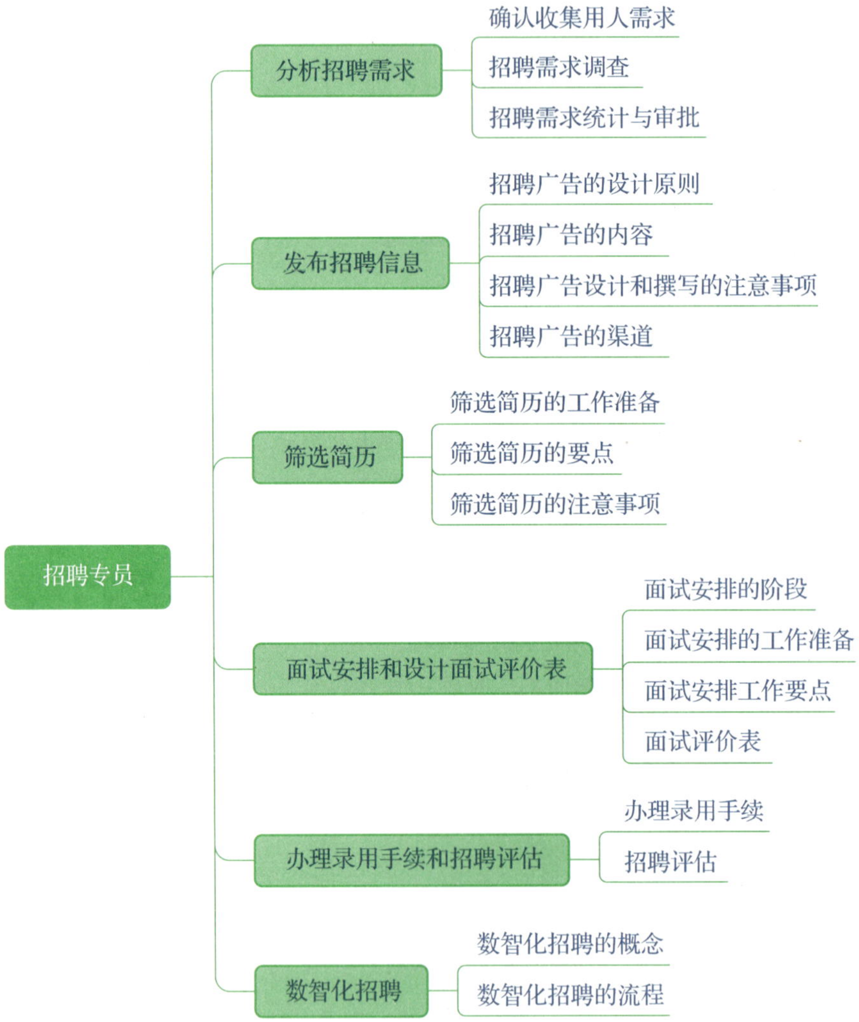
招聘专员
分析招聘需求
确认收集用人需求
招聘需求调查
招聘需求统计与审批
发布招聘信息
招聘广告的设计原则
招聘广告的内容
招聘广告设计和撰写的注意事项
招聘广告的渠道
筛选简历
筛选简历的工作准备
筛选简历的要点
筛选简历的注意事项
面试安排和设计面试评价表
面试安排的阶段
面试安排的工作准备
面试安排工作要点
面试评价表
办理录用手续和招聘评估
办理录用手续
招聘评估
数智化招聘
数智化招聘的概念
数智化招聘的流程

任务一　分析招聘需求

故事

尹劲莱是善言无瑕集团股份有限公司的一名招聘专员，他的直接上级是人力资源部经理管仁彩。管仁彩向尹劲莱布置了招聘的相关工作。

管仁彩：“尹劲莱，最近公司有几个部门的一些岗位有招聘需求，你负责分析一下各个部门的招聘需求。你准备怎么完成这项工作任务？”

尹劲莱：“管经理，分析招聘需求工作主要包括招聘需求调查和招聘需求统计审批，我准备先设计招聘需求调查表，为完成招聘需求分析工作做好准备。”

管仁彩：“尹劲莱，仔细一些，好好完成招聘需求分析工作。”

尹劲莱：“明白了，一定认真完成好工作。”

启示

- 分析招聘需求的第一步是设计人员招聘需求调查表。

一、确认收集用人需求

招聘需求分析是当用人部门提出招聘需求时，人力资源部门的招聘负责人和用人部门的主管一同对招聘需求进行分析和判断的过程。由于实际工作的需要和业务的变化会导致人员需求有一些变化，对于这些需求变化情况，往往需要用人部门和人力资源部门根据实际情况做出决定，因此招聘需求分析工作包括招聘需求调查、招聘需求统计与审批等。招聘流程的第一步就是进行招聘需求分析，人力资源部门首先要通过招聘需求调查明确哪些岗位（见图 3－1）有招聘需求，对招聘需求的合理性进行分析，明确需要什么样任职资格的人员填补岗位空缺等，这些都需要用人部门和人力资源部门共同分析做出确定（见图 3－2）。

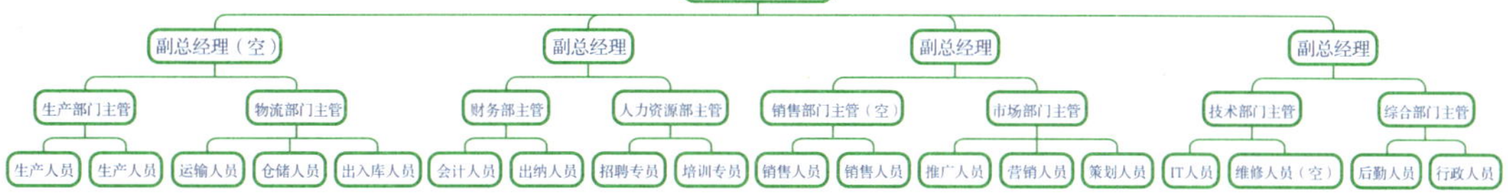

图 3－1　组织岗位结构图

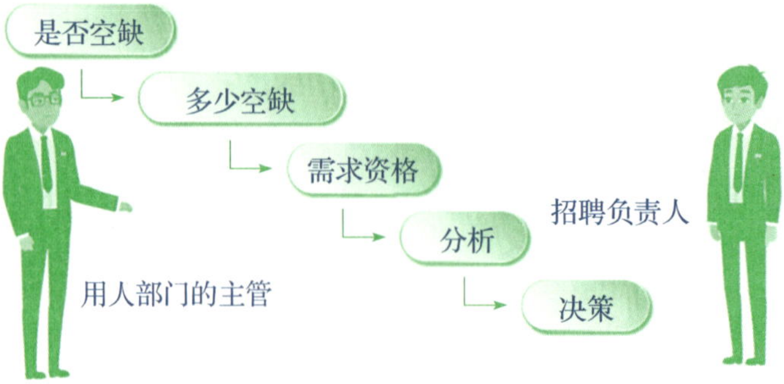

图 3－2　招聘需求分析过程

二、招聘需求调查

招聘需求调查是对各用人部门的人力资源需求进行调查，掌握哪些岗位需要多少人员及分析都有哪些要求等的过程。在招聘需求调查中，当用人部门提出招聘需求时，人力资源部门的招聘负责人和用人部门的上级主管首先需要对招聘需求进行分析和判断。所以，要对招聘需求进行调查，就需要设计相关的招聘需求表，如表 3－1 所示。

招聘需求表由各用人部门根据本部门的需要如实进行填写。编制内岗位直接交由人力资源部进行招聘；编制外岗位提交至总经理或副总经理处审批后，交由人力资源部进行招聘。

岗位职责是对岗位中“事”的方面的描述，也就是需要完成哪些工作任务。对事的描述不是一次就能到位的，在编写时可以先繁后简，先主要后次要，将所有有关岗位工作的“事”列出来，然后合并、提炼，再选择关键的工作内容进行归纳，归纳出的职责最好为 3 ～ 5 项。在这些职责中，工作任务越明确越好，这样一方面可以看出罗列的工作任务，另一方面也可以看出工作的主要特征、工作性质，还能看出该岗位人员的权限范围，以及对其他人、事、物等实施影响或监督的权限。

招聘需求调查的内容要确定用人部门对员工的招聘需求信息，主要包括需要招聘员工的种类、数量、工作内容、任职资格等。招聘需求调查要了解和统计招聘需求信息。由于实际工作的需要和业务的变化会导致人员需求的变化，因此对于这些需求变化情况，往往需要用人部门和人力资源部门根据实际情况做出决定。

需要调查的招聘需求信息主要有：

（一）空缺职位

用人部门空缺的职位是什么，需要的人数为多少。通过岗位分析找出空缺岗位的相关因素，包括：空缺岗位的职责，它的述职关系（与此岗位的上级）和其他联系形式（如与平级和下级的关系），需招聘的人数。

（二）工作描述

通过工作描述可以了解工作信息的具体说明，包括工作职责、工作内容、工作要求、工作权限以及工作条件。

表 3－1 招聘需求表

<table>
<tr><td colspan="2">申请招聘部门：</td><td colspan="3">招聘岗位：</td></tr>
<tr><td colspan="2">拟招聘人数：</td><td colspan="2">申请日期：</td><td>希望到岗时间：</td></tr>
<tr><td colspan="2">拟薪资范围：</td><td colspan="3">直属领导（岗位）：</td></tr>
<tr><td colspan="5">人员来源：□内部调岗　　□外部招聘</td></tr>
<tr><td colspan="5">之前工作单位背景要求：</td></tr>
<tr><td colspan="2">面试负责人：</td><td colspan="3">接收简历邮箱：</td></tr>
<tr><td rowspan="3">招聘紧急程度</td><td colspan="4">□ A：人员需求急，每天筛选简历并发送</td></tr>
<tr><td colspan="4">□ B：人员需求比较急，每 2 ～ 3 天筛选简历并发送</td></tr>
<tr><td colspan="4">□ C：人员需求不急，加大筛选力度，每 5 ～ 6 天筛选简历并发送</td></tr>
<tr><td rowspan="3">申请招聘理由</td><td colspan="4">编制内　□编制内的人员配备　□原岗位员工离职补充　□其他</td></tr>
<tr><td colspan="4">编制外（须总经理 / 副总经理审批）□人员储备　□新增岗位　□申请扩大编制　□其他</td></tr>
<tr><td colspan="4">其他：</td></tr>
<tr><td>岗位职责</td><td colspan="4"></td></tr>
<tr><td rowspan="3">任职要求</td><td>教育水平</td><td></td><td>相关岗位最少工作年限</td><td></td></tr>
<tr><td>性别</td><td></td><td>年龄范围</td><td></td></tr>
<tr><td colspan="4">其他：</td></tr>
<tr><td>部门意见</td><td colspan="4">负责人签字：　　　　　　日期：</td></tr>
<tr><td>人力资源部意见</td><td colspan="4">负责人签字：　　　　　　日期：</td></tr>
<tr><td>公司总经理 / 副总经理意见</td><td colspan="4">负责人签字：　　　　　　日期：</td></tr>
<tr><td rowspan="3">员工到岗确认</td><td colspan="4">该招聘岗位员工　　　　已于　　　年　　月　　日到岗。</td></tr>
<tr><td colspan="4">选择：A：继续招聘　　　　B：暂停招聘</td></tr>
<tr><td colspan="4">负责人签字：　　　　　　日期：</td></tr>
</table>

（三）任职资格

通过任职资格（即工作规范）可以明确具备什么样条件的人才能担任此项工作，包括：工作经验，如担任该岗位工作的人员必须具有两年以上的相关工作经验等；学历要求，如担任该岗位必须具有大学以上的学历等；身体条件，如年龄、身高等；心理品质和能力要求，如必须具有良好的控制能力以及沟通协调能力等；所需知识和技能，如担任人力资源主管岗位必须具有人力资源的专业知识、心理学知识等；必须接受过的培训等。

人力资源部门根据以上信息，与用人部门共同协商拟定招聘条件。

三、招聘需求统计与审批

招聘需求统计是根据企业人力资源规划，对招聘需求的数量和质量等进行统计的过程。招聘需求审批是将人员招聘需求统计结果正式递交行政人力副总和总经理审核和批准的过程。做好招聘需求统计与审批工作就是要设计好招聘需求统计与审批表。岗位招聘需求统计表示例如表 3-2 所示。

表 3-2　岗位招聘需求统计表

时间（起）		2023-11-01			需求人数合计		7	达成到岗率	71.43%				编制人	丁小明	
时间（止）		2023-11-30			已到岗人数		5						更新至		
序号	申请日期	增补原因	申请部门	增补岗位	岗位职级	需求人数	到岗日期	性别要求	年龄要求	学历要求	专业要求	工作年限	岗位工作职责	到岗标识（填写到岗人数）	备注
1	2023-10-15	编制补员	销售部	销售顾问	职员级	2	2023-11-15	不限	不限	大专及以上	不限	0～1		2	已到岗
2	2023-10-10	编制补员	销售部	销售专员	职员级	1	2023-11-15	不限	不限	大专及以上	不限	0～1		1	已到岗
3	2023-10-11	离职补员	设计部	设计师	职员级	2	2023-11-15	不限	不限	大专及以上	不限	0～1		0	
4	2023-10-10	调岗补员	行政部	行政专员	职员级	1	2023-11-15	不限	不限	本科及以上	不限	1～3		1	已到岗
5	2023-10-12	离职补员	财务部	财务专员	职员级	1	2023-11-15	不限	不限	本科及以上	不限	3～5		1	已到岗
6															
7															

招聘需求统计与审批包括对招聘需求信息进行分类、记录、保存、打印、报送和审批。

（1）对招聘信息的分类。人力专员可按不同的需求对招聘信息进行分类，或按所要招聘人员的职位分类，如把需要招聘的所有用人部门的用人需求按经理、经理助理、一般员工职位等进行分类，或按所要招聘人员的部门分类，如销售部门需招聘一名销售经理以及两名销售助理可归为一类。

（2）对招聘信息进行记录、保存。人力专员可建立一个人员招聘的资料库，将收集来的人员信息包括人员需求申请表、人力资源部门对需要招聘职位的调查情况汇总表等进行归档保存。

（3）对招聘需求信息的打印。人力资源部门审核用人部门的招聘信息后，将人员招聘的信息归纳整理并以书面形式打印出来向上级主管部门报送审批。

（4）人员招聘信息的报送与审批。人力资源部将打印出来的招聘需求统计表正式递交主管人员或部门批准。

边学边练

在线练习

1. 招聘需求调查的内容包括哪些？

2. 表 3－3 是人员招聘需求调查表。两人一组，分别扮演部门负责人和用人部门的主管，根据图 3－1 组织岗位结构图虚拟空缺岗位，参考表 3－2 填报汇总。

表 3－3　人员招聘需求调查表

填报人：　　　　　　　　　　　　　　　　　　　　部门：

基本信息					
空缺岗位		所属部门		招聘人数	
直属领导		下属岗位		到岗时间	
主要职责					
1. 2. 3. 4. 5.					
应聘条件					
教育程度		性别	□男　□女　□不限	年龄	
工作经验		特殊技能		外语	
专业技能与素养：					
招聘理由：					
分管领导意见					
总经理意见					

注：每个职位填写一张表格。

任务二 发布招聘信息

故事

管仁彩："尹劲莱，公司目前有几个部门有招聘需求，你已经完成了各个部门的招聘需求分析工作了吗？"

尹劲莱："管经理，我已经完成了招聘需求分析工作，包括招聘需求调查和招聘需求统计审批工作都已经完成了。"

管仁彩："尹劲莱，接下来招聘工作你准备如何开展？"

尹劲莱："管经理，接下来我要开始发布招聘信息了，主要是完成我们公司招聘广告的发布。"

管仁彩："尹劲莱，发布招聘信息不仅是吸引更多合适的应聘者的主要渠道，也是我们宣传企业品牌形象的重要机会，公司的招聘广告一定要设计和发布好。"

尹劲莱："明白了，您放心，我会设计好公司的招聘广告，吸引更多合适的应聘者来应聘，同时宣传好我们公司的品牌形象。"

启示

- 发布招聘信息的工作就是发布好企业的招聘广告，完成好招募工作。

招募吸引应聘者的过程也是企业向社会展示形象的机会，因此，首先应该密切与应聘者及招聘渠道媒体进行沟通。招聘企业应与应聘者的来源，如各地高等教育院校、职业介绍中心、人才交流中心等媒介保持密切的联系，把所需人才的要求和数量告知合适的媒介，并从中了解可提供人才的种类、层次及数量。近年来，很多著名的国内外大企业直接到各大院校设立专项奖学金、开展人才的订单教育和召开校园专场招聘会，从而密切与院校间的关系，增进优秀毕业生对公司的了解，为企业吸引、储备人才。企业在吸引应聘者的过程中应创造尊重知识、重视人才的氛围，给社会留下良好的印象，增强企业的吸引力。

发布招聘信息时，要注意企业招聘广告的设计。企业招聘广告要尽量吸引更多的应聘者，并做到招聘信息内容准确、详细，聘用条件清楚。好的招聘广告可以扩大企业影响、宣传企业品牌，让更多人了解企业。

一、招聘广告的设计原则

（一）引起读者的注意

引起读者的注意是针对企业的招聘广告设计的总体效果而言的。在多数媒体上，大部分招聘广告都是批量发布的。本企业的招聘广告设计如果没有特色，就很容易被淹没在其他的广告中。招聘广告引人注目的方法包括醒目的字体、与众不同的色彩、显眼的位置等，最醒目的内容应是企业最具吸引力之处，例如：能否提供良好的发展平台，能否提供优厚的福利待遇，企业明显的标识、企业的愿景、企业主要的人才策略等是否明确。

（二）激发读者的兴趣

激发读者的兴趣就是要引起求职者对工作的兴趣，平铺直叙的、枯燥的招聘广告词可能很难引起求职者的兴趣。而生动的、具有煽动性、能引起读者共鸣的广告词加上巧妙、新颖的呈现方式则很容易令人感兴趣。

（三）创造求职的愿望

创造求职的愿望比激发兴趣更进一步，即不仅要使读者有兴趣，还要引发读者求职和工作的愿望。通常来说，求职的愿望与求职者的需求紧密联系在一起，因此，一般情况下，企业可以通过强调一些吸引人的因素，如成就、培训与发展的机会、挑战性的项目、优越的薪酬福利等，激发求职者对工作的愿望。

（四）促使求职的行动

促使求职的行动就是要向应聘者提供联络方法，包括联系电话、通信地址、公司的网址等，同时用一些煽动性的话，如“今天就打电话吧”“请尽快递交简历”等促使应聘者迅速采取行动。

二、招聘广告的内容

一般来说，招聘广告的内容包括以下几部分：

（一）企业情况简介

招聘广告中，企业情况最好以简洁的语言介绍，同时介绍的内容应该是企业最具有特色和富有吸引力的内容，千万不可长篇大论、词不达意。在广告中最好能使用企业标志，并提供企业网址，以便看到招聘信息的人如果感兴趣，可以浏览企业的网页，以获取更多信息。

（二）职位情况介绍

招聘广告中，对招聘职位的介绍通常包括职位名称、所属部门、主要工作职责等。起草招聘广告时参考一下岗位说明书会比较有帮助。但要注意的是，招聘广告中的职位情况介绍应该从读者的角度出发来考虑，以读者能够理解和感兴趣为主，切不可照搬岗位说明书。

（三）任职资格要求

招聘广告中，还必须对应聘者的基本任职条件提出要求，包括专业范围、工作经验等。

（四）企业人才政策

招聘广告中，必须体现出企业的人才政策，包括薪酬水平、劳动合同、培训机会和职业发展前景等内容。

（五）应聘的联系方式

应聘的联系方式大多采用将简历和应聘材料通过电子邮件或者快递等方式发送到企

业的方式，因此需要提供公司的通信地址或者电子邮箱地址。另外，还应该提供应聘的时间范围或截止日期。

三、招聘广告设计和撰写的注意事项

（一）招聘广告要真实

招聘的企业必须保证招聘广告的内容客观、真实，并且要对虚假广告承担法律责任。对招聘信息中所涉及的录用人员劳动合同、薪酬、福利等政策必须兑现。

（二）招聘广告要合法

招聘广告中出现的信息要符合国家及地方的法律法规和政策。

（三）招聘广告要简洁

招聘广告编写要简明扼要，重点突出招聘的岗位名称、任职资格、工作职责、工作地点、薪资水平、福利待遇等内容。

四、招聘广告的渠道

（一）外部招聘

外部招聘的渠道大致有：人才交流中心、招聘会、网络招聘、校园招聘、猎头公司招聘等。

1. 人才交流中心和招聘会

我国很多城市都设有专门的人才交流服务机构，这些机构常年为企事业用人单位提供服务。通过人才交流中心选择应聘者，有针对性强、费用低廉等优点。人才交流中心或其他人才交流服务机构每年都要举办多场人才招聘会，用人单位的招聘者和应聘者可以直接进行接洽和交流。招聘会最大的特点是应聘者集中，用人单位的选择余地较大，费用也比较合理，而且还可以起到很好的企业宣传作用。但随着网络技术的普及，现场招聘会已经很少了。

2. 网络招聘

网络招聘是一种新兴的招聘方式。它具有费用低、覆盖面广、时间周期长、联系快捷方便等优点。用人单位可以将招聘广告发布在自己的网站上，或者发布在某些综合招聘网站上，也可以在一些专门的招聘网站上发布信息。网络招聘由于信息传播范围广、速度快、成本低、供需双方选择余地大，且不受时间、空间的限制，因而被广泛采用。当然，网络招聘也存在一定的缺点，比如简历筛选量大，容易鱼目混珠、筛选手续繁杂等。

3. 校园招聘

学校是人才高度集中的地方，是组织获取人力资源的重要源泉。大专院校应届毕业生招聘，可以选择在校园直接进行。校园招聘包括在学校举办毕业生招聘会、张贴招聘海报、举办招聘讲座、毕业生分配办公室推荐等。

4. 猎头公司招聘

猎头公司是专门为雇主猎取高级人才和紧缺人才的中介机构。企业高层的招聘，选用猎头招聘的效果要远远好于普通的网络招聘；猎头公司招聘更具有针对性，筛选的人选更适合企业的需求。但通过猎头公司寻找高级人才通常需要支付比较高的费用。

（二）内部招聘

内部招聘，就是当企业出现职位空缺时，将招聘机会留给公司内部员工或者首先侧重企业员工内部推荐。内部招聘主要有内部晋升、内部调换、内部轮换、内部公开竞聘、员工推荐等方法。

边学边练

招聘广告的内容包括哪些？扮演招聘专员，草拟一份某公司某岗位的招聘广告。

在线练习

任务三　筛选简历

故事

管仁彩："尹劲莱，你发布招聘信息的工作完成得怎么样了？"

尹劲莱："管经理，我已经完成了招聘广告的设计和发布，完成了公司招聘信息的发布工作。"

管仁彩："尹劲莱，接下来的招聘工作，你准备如何开展？"

尹劲莱："我一直在忙着接受应聘者在网上提交的简历，为做好筛选简历工作做准备。"

管仁彩："收集简历的情况怎么样？"

尹劲莱："我发现定期及时更新公司的招聘信息后，收集到的应聘者简历增多了，但是因为收到的简历太多了，收集下载和给简历分类的时间也增多了。"

管仁彩："筛选简历是企业招聘甄选合适人才的第一步，一定要把好关啊！这样才能为空缺岗位招聘到合适的应聘者。"

尹劲莱："明白了，您放心，我会做好筛选简历工作的。"

启示

- 招聘专员发布完招聘广告和收集完应聘者简历后，就进入了甄选阶段，甄选的第一步是筛选简历。

一、筛选简历的工作准备

（1）及时更新招聘信息。在这个工作中，招聘专员要认真负责，做到及时更新企业的招聘信息，保证应聘者能够及时看到招聘信息，使更多适合的应聘者提交简历，应聘相应空缺岗位。

（2）收集好应聘者简历。在这个工作中，招聘专员要仔细耐心，做到不遗漏提交的简历。

（3）应聘者简历分类。在这个工作中，招聘专员要细心谨慎，做到简历分类清晰无差错。

如果招聘专员发现好几个应聘者用一个简历模板，还有个别简历有错别字或者内容不全，这些态度不端正的应聘者在第一轮简历筛选时就应该被淘汰；还有工作经历很好但要求薪酬不高的应聘者，要特别注意他们的工作经历可能有夸大成分；注意一些学历、工作经历和薪酬要求等有差异的简历，做好相应标注，在筛选简历时要加以验证。

二、筛选简历的要点

（1）应聘者的期望薪资。公司能否满足应聘者的期望薪资，这个条件可以筛选出一批不合适的简历。

（2）明确应聘者的态度意愿。招聘专员要筛选出认真和求职意愿明确的应聘者。

（3）教育背景。要筛选出教育背景与岗位匹配的应聘者，招聘专员要注意考察教育背景中学历和培训经历等的真实性，不真实和不诚信的应聘者要淘汰掉。

（4）实践工作经验。招聘专员要筛选出实践工作经验与岗位匹配的应聘者，要注意考察实践工作经验的真实性，考察应聘者的诚信。

（5）个人绩效。招聘专员要筛选出个人绩效与岗位匹配的应聘者，要注意个人绩效的真实性。

三、筛选简历的注意事项

（一）注意分析简历结构

简历的结构在很大程度上反映了应聘者的组织和沟通能力。结构合理的简历都比较简练，一般不超过两页。应聘者为了强调自己近期的工作，在书写教育背景和工作经历时，可以采取从现在到过去的时间排列方式，并突出表述相关的实践经历。书写简历并没有一定格式，只要通俗易懂即可。

（二）注意重点看简历中的客观内容

简历的内容大体上可以分为两部分：主观内容和客观内容。在筛选简历时注意力应放在客观内容上。客观内容主要分为个人信息、受教育经历、工作经历和个人成绩四个方面。个人信息包括姓名、性别、民族、年龄、学历等；受教育经历包括上学经历和培训经历等；工作经历包括工作单位、起止时间、工作内容、参与项目名称等；个人成绩包括学校、工作单位的各种奖励等。主观内容主要包括应聘者对自己评价性与描述性的内容。

（三）注意判断应聘者是否符合职位技术和经验要求

在客观内容中，首先要注意个人信息和受教育经历，判断应聘者的专业资格和经历是否与空缺岗位相关并符合要求。如果不符合要求，就没有必要再浏览其他内容了，可以直接刷掉。例如：在受教育经历中，要特别注意应聘者是否用了一些含糊的字眼，比如没有注明大学教育的起止时间和类别。这样做很有可能是在混淆专科和本科的区别，或者是统分、委培、成教等的差别。

（四）注意审查简历中的逻辑性

在工作经历和个人成绩方面，要注意简历的书写是否有条理，是否符合逻辑。比如一份简历在描述自己的工作经历时，列举了一些著名的单位和一些高级职位，而他所应聘的却是一个普通职位，这就需要引起注意。比如另一份简历中应聘者称自己在某些领域取得了什么成绩、获得了很多证书，但是从他的工作经历中分析，很难有这样的条件和机会，这样的简历也要引起注意。如果能够断定在简历中有虚假成分存在，就可以直接将这些简历刷掉。

（五）注意对简历的整体印象

通过审阅简历，招聘专员可以问问自己是否留下了好的印象。另外，标出简历中感觉不可信的地方，以及感兴趣的地方，面试时可询问应聘者。

招聘专员要熟悉筛选简历的任务，掌握筛选简历的要点。在筛选简历的工作中，招聘小组成员要有团队合作、创新和不怕困难的精神，筛选简历时要以诚信为本。

边学边练

筛选简历的注意事项包括哪些？

在线练习

任务四 面试安排和设计面试评价表

故事

管仁彩：“尹劲莱，你筛选简历工作完成得怎么样了？”

尹劲莱：“管经理，我已经完成了筛选简历工作，准备开始面试组织工作了。”

管仁彩：“尹劲莱，你准备如何开始面试组织工作？”

尹劲莱："我现在准备进行面试安排工作。"

管仁彩："你如何进行面试安排工作？"

尹劲莱："我准备先确定好合适的面试时间和地点，然后及时通知面试官们和进入面试环节的应聘者，我会提前准备好面试评价表等相关材料。"

管仁彩："面试是企业招聘甄选合适人才的核心流程，你一定要做好面试安排，组织好面试工作。"

尹劲莱："明白了，您放心，我会做好面试安排等组织工作的。"

启示

- 企业的招聘专员筛选完应聘者的简历后，一般就会进入甄选阶段的面试环节了，招聘专员要做好面试安排和设计面试评价表的工作。

一、面试安排的阶段

（一）关系建立阶段

在本阶段常用的是一些封闭性问题，如"路上堵车吗？""今天天气真冷，是吧？"……

（二）导入阶段

在本阶段常用的是一些开放性问题，使应聘者有较大的自由度，具体如"请你介绍一下你的工作经历""请你介绍一下你在市场营销方面的主要工作经验""让我们从你最近的一份工作开始讨论一下你的工作经历吧！在这家公司，你主要负责哪些工作？"等。

（三）核心阶段

如表3-4所示，面试的核心阶段因人因岗而异，无论问什么样的开放性问题，目的都是进一步检验应聘者与招聘岗位的匹配度如何。

表3-4　面试考官的提问示例

序号	面试考官的提问示例	类别
1	请问当你与用人部门的主管对某一岗位的用人要求有不同意见时，你是怎样处理的？	开放性问题
2	你能不能举出一个你所遇到的实例，当时用人部门的主管与你在某个岗位的要求上没有达成共识？给我讲一讲当时的情况是怎样的。	行为性问题
3	为什么你会有那些要求？	探索性问题
4	那么后来怎么样了呢？	探索性问题
5	用人部门的主管是怎样做的呢？	探索性问题
6	你是怎样做的呢？	探索性问题
7	那接下去的情况怎么样？	探索性问题
8	你和那位部门主管这次意见不一致是否影响了你们之间的关系呢？	封闭式问题

（四）确认阶段

本阶段常用开放性问题，例如："刚才我们已经讨论了几个具体的实例，那么现在你能不能清楚地概括一下你在安排新员工培训方面的程序是怎样的？""前面提到你曾经帮助人力资源总监制定有关的人力资源政策。具体来讲，你到底做了哪些工作？""在刚才的那个例子里，你帮助用人部门的经理找到了合适的人选。通常来说，你在帮助一个用人部门寻找合适的人选方面要经历哪些步骤？"

（五）结束阶段

在面试结束之前，应该给应聘者一个机会，询问应聘者是否还有问题要问，是否还有什么事项需要加以补充说明。例如："你能否再举一个例子说明你是怎样对待一个'刁钻'的客户的？""请再讲一些你在员工绩效考评中所做的工作。""你能再举一些例子证明你在某专业方面的技能水平吗？"

二、面试安排的工作准备

（一）及时确定面试时间和地点

在这个工作中，招聘专员要认真负责，做到及时确定好面试时间和地点，以免面试时间安排太晚，应聘者就被其他公司抢先录用了。

（二）及时通知应聘者和面试官

招聘专员要提前告知应聘者和面试官面试时间、地点、要求等。在这个工作中，招聘专员要细心谨慎，同时也要充分了解招聘岗位的要求，以便回答应聘者的相关问题。

（三）面试简历和评价表等材料准备

在这个工作中，招聘专员要仔细耐心，做到简历和面试评价表等材料准备齐全。招聘专员在及时确定面试时间和地点后，要及时通知应聘者和面试官，同时做好面试简历和面试评价表等面试时需要用到的材料。

三、面试安排工作要点

（一）时间安排

招聘专员要及时、认真地安排面试时间，保证应聘者和面试官能够及时参加面试实施。

（二）环境安排

招聘专员要把面试环境安排得合适，保证面试环境的安静、温度和湿度合适，准备好面试准备室等。

（三）人员安排

招聘专员要把应聘者和面试官双方面试人员安排好，例如：应聘者进入企业后的接待工作等，需要招聘专员充分了解面试具体安排，注重细节。

（四）面试材料准备

面试材料包括应聘者简历和评价表等，招聘专员要全面负责相关面试材料的准备工作。

四、面试评价表

招聘专员还要在面试安排中设计好面试评价表，面试评价表的要点如下：

（一）仪表仪态

仪表仪态是指应聘者的体格外貌、穿着举止以及精神状态等。仪表仪态的面试评价内容相对比较重要，一般来说，面试的应聘者应该五官端正、衣着整洁、举止文明、精力充沛、身体健康。

（二）求职动机

应聘者的求职动机与愿望直接决定了他在工作中所采取的态度，进而决定其能否在工作中取得成绩。所以，在面试中，面试官要评定应聘者的工作动机和愿望。

（三）专业知识

专业知识是在基础知识上建立起来的具有较高层次的知识，是决定工作能力和水平的主要因素。缺乏这种专业知识，就不建议从事相关专业工作。

（四）工作经验

面试中涉及工作经验的问题，是为了加深对应聘者的了解和为了使以后的工作分配更合理，如对那些需要经验的工作可让有工作经验的人来承担，但不是用工作经验来决定是否录用，工作经验只是一个参考因素。评定时可看一下应聘者从事过什么工作，工作成绩如何等。

（五）口头表达能力

工作中的汇报情况、提出建议、传达指示等都要求员工有较强的口头表达能力，做到说话口齿清楚、简明扼要、有条不紊、富有逻辑性，不能吞吞吐吐、结结巴巴，也不能口若悬河、速度过快，一定要态度从容、言辞得体。

（六）综合分析能力

综合分析能力是衡量应聘者分析问题、判断问题、解决问题的能力指标。综合分析能力反映出人的目光是否敏锐，思想是否严密，能否系统、全面、准确地分析事物、判断是非、解决难题。

（七）应变能力

在面试中，面试官要评价应聘者的应变能力，从应聘者头脑的机敏程度，对突发事件的应急处理能力，对提出的问题能否迅速、准确地理解，并尽快做出相应的回答等方面评价。同时，应聘者必须善于驾驭交谈内容，随机应变。面试官在与应聘者交谈中不断变换话题，或有意避开话题，看其做何反应。

（八）人际交往能力

由于在工作中要与不同的人打交道，是否具有较强的人际交往能力直接影响员工的工作，因此要考察应聘者的人际交往能力。

（九）学习能力

学习能力的测试可以通过测验，也可以在面试中做一个大致的了解。面试官应评定应聘者的学习能力。

（十）兴趣

兴趣能促进一个人掌握与工作相关的技能。兴趣是一个人主动性和创造性的原动力。尽管兴趣并不一定都会发展成能力，但以兴趣为基础的能力显然更容易掌握。

边学边练

面试评价表的要点主要包括哪些？根据面试评价表的要点设计某公司某岗位的面试评价表。

在线练习

任务五 办理录用手续和招聘评估

故事

管仁彩：“尹劲莱，你面试安排组织工作完成得怎么样了？”

尹劲莱：“管经理，我已经完成了面试安排组织等工作，经过最后一轮面试，面试官们已经做出了录用决策，我准备开始进行新员工办理录用手续和招聘评估工作了。”

管仁彩：“你准备如何为新员工办理录用手续？”

尹劲莱：“我准备按照公司录用流程为新员工办理录用手续，办理完录用手续，招聘工作就基本完成了。”

管仁彩：“尹劲莱，你忘了，招聘工作还有最后一个步骤，就是招聘评估啊！”

尹劲莱：“对呀！招聘评估我差点忘了，您放心，我会配合好领导，做好招聘评估工作的，为本轮招聘工作画上圆满的句号。”

管仁彩：“尹劲莱，做好招聘评估工作也是为下一轮招聘工作做好经验的储备。”

尹劲莱：“明白了，谢谢您的提醒！我保证完成好招聘评估工作。”

启示

- 招聘专员筛选完应聘者的简历和面试安排组织实施，面试官做出录用决策后，招聘专员要协助录用者办理好录用手续，同时做好招聘评估工作。

一、办理录用手续

（一）确定录用名单，及时给被录用者发 offer

做完背景调查后，根据甄选结果确定录用名单，应及时给被录用者发 offer。48 小时内被录用者回复是否接受 offer，如果接受 offer，安排其在规定时间内办理入职手续。

（二）员工试用

员工试用是对员工的能力与潜力、个人品质与心理素质的进一步考核。《中华人民共和国劳动合同法》第十九条规定：劳动合同期限三个月以上不满一年的，试用期不得超过一个月；劳动合同期限一年以上不满三年的，试用期不得超过两个月；三年以上固定期限和无固定期限的劳动合同，试用期不得超过六个月。同一用人单位与同一劳动者只能约定一次试用期。以完成一定工作任务为期限的劳动合同或者劳动合同期限不满三个月的，不得约定试用期。试用期包含在劳动合同期限内。劳动合同仅约定试用期的，试用期不成立，该期限为劳动合同期限。

（三）新员工培训

新员工培训要给新员工介绍企业和工作的环境，让新员工了解企业的历史、现状、未来发展计划，所在部门情况，企业的规章制度，工作的岗位职责，工作的流程，企业文化，企业绩效评估制度和奖惩制度，以及让新员工熟悉他们的同事。新员工培训要帮助员工充分发挥潜能，更大程度地实现自身价值，增强其对企业的归属感和责任感。新员工培训还要让新员工明确企业对他们的期望，以及让新员工了解到在遇到困难和问题时应通过什么渠道来解决。

1. 上岗前的集中训练

（1）帮助员工了解企业，培养新员工的认同感。

（2）要求新员工明确自己的工作态度和人生目标，同时提供有关员工常识的宣传册，使员工尽快完成角色转换。

（3）请新员工讲述感想，了解新员工的思想状况和新员工对于企业的期望。

2. 上岗后的分散训练

上岗后的分散训练是让新员工了解所在部门的基本状况以及具体工作实操方法的培训。

（1）基础知识教育。其主要目标是吸引新员工，增强亲切感。

（2）教育重点。帮助新员工树立社会人、企业人的观念。

二、招聘评估

招聘评估包括招聘成本评估和招聘效果评估。

（一）招聘成本评估

招聘成本评估是通过成本与效益核算掌握招聘的费用支出情况，区分哪些是应支出项目，哪些是不应支出项目。这有利于降低招聘成本，有利于为企业提高招聘效益。招聘成本评估的内容包括招募成本、甄选成本、录用成本、安置成本、离职成本和重置成本。

1. 招募成本

招募成本是在招聘中所发生的支出，包括广告费，宣传资料费，工作人员的工资及福利费，中介机构或其他单位招聘企业人力资源所支付的手续费，因招聘而发生的差旅费、接待费、行政管理费等。

2. 甄选成本

甄选成本是挑选符合条件人员的过程中所发生的支出，主要包括接待、面试、考试、处理求职申请书、调查和咨询所支出的费用。例如：

应聘材料甄选费 = 应聘材料甄选时间 × 甄选人员的平均小时工资率

谈话甄选费 = 谈话甄选所花时间 × 甄选人员的平均小时工资率 + 谈话甄选所花时间 × 单位时间的电话费率

笔试费 = 命题费 + 材料费 + 监考费 + 阅卷费 + 统计费 + 其他

诊断测试费 = 考试命题费、测试费及报告撰写费 + 企业测试人员所花时间 × 测试人员的平均小时工资

3. 录用成本

录用成本是企业从应聘人员中选拔出合格者，将其正式录用为企业成员的过程中所发生的费用。录用成本主要包括录取手续费、调动补偿费、搬迁费、旅途补助费、违约补偿金等。

4. 安置成本

安置成本是指将录用的人力资源安排到适当的工作岗位所发生的各项支出，包括行政管理费、欢迎新员工入职的费用、为新员工购买办公用品的费用、对新员工进行岗前培训的费用、搬迁费、差旅费、接待费、录用部门为安置人员损失的时间费用。

5. 离职成本

离职成本是由于企业员工离职而发生的相关费用，主要包括离职补偿成本、离职管理费用和空职成本。

6. 重置成本

重置成本包括为取得和开发一个替代者而发生的成本，以及由于目前受雇的某一员工的流动而发生的成本。

（二）招聘效果评估

招聘效果评估是通过对录用员工的绩效、实际能力、工作潜力的评估，即对通过录用员工质量的评估。通过招聘效果评估，招聘者可以了解招聘各个环节是否到位，发现企业录用的新员工是否合适，选用的甄选方法是否可靠和准确。

1. 数量评估

（1）录用比。它是指录用人数和应聘人数的比值，也是最终产出率。

（2）招聘完成比。它是指录用人数和计划招聘人数的比值。

（3）应聘比。它是指应聘人数和计划招聘人数的比值，反映的是招聘宣传的力度和

招聘广告的吸引力。

2. 招聘质量评估

（1）录用合格比。它是指胜任工作的录用人员人数占实际录用人数的比例。

（2）录用员工的稳定性。它是指录用新员工离职率的高低，新员工离职率低代表稳定性强，新员工离职率高代表稳定性弱。

（3）录用员工的成长性。它是指新员工在入职后的职务晋升、技能晋级。

（4）录用员工的业绩。由部门进行绩效考核来衡量录用员工的业绩。

3. 如何判断评估招聘部门的工作是否成功

（1）人力资源部门的反应是否迅速，能否在接到用人要求后，短时间内就找到有希望的候选人。

（2）录用人员的数量。

（3）进行企业宣传的质量。

（4）人力资源部门推荐的候选人被录用的质量。

在线练习

边学边练

录用手续一般包括哪些步骤？据录用手续要求，草拟一份录用offer。

任务六 数智化招聘

故事

善言无瑕集团股份有限公司的业务扩张，需要招聘100个人，招聘经理把尹劲莱叫进办公室，说："小尹，我们公司这个季度要紧急招聘100个人，你看怎么安排？"

尹劲莱看着经理，犯了难，说道："经理，我们部门就4个人，要我们在短时间内招聘这么多人，我们就是天天面试也没这么快呀！而且前期还得先发布招聘岗位的需求，筛选简历也需要大量时间。"

经理点开公司的招聘网站，指了指，说："招聘广告就先发到我们自己的招聘网站，其他渠道的你们继续发，时间紧、任务重，集团的活着急等人干呢。"尹劲莱只能点点头，应下了这个任务。他回到工位上，和同事说明情况，有人说："这也太难了吧！我们把岗位招聘信息发出去，目前合作的招聘网站投递的简历应该会很多，但是我们要一个个看，需要大量时间，我们还得切换网站，定期查看上面的简历，约人面试，看来又得加班熬夜了。”尹劲莱无奈地叹了口气，他想，要是有机器人帮他们完成这些重复又烦琐的工作就好了。

启示

- 传统人力资源管理招聘流程需要占用招聘人员大量时间，重复一些标准化的筛选和面试过程，导致招聘工作的效率不高，且存在较大的主观性。随着招聘技术的发展，急需引入人工智能技术帮助招聘人员提高招聘效率。

一、数智化招聘的概念

（一）数智化招聘的含义

当代社会人才流动频繁，劳动力成本居高不下，企业为求生存和发展，纷纷开展了业务的数字化转型，其中，招聘的数智化能够帮助企业实现更高质量的人岗匹配，实现人力资源的降本增效。

招聘的数智化，是在招聘流程数字化的基础上改变传统招聘流程，结合新时代的数字与智能技术，即数字化＋智能化，是对人力资源招聘的业务领域、业务模式、业务流程和组织模式的深度赋能。

（二）数智化招聘的作用

1. 规范招聘管理流程

在企业中创建并使用统一的数智化人力资源管理系统，有助于招聘过程全面可视化，使用人部门和人力资源部门能及时查看并跟踪招聘环节进展，收集完整的招聘数据，开展大数据分析，规范招聘管理流程，促进人力资源管理工作的科学化、程序化和规范化。

2. 人力资源降本增效

数智化人力资源招聘可以将一些机械化的招聘工作流程标准化，如发布招聘信息、筛选简历等，实现人工智能系统自动化处理，帮助企业人力资源管理从大量重复性工作中解脱出来，有助于提高工作效率，不再将工作时间花在低价值的事务性工作上，而是将精力投入更有价值的工作中，促进人力资源的降本增效。

3. 实现数智决策管理

数智化技术可以收集招聘过程中产生的各类数据，通过数据分析，形成可供面试官决策的图表数据，依靠直观可信的数据分析结果促进招聘结果的精准性和客观性，帮助管理者做出更科学的录用决策，同时，也可以将数据存档，待求职者入职后随时查阅，不断优化人才画像。

4. 优化招聘服务体验

招聘不仅是为了帮助企业选拔合适的人才，也能对企业起到品牌宣传作用。通过数智化招聘流程，求职者可以感受到企业的专业性和先进性，有助于树立高精尖的企业品牌形象，展示企业数字化转型的成效。

二、数智化招聘的流程

招聘常见的工作流程是：招聘人员从各种招聘渠道中获得了300份简历，认真筛选后剩下30份符合要求的简历，与求职者一一电话沟通后确认20个人可以参加面试，最终入职的只有1个人。然而整个筛选过程有3个时间段，都需要花费时间，分别是：获得300份简历累计需要的时间；从300份简历中挑选出30份给业务部门确认需要的时间；与30份简历人选确认参加面试需要的时间。一旦招聘人数翻倍，招聘的工作量也将成倍增加。

招聘过程的标准化催生招聘的数智化改革。运用数智化技术可以帮助人力资源管理减负，提高工作效率，提高招聘质量。如图3－3所示，数字化、智能化和自动化贯穿招聘全流程，可以弄清楚人才需求；多渠道管理统一获取简历，便于统一查看；智能化筛选省时省力，减少主观偏差；多端协同面试流程，提供一站式面试服务；offer管理，跟进招聘进度；多维度数据分析，掌握人才变动的动态需求。

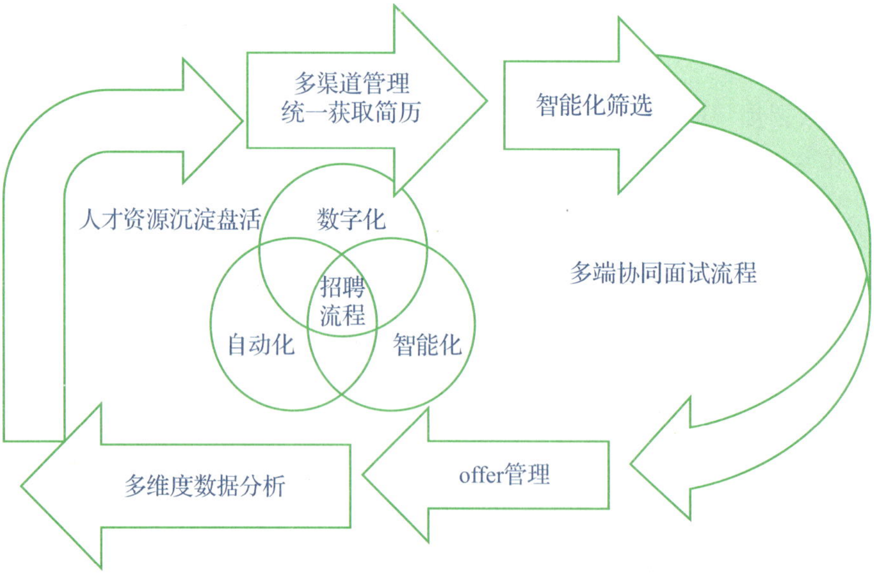

图3－3　招聘全流程数智化管理

接下来以人力资源招聘流程中的几大主要板块为例，研究业务流程痛点，展示数智化解决方案。

（一）发布职位需求

1. 业务流程痛点

（1）发布渠道多而杂。尽管互联网招聘的发展拓宽了职位发布的渠道，但各个招聘网站相互独立，岗位需求信息和求职者都存在一定的壁垒，这使得人力资源管理在收集简历时需要在各个招聘网站之间不断切换，逐一发布岗位，查看求职者的简历并筛选，花费大量的时间和精力进行一些重复性的工作，导致招聘效率低下。

（2）线上招聘效果下降。互联网招聘信息技术的应用大大提升了招聘效率，但进入数字化时代后，海量的数据交互频繁，传统的线上招聘效率下降，包括主动投递率下降、面试邀约率下降等，导致招聘互选成本逐年上升，企业对人才的竞争日益激烈。

2. 数智化解决方案

（1）整合渠道数据。在数智化招聘系统前端取得招聘邮箱或者后台授权，与各类招聘网站合作，实现一键同步发布企业的岗位需求，一键汇聚求职者投递的简历，在招聘系统中接入统一的终端，实现对求职者信息的统一管理，大大提升了人才招聘的工作效率。

（2）直播带岗引流。运用最新的直播技术，形象化、动态化地展示岗位需求，通过人力资源管理在线讲解岗位信息，实时解答求职疑惑，尤其是一些共性的问题，实现用人单位和求职者零距离沟通，更高效率地完成岗位推荐和人才吸引工作，这也可以成为企业品牌传播的一个窗口，引领招聘新潮流。

（3）社交人脉推荐。在内部推荐的基础上，进一步扩大社交招聘的范围，利用企业员工的社交圈为企业推荐合适的人才，创新社交招聘模式，设置激励机制，激发员工及其人脉推荐的积极性，不仅可以增加岗位与人才接触的概率，也可以为企业节省招聘费用，缩短人才与岗位之间的距离。

（二）简历智能筛选

1. 业务流程痛点

（1）需求沟通烦琐。人力资源管理在确定用人需求时，需要与用人部门进行深入交流，在挑选简历时，要与用人部门列出的岗位职责进行一一比对，过程虽然简单，但要提高筛选质量，则需要花费大量的时间对比，且前期若与用人部门沟通不到位，就有可能出现邀约候选人不符合用人要求的情况，浪费多方时间。

（2）筛选过程烦琐。传统的简历筛选过程往往涉及大量复杂但重复性的工作，人力资源管理人员需要在诸多的简历中查看关键词，面对大量工作经历的文字描述，需要从中搜索关键词并进行横纵向对比，分别与岗位对比，与候选人对比，优中选优，筛选效率低。

2. 数智化解决方案

（1）明确岗位需求。通过与用人部门进行前期沟通，包括岗位方向、岗位职责、工作地、岗位级别、岗位要求、技能要求、学历要求等，在工作分析的基础上将确定后的各个岗位职责和要求录入数智化系统，建立岗位标签数据库并要求用人部门定期更新。在岗位空缺时无须再次与用人部门反复沟通，只需要通过对岗位内容进行文本和关键词提取，即可确定用人需求。

（2）简历模板标准化。可以通过开发简历解析工具对求职者的简历进行格式化处理，将其解析为企业常用的标准的简历格式，通过与前期预设的岗位关键词进行对比，分模块数智化处理简历上的文字信息，比如分为教育背景、工作经历、获奖情况、自我评价等模块，对其进行智能识别。

（3）匹配人才画像。在系统中分析收到的候选人简历，通过简历关键词搜索和提炼，与岗位画像数据库的关键词进行匹配，通过算法准确计算岗位和简历的匹配度，确定一个可接受的匹配度。如匹配度达到 80% 以上的简历即进入面试环节，若发现匹配度偏低，则不断通过机器学习优化岗位匹配度算法，或者优化违规标签，重新发布岗位需求，并通过数智化技术将其推送给更符合岗位标签的候选人，更好地为企业匹配相应的人才简历。

（三）笔试面试安排

1. 业务流程痛点

（1）笔试环节烦琐，协调工作量大。有的企业在大量招人时，或者在校园招聘这种大范围人才筛选中，需要安排笔试环节，这就需要人力资源管理人员做大量沟通协调工作，包括电话或短信与候选人沟通是否参加、安排场地、提前设计考核方式与评分标准、设计考题并打印分发、考场监考安排、阅卷评分工作等，任何一个环节出现问题都会影响招聘的效率和结果。在这个环节中，还需要多次与求职者确定下一环节是否继续参加，甚至也会出现有些求职者因为没接收到信息而错过笔试和面试的情况。

（2）多轮面试环节，评价标准不一。进入面试环节后，往往需要多轮面试来确定最终人选。在这个过程中，虽然求职者人数经过笔试筛选，已经大大减少，但进入面试环节后，需要参与的人员就不仅限于人力资源部门，而是需要用人部门共同参与，人力资源管理人员要协调三方时间。此外，不同的面试官考核标准多样，主观判断影响大，有时无法选拔出真正优秀的人才。

2. 数智化解决方案

（1）设计试题数据库。企业可以结合用人部门岗位需求和岗位人才画像，设计笔试和面试试题数据库，每次从中随机抽题，利用大数据技术计算每道题的正确率，给出难度适中的一套题用于考核，减少每次设计试卷的烦琐流程。

（2）开发外呼机器人。开发外呼机器人，设计通知流程和沟通话术，代替人力资源管理人员向求职者发布标准化结果通知，并与其进行简单的文字和语音互动，包括确认是否参加下一轮面试环节、是否接受 offer 等程序性交流，给予“是”或者“否”的答案，并反馈给人力资源管理人员，能节省大量烦琐的外呼工作，提高效率。

（3）智能面试机器人。随着数智化技术的运用，不仅在一些标准化的流程上可以实现机器操作，在与人交流环节也可以实现机器交互。智能面试机器人可以根据招聘职位的条件和职责设置一些关键问题，与求职者进行交流互动，并根据回答提取关键词，与预设答案进行比对，给出初步评分判断。面试全流程录像，可以观察到求职者的面部表情和肢体语言，对求职者的情绪、性格、外貌、仪态等特点进行提炼，与岗位的特点进行匹配，提供参考建议，也可以供人力资源管理人员查看纠偏。

边学边练

作为招聘专员，请你阐述企业在笔试和面试过程中遇到的痛点，并结合上述知识点的学习，说明应如何解决。

在线练习

项目四 培训专员

学习目标

知识目标

- 理解人力资源培训的目的；
- 掌握培训教材设计的内容；
- 了解人力资源培训方法的优缺点；
- 了解数智化培训。

技能目标

- 熟悉人力资源培训流程，能够拟订人力资源培训计划方案；
- 能够设计新员工入职培训方案、编写员工手册。

素质目标

- 养成自主学习的习惯；
- 培养“终身学习”的理念；
- 树立人才是企业长远发展中的第一资源的意识。

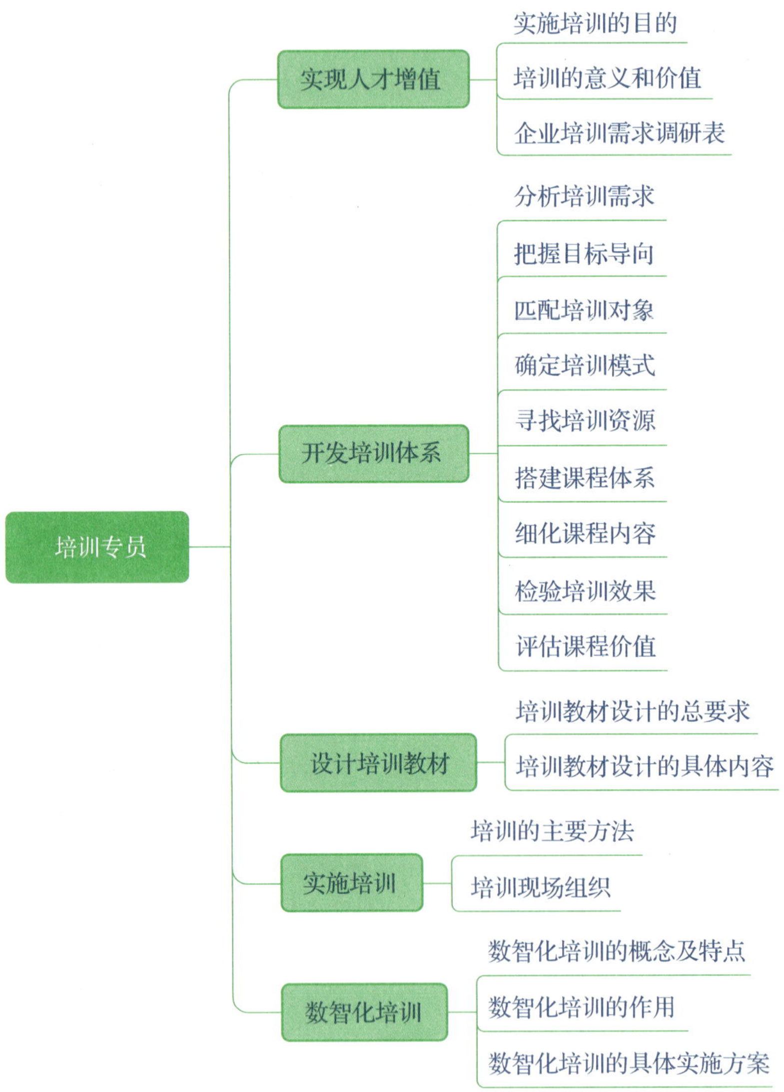
培训专员
实现人才增值
实施培训的目的
培训的意义和价值
企业培训需求调研表
开发培训体系
分析培训需求
把握目标导向
匹配培训对象
确定培训模式
寻找培训资源
搭建课程体系
细化课程内容
检验培训效果
评估课程价值
设计培训教材
培训教材设计的总要求
培训教材设计的具体内容
实施培训
培训的主要方法
培训现场组织
数智化培训
数智化培训的概念及特点
数智化培训的作用
数智化培训的具体实施方案

任务一 实现人才增值

故事

关雪丽到善言无瑕集团股份有限公司旗下的一家西餐厅参加她的第一次培训，得知这家西餐厅刚刚开始营业，一切都是新的，关雪丽期待从中学习到关于公司运作机制方面的知识。

录用通知书上要求的时间是早上8:00报到。她准时到达餐厅，但她发现餐厅里一片漆黑，前门还锁着。她敲了敲门，里面没有人，只好在门外等着。

到了8:30，经理郭菁菁送完上小学的儿子来上班了，当他听完关雪丽的自我介绍，得知她来参加雇员培训时很吃惊，说道："谁让你来的？我没听说这件事情，等我核实一下。"关雪丽轻声回应道："好的，谢谢经理。"接着郭菁菁先把关雪丽领进餐厅，让她在门边的一张桌子旁等着，甚至没有为她打开灯便走了。

关雪丽在黑暗中又等了20分钟，郭经理回来了，递给她一份菜单和一本员工手册，然后说："你先看会儿，我一会儿就回来。"

关雪丽读完两份资料，起身去找郭菁菁，郭菁菁说："你今天就可以作为正式员工上班了，正好今天当班的服务员请病假了。"

没有经过任何培训，关雪丽就艰难地开始了她的工作：接电话、迎送客人、领客人就座、回答客人的问题等。

下班时，关雪丽问："郭经理，可否回答我一些问题？"郭菁菁说："我已经下班了，现在没有时间，明天上班再说吧。"第二天，关雪丽没有去这家餐厅上班。

启示

- 企业的发展依赖于员工的能力，而员工的能力提升则离不开培训。大量实践证明，对员工开展各类培训有助于提高其工作业绩和综合素质。培训不仅对企业有着重要的意义，对员工和企业管理者也很有价值。

现代社会竞争激烈，"终身学习"的理念深入人心。越来越多企事业单位认识到人才是企业长远发展中的第一资源，想要企业经营业绩出色，不仅要招聘到优秀人才，更要做好人才入职后的培训与开发工作，实现人才增值。

一、实施培训的目的

（1）提高企业经营业绩，提升企业竞争力。

（2）优化组织制度流程，提高企业适应性。

（3）提高员工工作效率，增强员工个人能力。

二、培训的意义和价值

“贝尼斯定理”指出，员工培训是企业风险最小、收益最大的战略性投资。现代企业要想获得长久发展，获得优秀人才的信任和支持，必须把员工当作投资品，为其提供培训机会。这样才能吸引人才、留住人才，实现企业与人才共同成长和进步。

（一）对于企业而言

1. 培训可以增强企业战斗力

国内外一些知名企业的实践证明，如果企业给员工提供良好的培训机会，就能提高员工对企业的满意度，从而降低员工离职率，有的企业甚至把培训作为福利和未来晋升条件奖励给表现优秀的员工。随着能力不断增强，员工不满足于已有的成就，就更需要培训来获得提升，进而激发自身积极性和工作热情。员工成为学习型员工，企业也成为学习型企业，这无疑会给企业带来更强的战斗力。

2. 培训可以增强企业竞争力

人力资源调查显示，除了薪酬福利待遇等因素，人才在应聘时也越来越关注“较多的培训机会和晋升渠道”。企业通过提供一系列有效的培训课程，不仅可以提高内部人员的能力和素质，更能在外部形成人才吸引优势，形成企业内外部竞争优势，帮助企业打赢日益激烈的人才争夺战。

3. 培训可以提高企业凝聚力

企业通过培训，可以增强全体员工对上层决策和计划的理解和执行能力，让员工遵循企业的管理理念，融入企业文化，形成从上至下的“传帮带”效应。培训者通过言传身教，将企业的发展历史、战略目标、管理模式、价值取向、文化氛围等传达给每位员工，培养员工的团队合作精神，进而培养整个企业的凝聚力。

（二）对于企业管理者而言

1. 培训可以改善工作质量

员工参加培训后，可以掌握更多有效而正确的工作方法和技能，改正不良和有误的工作习惯和态度，进而在工作任务的完成质量方面有所提高。

2. 培训可以优化工作流程

不同的企业有着不同的工作流程和办事逻辑，让新员工快速融入企业的一大方法就是对其开展制度流程的培训，帮助其了解并掌握企业运营流程和各部门职责，这有助于员工厘清办事思路，理顺工作流程，提高企业整体效率。

3. 培训可以改进管理工具

通过进修培训，企业管理者可以了解管理的前沿理论和技能，习得新的管理工具，提升领导能力，让企业管理卓有成效。

（三）对于企业员工而言

1. 培训可以增加工作技能

毫无疑问，培训可以帮助员工获得新的知识和技能、改善工作态度。同时，现代社会职位的流动性也使员工意识到“充电”的重要性。只有自身本领过硬，才能在激烈的人才竞争中脱颖而出。因此，越来越多的员工非常看重企业是否能提供相应的培训机会。

2. 培训可以增强职业稳定性

培训可以帮助员工循序渐进地开展工作，并通过提升劳动效率和工作业绩获得晋升机会，直接体现为收入报酬的提高，间接体现在人才岗位的进阶。员工经过培训得到提高后，在企业表现更为突出，进而更有可能受到企业的重用或晋升，员工也更愿意为企业服务，实现双赢。

3. 培训可以提升个人竞争力

面对竞争激烈的职场，不进则退，要避免被淘汰和被边缘化的命运，员工只有不断学习，在自己的岗位上深耕，在保持专业度的同时拓宽知识面，从而在职场中保持竞争力，而参加培训则是提升自我实力的最好、最快的方式。

三、企业培训需求调研表

要做好企业培训，培训专员需要用心去开展相关调研，制作相关表格，如表 4－1、表 4－2 所示。

（一）年度培训需求表

表 4－1 年度培训需求表

填表时间：										
序号	培训项目	培训目的	培训对象	培训时间	培训时长	培训地点	培训方式	费用预算	项目对接人	备注
编制人：					审核人：			部门负责人：		

（二）部门培训申请表

表 4－2 部门培训申请表

申请日期： 年 月 日　　培训方式：□ 内训 □ 外训

申请部门 / 人		培训开始日期	
培训类别	□临时培训 □年度培训 □日常 □培训班 □其他：＿＿＿＿＿＿		
培训主题			
培训目的			
培训对象			
培训课程安排计划	□以人力资源部（课）安排为准 □安排意向：		

续表

培训教材 / 道具	□学员自备 □讲师准备 / 授课方准备 □统一印制 □ PPT 制作 □光碟 □其他：____________		
培训讲师		培训地点	
培训形式	□课堂授课 □工作现场讲授 □户外拓展 □座谈研讨 □现场实践 □网络教育 □脱产 □半脱产 □其他：____________		
培训考核	培训是否需要考核？ □需要 □不需要		
经费预算		合计	
部门负责人		分管领导	
人力资源中心		总经理	

在线练习

边学边练

对于员工来说，培训的意义有哪些？对于你来说，在学校学习有什么意义？

任务二 开发培训体系

故事

善言无瑕集团股份有限公司作为一家知名大型国有企业，有上万名员工，每年都投入大量经费对各层级员工展开培训。

某日，人力资源部经理胡印财把董培勋叫到办公室，问道："最近组织了好几场培训，大家学习的怎么样？"作为培训的组织者，董培勋回答道："经理啊，我也觉得很困惑，明明我们安排培训是为了大家好，通过学习可以提高工作效率，进而改善工作绩效，但是员工们都在抱怨我们占用他们太多时间，压力很大，工作量太多了。"胡印财挠挠头，说："是啊，我都有种'吃力不讨好'的感觉，感觉公司花了钱，员工们花了时间，但是培训却没有取得想要的效果。"胡印财边说边向总经理办公室走去。

来到总经理王超思办公室，胡印财向王超思汇报了近期培训的情况，王超思说：

“公司要发展，人才的培训得跟上，既要让大家能学到东西，又要有效率，你看这个问题如何解决?”胡印财面落难色，回应道：“王总，我建议引进新的培训副总经理，可以统筹整个公司的培训，搭建新的培训体系。”王超思说：“好的，那你去办吧。”

于是，为了改善企业培训质量，公司新引进了一位主管培训的副总经理于德篙。于德篙对人力资源部所有员工说道：“人力资源部要对培训进行系统改革，重新搭建企业的培训课程体系，要求课程从公司战略目标出发，逐层分解落实岗位职责，要结合工作岗位实际情况，形式新颖，现场出效果。”

通过重新搭建培训体系，之后公司的培训进行得十分顺利。

启示

- 有效地设计培训课程不是一件容易的事，这是企业培训人员的共识。因为在现实中，许多培训经理在设计培训课程时会采取“经验导向”法，即过去是怎么培训的，现在就一样照搬照抄，有的理论过时不说，甚至与企业现行制度背道而驰，完全跟不上企业内外部的变化；也有的采取“领导导向”法，即领导说培训什么，就培训什么，唯上主义，形而上学，与执行层完全脱离；还有的采取“员工导向”法，即员工反馈培训什么，就去安排该方面的培训，导致花样百出，效果不佳。

开发一套专业、有效的培训课程体系是企业实现人才增值、企业增效的必备手段，这需要培训管理者结合企业各部门的培训需求，科学规划出有针对性的培训课程，从宏观层面符合企业的发展战略、目标、前景、方向，从微观层面落实培训的单元、内容、材料、道具等细节。

如图4-1所示，要想有效地设计好一门培训课程，要有目标导向，要知道企业的培训课程是为了解决某个问题而存在的，进而要设计出一套行之有效的培训课程体系，则更要从宏观层面把控企业发展方向所需要的员工技能和素质，满足胜任力模型的要求，上下并行，开发培训体系需要做到以下事项：

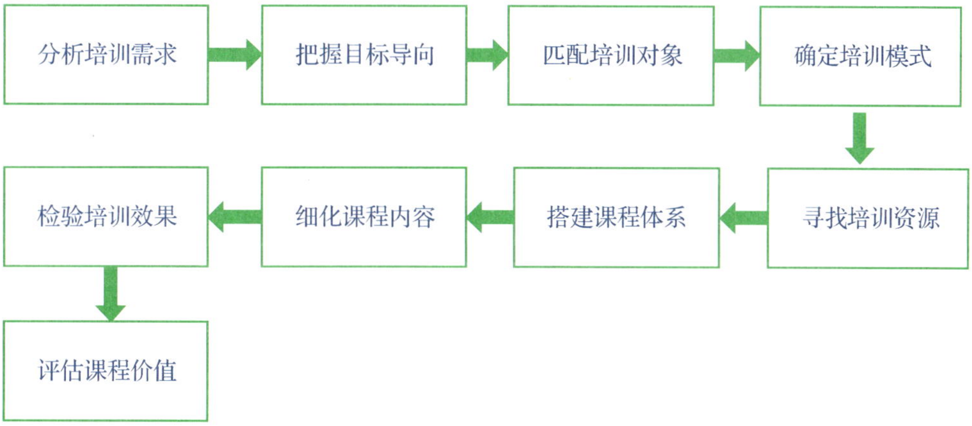

图4-1　开发培训体系的流程

一、分析培训需求

对各部门展开问卷调查，调研企业培训现状、对培训的意见及存在的问题，请各部门经理梳理本部门的培训意向，整理理想需求和现实需求之间的差距，汇总找出共性和个性的培训需求，上报培训管理部门进行审核。

此外，除了正常的培训需求逐级上报的渠道外，建立收集培训需求信息的渠道，比如建立“培训信箱”“信息公告牌”等，及时掌握员工的培训需求。

二、把握目标导向

培训管理部门要对企业领导管理层对培训的要求展开调研，从组织层次把握培训目标，使培训更符合企业发展，从整体和近中期的工作计划来考虑，并将审核后的培训需求清单向管理层汇报，根据重要程度和迫切程度排列培训需求，培训课程要符合企业的目标导向，确定培训目标。

三、匹配培训对象

收集员工资料，包括所属部门、人事变动情况、绩效考核资料、培训档案等，建立员工培训资料库，跟踪员工过去和未来的培训效果，并在日后培训时能参考培训资料库确定匹配培训对象，避免出现重复培训的情况，并对培训效果不佳的课程和员工展开深入调查。

四、确定培训模式

通过前期的培训需求分析，确定了培训对象之后，下一步便是针对不同的培训课程，决定采用何种培训模式，比如可以采用最新的行动学习和头脑风暴的模式开展培训设计，转变学员和培训师的角色，采用混合式培训教学法，充分调动学员的积极性和参与度。

五、寻找培训资源

培训资源来源于内部和外部，包括培训师、培训设备、培训场地等各方面要素，不同的课程来源各有优缺点，需根据企业能搜集到的培训资源制定初步的培训计划和预算方案，并结合能获得的资源确定培训课程。

六、搭建课程体系

如表 4－3 所示，每一门培训课程既是独立完成的，又要融入整个培训体系中去，这样才能按部就班地开展培训工作。企业可以将培训课程体系分为管理技能、业务技能和通用技能等方面，并结合不同部门开展不同培训课程，共同组成高效的培训体系，开放给有需要的员工，也给员工了解其他部门的工作提供了窗口。

表 4 - 3 培训课程举例

培训模块	培训课程方向
管理技能	1. 高级管理层的主要课程有“战略管理”“组织机构设计”“企业文化”“品牌管理”“风险控制”“领导艺术”“人才选用育留”等。 2. 中级管理层的主要课程有“团队建设”“沟通技能”“企业知识管理”“员工激励”“执行技能”“人才选用育留”“会议管理”“情绪管理”“目标管理”“非财务人员的财务管理”“非人力资源人员的人力资源管理”等。 3. 初级管理层的主要课程有“选择与决策”“目标与计划”“团队建设”“沟通技能”“解决问题”“执行技能”“会议管理”“情绪管理”“员工关系管理”等。
业务技能	1. 营销技巧的主要课程有“电话销售技巧”“客户服务技巧”“渠道销售技巧”“经销商管理”“专业销售技巧”“大客户销售”“顾问式销售”“客户关系管理”“销售呈现技巧”“双赢商务谈判”等。 2. 生产运营的主要课程有“生产计划”“现场管理”“安全管理”“品质控制”“成本控制”“设备管理”“工艺管理”“流程管理”“订单管理”等。 3. 人力资源的主要课程有“岗位管理”“招聘管理”“培训管理”“素质模型”“薪酬管理”“绩效管理”“劳动关系”“人才测评”等。财务管理的主要课程有“统计核算”“报表编制”“现金管理”“单证管理”“成本管理”“资产管理”“税务筹划”“预算管理”“财务预测”“管理会计”等。 4. 技术研发的主要课程有“创新意识”“产品知识”“研发项目管理”“研发项目管理沙盘模拟”“产品需求分析”“产品中试管理”“研发成本控制”“研发质量管理”等。 5. 采购管理的主要课程有“诚信意识”“报价方法”“谈判技巧”“采购预算管理”“供应商管理”“合同管理”“市场调研”等。
通用技能	个人成长的主要课程有“自我认知”“人生规划”“时间管理”“压力管理”“情绪管理”“团队意识”“沟通技巧”“人际关系”“个人知识管理”“个人品牌管理”“身体品质管理”“心态塑造”“如何处理问题”“文书写作”“办公软件使用”等。

七、细化课程内容

每一门课程都要确定具体名称和价值点，课程主题要围绕着不同的岗位要点设置，采用项目导向法分解岗位任务，设置每一章节的任务、课程目标、匹配的对象、授课时间、培训方式、讲师、培训费用等。

设计好课程逻辑，包括背景或现状、重要性、概念讲解、互动分享、总结等环节，才能把握好课程的完整性、动力性、联系性和平衡性。

八、检验培训效果

完成培训后要及时地发放并回收课程效果调查问卷，收集学员对课程的意见，并跟踪观察培训后员工在岗位上的行为改变，检验培训效果。将培训效果与绩效挂钩，奖励培训后表现好的员工，针对没什么变化甚至退步的员工，要详细询问原因，帮助其更好地解决问题。只有将培训成果转化为工作业绩的提高，才能体现培训的有效性。

九、评估课程价值

根据员工培训后的反馈和管理者对员工培训后表现的评价，对课程价值开展定性和定量的评价，对培训是否达到预期目标，培训计划是否具有成效等进行检查与评价，再将评估结果反馈给相关部门，并作为下一步培训计划与培训需求分析的依据。

培训只是一种手段，最终目的是让员工能运用学到的新知识、新技能，改善工作绩效，变“费用”为有效“投资”，提高企业整体实力。就像要做好一道美味的佳肴，得搭配好食材与调料，要有效地设计培训课程，也需要培训者利用好培训资源，匹配合适的培训对象，才能使培训有助于员工，使员工的工作行为和绩效发生改变，并朝着企业的预定目标前进。

在线练习

边学边练

如果你是董培勋，请帮助新来的培训副总经理梳理开发培训体系的具体步骤。

任务三 设计培训教材

故事

善言无瑕集团股份有限公司准确把握住中国人口老龄化的社会对医疗器械的需求，成立了善言无瑕医疗领域医疗器械分公司。经过快速发展，公司主要产品得到了市场的认可，员工人数也迅速增加，拥有近400名员工，但是快速发展中也出现了一些问题。公司领导高善龄针对公司生产线频频出现质量事故、质量检查员疏忽大意、管理部门质量意识淡薄等一系列问题正在给人力资源部经理管仁彩和生产部经理郝一品等相关人员开会，会议决定举办专门的质量管理培训课程来解决这些问题。

培训课程由公司内部培训师——质量监控部门的蒋铭白工程师主讲。培训形式包括举办讲座、放映有关质量管理的录像片及一些专题讨论。蒋铭白工程师为了取得更好的培训效果，精心设计了培训教材。内容包括质量管理的必要性、影响质量的客观条件、质量检验标准、检查的程序和方法、质量统计方法、抽样检查以及程序控制等。公司里所有对此感兴趣的员工和管理人员都可以去听课。

在总结这次培训的时候，人力资源部经理管仁彩说："蒋铭白工程师的课讲得不错，内容充实、知识系统，而且幽默风趣、引人入胜，特别是蒋铭白工程师自己设计的培训教材有针对性、有特点，形式多样，讲练结合，这次培训的成功蒋铭白工程师功不可没！"

启示

- 设计良好的培训教材是培训取得成效的基础。

设计一套合适的培训教材，对一些大型的培训项目来说，是必须认真投入的重要环节，而对于一些短平快的培训课程来说，要从头开始设计并编写一套与之相适应的教材，就不是那么简单的事情了。在设计培训教材时，首先要考虑培训教材设计的总要求。

一、培训教材设计的总要求

（一）精心准备教材

培训课程中的教材，必须是事先精心准备的，但又要契合学习者的实际需要，而且包括能反映该领域内最新信息的材料。

（二）资料包的使用

许多课程为适应培训快节奏的高要求，除精心地用教学大纲说明课程意图外，还可采用建设"教材资料包"的方法来组合。如选用报纸杂志的论文与案例、同行的经验与教训、专家学者的论文与报告等作为教材，并配有音像教材、参考读物，组成一个资料包。这些经设计者精心选择并加工的信息资料，来源广泛、新鲜生动，再配以详细的课程大纲，学习者对全部课程内容及其重点就可以有清晰的认识，也可以作为以后继续学习的依据。

（三）利用一切可开发的学习资源组成活的教材

在班级中，每个学习者本人都是课程内容的教材携带者，他们各自的经验就可能是对他人的一本很好的活生生的案例教材。课程设计者可以配合教学模式与方法的设计，设法调动全体学习者的主动性，使这种活的教材开发成为可能。

（四）使用可利用的信息资源

尽可能地开发一切所能利用的信息资源，打破传统的教科书的体系，而且充分利用现代科学技术的先进成果，把单一的文字教材扩充到声、像、网络以及其他各种可利用的媒体。

二、培训教材设计的具体内容

（一）设计合适的培训手段

在课程开发时，要问自己一个重要问题："进行这项培训时，我需要哪些培训手段来实现培训目标?”要从课程内容和培训方法、培训对象的差异性、培训对象的兴趣和动力,以及培训手段的可行性来考虑。

1. 课程内容和培训方法

不同的课程内容需要利用不同的培训方法进行培训,如知识的传授多以课堂讲授或讨论等方法为主;技能学习以示范模拟、角色扮演等方法为主;态度培训则以情景模拟、测量工具和个人及小组成长等方法为主。不同的培训方法需要不同的教学材料,要在确定培训方法的基础上选择相关的培训材料。

2. 培训对象的差异性

在选择培训手段时,还要考虑培训对象的差异性。因为一般员工、基层主管、中高层管理者的工作性质有所区别,所以培训的内容、学习方式等也会有所不同。

3. 培训对象的兴趣和动力

要想课堂教学取得比较好的效果,需要使用有效的培训手段来提高学员的兴趣和动力。教学媒体的先进性和多样性,是现代培训课程设计的一个很重要的特色。只有把学习者的听觉、视觉、触觉等都调动起来,才能得到最好的学习效果。多媒体技术的运用,使教学手段更加丰富,有利于课程目标的实现。

4. 培训手段的可行性

在选择培训手段时,需要评估这种手段是否具有可行性。可行性评估主要从培训手段的经济成本和收益角度进行,尽量开发企业已有的培训教材或自己可制作的材料,如果要从外面购买培训材料,则要考虑其价值的大小。

(二)设计和使用印刷材料

印刷材料是培训中最常用、最可靠、最易携带、最便宜的教学材料。培训中使用的印刷材料主要有:

1. 工作任务表

工作任务表的作用主要有以下几点:①强调重要内容。如可以发给学员有关重点的大纲,这样他们在课堂上就不用花过多的时间记笔记了。②提高学习效果。如可以发给学员复习思考题,让学员更好地表达他们的观点,更好地进行小组活动、案例研究、角色扮演;也可以发给学员有关活动的介绍,让他们先做好准备。③收集活动反馈。如可以发给学员问卷调查表,促使他们更仔细地观察活动,在活动之后可以收集到反馈意见。

2. 岗位指南

岗位指南是对最常用、最关键的任务的描述,可以简化复杂任务,降低遗忘的概率。岗位指南在培训中的作用:①迫使有关主题专家必须对理想的操作下定义,可以使培训目标进一步得到明确。②有助于记忆学到的操作规程,也便于在以后工作中随时查阅。③有时可以代替培训或减少培训时间,节约成本。

3. 学员手册

学员手册是培训中的指导和参考材料。在开发课程时,要决定哪些印刷材料可以进入学员手册,哪些最好不要提前发给他们,如测试题、调查问卷等。

4. 培训者指南

教师用的培训指南可以制作得简单一些，如果要发给学员或其他人使用，就应该多一些注解。当培训者着手一个新的培训项目时，或者这个培训项目在很长时间后还要进行或修改时，编制培训者指南就很有必要了。

5. 测验试卷

在培训开始时，利用测验试卷帮助培训者了解学员的知识和经验水平，对培训内容做最后的调整。通过测验可以引起学员对培训的重视，使他们更积极地参与到培训中来。在培训结束后，也可以进行试卷测验，分数的类别可使教师和学员准确地知道对培训内容的掌握程度。

（三）设计视听材料

视听材料趣味性较强，容易吸引学员的注意力，能增强培训效果。但也要注意视听材料的适用性。学员一般认为准备了视听材料的教师比没有准备视听材料的教师更专业、备课更认真、课程更清晰、更有吸引力。培训中常用的视听材料有投影、商业录像和电影等。

边学边练

培训教材设计的总要求有哪些？

在线练习

任务四　实施培训

故事

一日，谢小明来到善言无瑕集团股份有限公司医疗器械分公司。谢小明是经过公司官方批准，来求取人力资源培训经验的。

康兰兰把谢小明让到会议室，安排公司办公室的服务人员端茶倒水。一切安排妥当，康兰兰介绍说：我公司是一家全球性企业，拥有数千名员工。随着业务的扩大和公司规模的增长，公司领导非常重视对在职员工的培训。公司总部设有培训中心，为公司各类员工提供培训，主要有以下培训方法。

（一）价值观念培训法

善言无瑕集团股份有限公司培训工作的原则是“干什么学什么，缺什么补什么，急用先学，立竿见影”。目前公司进行了丰富多彩、形式多样的培训及文化氛围建设，如通过员工的文艺表演、个人案例等来诠释公司的理念，从而达成理念上的共识。

（二）在职培训法、师带徒法及实习法相结合

善言无瑕集团股份有限公司培训部每月对各下属单位培训效果进行动态的考核，划分等级，并且将等级升迁与单位负责人的个人月度考核结合在一起，促使单位负责人关心培训、重视培训。“下级素质低不是你的责任，但不能提高下级的素质就是你的责任！”对于集团内各级管理人员来说，培训下级是其职责范围内的项目，这就要求每位领导都必须为提高下属素质而搭建培训平台、提供培训资源，并按期对下属进行培训。

（三）演示法和案例分析法的结合运用

技能培训是善言无瑕集团股份有限公司培训工作的重点。在进行技能培训时，要通过案例或到现场“即时培训”的模式来进行。员工能从案例中学到分析问题、解决问题的思路及观念，可以提高技能。

对于管理人员则以日常工作中发生的鲜活案例进行剖析培训，且将培训的管理考核单变为培训单，利用每月 8 日的例会、每日的日清会、专业例会等进行培训。

（四）多样化培训法

善言无瑕集团股份有限公司自创业以来一直将培训工作放在首位，上至集团高层领导，下至车间一线操作工人，集团根据每个人的职业生涯设计为每个人制订了个性化的培训计划，搭建了个性化发展的空间，提供了充分的培训机会，并实行培训与上岗资格相结合。

善言无瑕集团股份有限公司给员工制订了三种职业生涯设计，分别针对管理人员、专业人员和工人。每种职业生涯设计都有一个升迁的方向，只要是符合升迁条件的即可入后备人才库，参加下一轮的竞争。

启示

- 高层重视培训，强调培训下级是每个管理者的职责，从而推动了企业内部培训文化的建设。善言无瑕集团股份有限公司的培训形式与方法都是很正确、很科学的，并且还在不断完善，可以看出该公司的培训管理系统是自成体系的，包括组织架构、管理制度，同时其培训体系又与组织架构相结合，达到层次化、网络化全覆盖，因此，该公司才能发展壮大。

一、培训的主要方法

培训的主要方法有工作指导法、工作轮换法、特别任务法、个别指导法、课堂讲授法、案例分析法、讨论法、角色扮演训练法、拓展训练法等。

（一）工作指导法

工作指导法是由一位有经验的工人或直接主管人员在工作岗位上对受训者进行培训

的方法。负责指导的教练的任务是教会受训者如何做并对受训者进行激励。

工作指导法的优点是应用广泛，既可用于基层生产工人，如让受训者通过观察教练的实际操作，掌握机械操作的技能；也可用于各种管理人员培训，如让受训者与现任管理人员一起工作，后者负责对受训者进行指导。一旦现任管理人员因退休、提升、调动等原因离开岗位，就可由训练有素的受训者立即顶替。

这种方法并不一定要有详细、完整的教学计划，但应注意培训的要点：一是关键工作环节的要求，二是做好工作的原则和技巧，三是需避免和预防的问题和错误。

（二）工作轮换法

工作轮换法是让受训者在预定时期内变换工作岗位，使其获得不同岗位的工作经验的培训方法。以利用工作轮换进行管理培训为例，让受训者有计划地到各个部门学习，实际参与所在部门的工作，或仅仅作为观察者，以便了解所在部门的业务，扩大受训者对整个企业各环节工作的了解。

工作轮换法的优点是能丰富受训者的工作经验，增加对企业工作的了解；使受训者明确自己的长处和弱点，找到自己合适的位置；改善部门间的合作，使管理者能更好地理解相互间的问题。

工作轮换法的不足之处是此法适合一般直线管理人员的培训，不适合职能管理人员。

（三）特别任务法

特别任务法是企业通过为某些员工分配特别任务对其进行培训的方法，此法常用于管理培训。常见的特别任务法有以下两种。

1. 初级董事会

这是为有发展前途的中层管理人员提供的分析全公司范围问题经验的培训方法。初级董事会一般由 10 ～ 12 名受训者组成，受训者来自各个部门，他们针对高层次的管理问题，如培训组织经营管理人员的报酬以及部门间的冲突等提出建议，将这些建议提交给正式的董事会，通过这种方法为这些管理人员提供分析高层次问题的机会以及决策的经验。

2. 行动学习

这是一种让受训者将全部时间用于分析解决其他部门，而非本部门问题的课题研究法，受训者 4 ～ 5 人为一个小组，定期开会研究进展和结果，并进行讨论。这种方法为受训者提供了解决实际问题的真实经验，可提高他们分析解决问题以及制订计划的能力。

（四）个别指导法

个别指导法和师父带徒弟或学徒工制度类似，目前我国仍有许多企业实行这种帮带式培训方式，其主要特点在于通过资历较深的员工的指导使新员工迅速掌握岗位技能。

个别指导法的优点是：新员工在师父指导下开始工作，可以避免盲目摸索；有利于新员工尽快融入团队；可以消除刚从高校毕业的学生进入工作的紧张感；有利于企业传统优良工作作风的传递；新员工可以从指导人处获得丰富的经验。

个别指导法的缺点是：为防止新员工对自己构成威胁，指导者可能会有意保留自己的经验、技术，从而使指导浮于形式，指导者本身水平对新员工的学习效率有极大影响；指导者不良的工作习惯会影响新员工；不利于新员工的工作创新。

（五）课堂讲授法

课堂讲授法就是借用学校教学的方法，将学员集中在一起，讲授所要培训的知识、技能，跟学校的教学完全一样。随着教学技术的进步，课堂讲授法的效率也在进一步提高。在实践中，大多数企业在员工培训时，采用的方法就是课堂讲授法，因为它做起来比较轻松，而且还有许多优点，如经济、有效、有利于发挥集体作用、学员间相互激励等。课堂讲授法的缺点是：它本质上是一种单向性的思想传授方式，缺乏互动性，仅仅借助语言媒介，学员往往不是主动参与而是被动接受，因而不能使学员直接体验知识和技能。因此要结合其他教学方法，按照教学对象、教学内容、教学任务的不同，灵活多样地组织、实施教学。

（六）案例分析法

案例分析法是为了达到一定的培训目的，把实际工作中真实的情景加以典型化处理，形成供学员分析和判断的案例，通过独立研究或者相互讨论的方式，来提高学员的分析及解决问题的能力的一种培训方法。案例分析法是一种经验性的学习方法，学员能通过自己亲身的、直接的经验来学习，所学到的是自己第一手的经历与技能。实践表明，这种方法能明显地增加学员对公司各项业务的了解，培养学员间良好的人际关系，提高员工解决问题的能力，增加公司的凝聚力。

（七）讨论法

讨论法主要是就某个培训主题召集受训人员，大家展开广泛而深入的讨论，达到互相学习、分享观点的培训效果。

讨论法的作用表现在以下几个方面：

（1）通过交流和讨论，使学员进一步理解所学的知识，对原先的某些疑难有一个清晰正确的认识，并体验如何运用抽象的知识。

（2）可以训练学员的思维方式，使学员学会辩证地分析和解决问题，并激发学员探索、批判的精神。

（3）有助于培养学员的综合能力。讨论法要求学员综合运用他所具有的各种知识、技能、经验，这在无形中培养了员工的综合能力。

（4）有助于培养科学精神，使员工及时发现自己的缺点和不足。在讨论中，学员通过积极参与不同观点的争论，学会如何尊重别人、倾听他人的意见，吸取他人的合理因素；同时也学会了正确地对待他人对自己行为的反应，以及如何充分利用大家的力量来达到一个共同的目的。

（5）可以进一步激发学习的驱动力。要在讨论中得到好效果，学员必须广泛运用已经学过的知识和原理，从而使学习动机和动力更加强烈。总之，讨论法具有其他培训方法难以替代的作用，它致力于培养学员独立钻研的能力，又允许学员相互提问、探讨和争论，所以可以使员工从培训中获益。

（八）角色扮演训练法

角色扮演训练法的具体做法是根据培训主题，给受训员工提出一组情景，要求一些成员担任各种角色并出场演出，其余人在下面观看，表演结束后进行情况汇报和总结，扮演者、观察者和教师共同对整个情况进行讨论。该方法的精髓在于它不是针对问题相互对话的，而是针对问题采取某种实际行动，从而提高学员的实际处理问题的能力和水平。它给学员提供了一个机会，在一个逼真而没有实际风险的环境中体验、练习各种技能，而且能够得到及时的反馈，因此该方法是最有效的培训方法之一。在实际运用中，角色扮演训练法特别适合人际关系的培训，除此之外，还可以教会员工如何在课堂上交换自己的研究心得。

角色扮演训练法的优点是：学员参与性强，学员与教师之间的互动交流充分，可以提高学员培训的积极性；特定的模拟环境和主题有利于增强实践效果；通过观察其他学员的扮演行为，可以学习各种交流技能；通过模拟后的指导，可以及时认识到自身存在的问题并进行改善；能够提高学员的反应能力和心理素质。

角色扮演训练法的缺点是：控制过程比较困难；模拟环境并不代表现实工作环境的多变性；扮演中的问题分析限于个人，不具有普遍性。

（九）拓展训练

“拓展训练”起源于第二次世界大战中的海员学校，目的是训练海员的坚强意志和生存能力。现在这种课程已从生存训练拓展到管理训练和心理训练等方面。

20 世纪 90 年代，拓展训练被引入我国。拓展训练的目的是提高人的自信心，使人保持积极进取的人生态度，培养团队精神和合作态度，培养现代人把握机遇、抵御风险的心理素质。

拓展训练以外化型体能训练为前导，同时触及人的深层心理内涵，以达到心理素质的改善与拓展；在精心设计的各项活动中，学员置身于大自然和各种刺激、困惑和艰难的情景之中，在面对挑战、克服困难和解决问题的过程中，心理受到磨炼，人格得到升华。拓展训练的课程内容主要有五种：拓展体验课程、回归自然课程、挑战自我课程、领导才能课程、团队建设课程。

二、培训现场组织

对于企业培训管理和组织者来说，整个培训现场的有序组织和管理是培训活动取得最终理想效果的前提条件。

（一）培训的现场管理和实施应当遵循的原则

（1）激励原则：培训作为一种激励手段，应当使学员能够接受培训，并从中获得成长和进步。

（2）个体差异原则：由于个体素质和能力存在差异，个体接受培训和提高成长的程度有所不同，培训教学应当注重因材施教。

（3）实践机会原则：企业培训的目的是提高学员能力、改变工作中的行为、改善绩效，培训应当为受训者提供实践或操作的机会，以促进能力的提高。

（4）反馈和考核原则：没有反馈和考核的培训往往流于形式，企业培训应当以用为考，强调学以致用，及时进行学习效果反馈。

（二）课前现场管理

1. 确认设施、资料到位

为确保培训准备工作万无一失，培训课程顺利开始，培训组织人员一般要在培训课程开始前提前到达培训现场，再次确认和落实现场环境、各项设施设备、教学资料等。对于档次较高、经费充裕的培训项目，培训组织者可以在教室外设置休息室，准备课间休息时享用的茶点，帮助补充学员体力。

2. 确认学员、培训师到位

应当提前在培训现场或者现场附近摆好签到台，做好学员的签到准备工作。签到桌与签到表的数量要根据参加培训的人员数量来安排，如果参加培训的人员数量过多，最好在培训现场准备多套，以便提高签到的效率。如果是在宾馆会议厅举办并且需要住宿的培训，更应当提早准备，与宾馆前厅部门衔接安排好学员的入住登记，想办法简化流程，为长途跋涉的学员提供方便，帮助他们做好培训前的休息调整。

培训师方面，应当提前几天至半天确认其出发时间、交通方式。如果有需要，还要安排专人、专车去机场或车站迎接。在开课前至少半小时内，应再次确认培训师是否抵达现场。如果提早到的，条件允许的，应当为其准备休息室，并根据需要安排培训组织人员向培训师介绍培训有关进展情况，并协助培训师做好课前准备工作。

3. 介绍课程、培训师和培训安排

在培训课程正式开始前，一般由培训负责人或组织者对培训进行情况介绍，以便学员心中有个大致了解，并做好心理准备。一般包括向学员简单介绍培训课程的安排、本次培训的主题和内容、培训师背景，必要时宣布和重申培训课程有关纪律，提出培训效果的期望，引导学员树立积极的学习心态。

（三）课中现场管理

1. 培训组织者的现场管理

在培训课程正式开始后，对于培训组织者来说，并非已经完成了所有的工作。为保证培训顺利和高效进行，还应当在培训现场全场跟踪，扮演好以下四种角色：主持人角色、培训师助手角色、学员服务者角色、培训监控员角色。

2. 培训师的现场管理

课程进入具体的实施阶段，对于培训师来说，一个良好的开端加上有效的课堂掌控，对于课程的顺利进行十分重要。

作为课程和活动的开始，培训师的中心任务是激发学员的学习热情，使其轻松自如，并消除受训前的疑虑不安。“破冰”和“开场”这两种方法都有助于培训师顺利引导学员进入培训角色。破冰用于打破学员与培训师之间、学员与学员之间的人际陌生感和隔阂，往往与培训主题无关，适用于学员彼此不熟悉的情况下。而开场往往与培训主

题密切相关，是为了避免正式培训项目开始的突然性，使学员很快适应将要进行的培训项目。

课堂教学过程是一个互动、复杂多变的过程，可能遇到各种各样的参训学员甚至问题学员，出现预想不到的突发状况。优秀的培训师除了做好充分的企业背景资料研究、针对性的课程设计、选择符合课程内容和学员特点的培训方法、做好各项准备工作之外，还需要有掌控课堂效果、有效管理学员反应的能力。

对于培训现场出现的各类问题，培训组织者在充分了解情况的基础上，还要与培训师进行必要的沟通，及时采取适当的补救措施。

（四）课后现场管理

1. 安排测试评估和结业证书颁发

在培训课程结束时，培训组织者应根据需要和计划安排，要做好反应层和学习层的测评工作，及时检验培训效果，主要包括学员对培训师、课堂效果及培训组织安排的评估问卷填写（可在最后一次课程课间休息时或者开始前将电子问卷二维码发布在大屏幕上或将纸质问卷放置于学员座位）、培训课程所学内容的当堂试卷测试等。

另外，如果是技能类或专项培训项目，根据企业培训有关政策有颁发结业证书的，则应将事先准备好的结业证书颁发给通过考核或达到一定标准的学员。在颁发的典礼上，最好邀请公司领导、培训师或者培训负责人担任证书颁发人并进行结业致辞。颁发证书的过程中，可播放节奏较为轻快和喜庆的音乐。

2. 致谢和送别培训师、学员

培训师讲课结束时，培训组织者对培训师的授课内容应进行简要的归纳，并对培训师的辛苦付出表示感谢。课下要虚心听取培训师对本企业工作的意见，并做好记录。最后，将课酬、交通费用等与培训师结清后，再次致谢并送别。

对于参训学员，培训组织者也应当对其在此期间的努力和合作表示感谢，希望学员将所学运用到实际工作中去，并为学员送别。特别是来自外地并且住宿的学员，要关注他们离店手续的办理情况，有条件的还要帮忙安排便利的市内交通。

3. 清理检查各类设施设备和物品

在送走培训师和学员后，准备撤离会议场所前，培训组织者应当整理培训场地、培训师休息室、资料储藏室等，将企业自己的培训设施设备、各类资料文档整理并妥善保管好。如果场地是租借的，则要办妥有关手续并致谢。

边学边练

培训的主要方法哪些？

在线练习

任务五 数智化培训

故事

为了满足业务覆盖国内外以及打造学习型组织的需求，线上学习成为新的趋势。善言无瑕集团股份有限公司打造了能满足“积累、沉淀、共享学习资源，随时、随地、随心碎片学习”的乐学平台。这天，培训专员董培勋拿着平台介绍手册，给各部门的经理开展培训。

他首先介绍：“各位同事下午好，为了帮助各部门更高效地学习业务知识，公司进行了数智化转型，以后大家就能在家里或者线上上课了，请培训后与部门同事及时传达平台的使用方法。”台下的同事们纷纷睁大了眼睛，热烈地讨论起来，听到有人问：“这个平台都有什么功能啊?”

董培勋指了指手上的学习手册说：“大家看一下自己桌面上的学习手册，乐学平台可实现移动端和PC端学习，并且具备学员端与培训管理端多端口操作功能，学习端功能包括学习签到、学习课程、评论课程、参加考试和分享课程，管理端功能包括培训管理、课程评估、直播课程、积分激励和数据统计。平时自己学习的时候可以用学习端，我们也给各部门经理配备了管理端账号，可以登录查看自己部门的整体学习情况，对部门同事的学习进度进行监督管理。”

台下有人鼓起了掌，开心地说道：“好呀，这样我们的培训就能智能化了，既能自己把控学习时间，又能起到综合管理的作用。不过这里面有什么课程呢?”董培勋笑了笑，继续解释：“乐学平台集合了学习及培养赋能两大类课程，其中学习专栏包含‘六十秒小知识’‘三分钟领导力’和‘乐学充电站’，培养专栏包括人才培养项目和专题学习项目。大家感兴趣的可以多了解，我们会每个月评比一次‘学习之星’，以此激励大家学习的热情。”

台下经理们对该平台的上线满怀期待，希望能通过数智化转型，改变传统培训的弊端，共同打造学习型组织。

启示

- 随着终身学习理念的普及，越来越多企业开展多元化的培训以满足员工学习的需求，打造学习型组织。企业利用数智技术可以打造线上学习平台，丰富培训内容，创新培训形式，提高培训效率。

传统的培训一般由用人部门提出培训需求，由人力资源部进行培训组织工作，再由两者进行培训效果评估考核。为了提高员工的工作能力，进一步提升企业和人才的竞争力，很多企业已开展企业培训的数智化转型，如创设企业内部大学、研发并上线企业共享课程平台、运用虚拟仿真技术模拟培训等方式，进一步增强培训效果。

一、数智化培训的概念及特点

数智化培训是指利用先进的信息技术手段，对企业员工进行系统的、有针对性的培训，以提升员工的工作技能和知识水平。数智化培训的特点主要有以下几个方面：

（一）高效性

数智化培训通过数字化手段实现培训的高效性，避免了传统培训中可能存在的信息传递不及时、员工反应迟缓等问题，提高了培训效率。

（二）精准性

数智化培训通过对员工的岗位、工作内容、工作经验等进行深入了解，量身定制培训方案，满足员工个性化的培训需求。

（三）灵活性

数智化培训可以随时随地进行，员工可以根据自己的工作安排选择时间和地点进行学习；同时，数智化培训也可以随时调整，以适应企业内部的变化。

（四）数据化

数智化培训可以实现数据化管理，方便企业对员工培训情况进行记录、分析和评估，有助于优化培训效果。

二、数智化培训的作用

合理运用现代化的信息技术赋能培训全流程，提高培训效率和效果，是所有培训从业者关注的重点问题。数智化人力资源培训主要是对传统的“教”与“学”培训行为进行全过程的数智化转型，使教学更智慧，助力打造学习型组织。

（一）培训内容科学化

为每位员工建立个人的数字化培训档案，可以避免出现重复学习和无效学习的情况，提高员工学习效率；搭建模块化学习课程，真正做到以工作为导向的学习模式，提高培训的转化率和实用性；以员工需求为出发点邀请相关专业的培训师，提高培训的针对性。

（二）培训技术数字化

培训方式实现线上线下联动，将理论知识和实践相结合，帮助员工充分利用整体和碎片化的时间提升自我；工作设备、场所虚拟化，助力员工工学一体，随时掌握新技术，提高培训安全性和真实性。

（三）培训过程智能化

加强对培训过程和结果的数据收集整理工作，利用数智化技术可实时跟踪和记录培训过程，有助于实现培训工作的动态管控，实时反馈培训效果，并根据学员反馈及时做出调整，优化培训质量。

三、数智化培训的具体实施方案

（一）制订个性化培训计划

为了发展需要，满足不同部门人员的知识和技能要求，企业往往需要设计大量培训内容，建立完善的培训体系，但仍然无法满足员工个性化的培训需求。面对庞大的知识体系和内容，员工不免陷入迷茫，不知道哪些是真正需要学习的内容。

为解决员工培训中缺少针对性和发展性的问题，人力资源培训的数智化可以对企业员工进行分类，通过算法精准识别员工的能力短板和发展规划，针对不同的员工类型制订不同的培训计划，并结合员工所在部门和岗位职责与要求，针对性地智能推送合适的课程，个性化配置学习资源，根据员工的实际工作需要确定培训的具体内容和方式，帮助员工将知识转化为价值。

（二）确定创新型培训方式

数字经济时代，培训唾手可得，企业纷纷采取各种线上线下培训方式使员工掌握新技能和新知识。然而线下培训会受到环境和时间的限制，线上培训则存在碎片化和轻量化的缺点，企业在安排培训时，需要针对以上缺点进行综合考量。

除了有机地结合线下和线上培训之外，企业还可以根据实际情况采取前沿的数字化培训技术，比如在线培训、网络研讨、远程视频培训、虚拟现实培训等人工智能方式，变员工被动学习为主动学习，将常见的“输入型”培训转化为“输出型”培训，通过搭建交流讨论社群、实操演练、游戏闯关和榜样引领等创新的培训方式，让员工更好地感受到公司积极向上的学习氛围，更主动地投入培训中去。

（三）构建数智化培训平台

因课程研发实力不足，大多数企业往往采用购买已有的外部培训平台账号为员工提供培训课程，这样会存在培训内容滞后或与企业业务无关的情况，导致企业花了钱、员工花了时间学习却没有收到想要的效果。应根据企业的实际情况，选择合适的数智化培训平台，搭建一个可以满足员工在线学习需求的平台。

在平台搭建上，通过“引入外部资源”+“激励内部推荐”的方式，购买外部优质课程资源，激励内部员工自行上传培训视频，内外并行，促进平台与企业的相关性，提高平台的使用效果。

在平台使用上，采用“系统智能排课”+“上级优先荐课”+“个人兴趣选课”的“三结合”模式，充分利用平台资源，全方位打造个性化的培训内容。通过系统制定科学的课程安排，确定员工“必修课”；由直属上级根据部门职责和员工绩效表现，确定员工“拓展课”；根据个人兴趣爱好和发展规划，自定员工“选修课”。

比如2021年2月初，微软公司发布了全新的员工体验平台，将沟通、知识、学习、资源和洞察结合在一起，以实现“使员工和团队在任何地方都能发挥最大作用”的构想。其中，平台上创建了一个“数字校园”，员工可以学习企业所有政策和制度，形成企业知识库，也可以链接外部学习资源。

（四）评估多维度培训效果

学习的滞后性和长期性使得培训效果难以立竿见影，容易造成“培训无用”的错误认知，而且由于培训组织部门和用人部门主体不同，对培训全过程的跟踪也难以落实，忽视了培训数据的整理和分析，导致最终对培训效果的关注度不够，反馈也不足。

对培训进行数字化赋能，最关键的是对培训前、中、后期形成的数据进行收集和存档分析，梳理过程性和结果性的相关数据，结合培训目标，进行多维度的培训效果跟踪评测，以此展现培训的价值。

通过数据分析和评估，可以了解数智化培训的效果，结合培训平台上的学习数据，不断完善员工技能档案，动态更新个人画像，并不断优化算法，调整系统的智能排课，定期形成学习报告给上级领导和员工本人查看；也可以利用培训效果评估结果来筛选优秀人才和高潜力人才，针对性地帮助企业提高人岗匹配，优化人力资源。

边学边练

数智化人力资源培训的具体实施方案有哪些？

在线练习

项目五 绩效专员

学习目标

知识目标

- 掌握绩效的含义和特点；
- 掌握绩效考核的含义；
- 掌握绩效考核的要素和基本步骤；
- 掌握绩效考核的工具与方法；
- 掌握绩效反馈与面谈的注意事项；
- 掌握绩效考核结果的应用；
- 掌握绩效数智化的基础内容。

技能目标

- 熟悉绩效考核的流程；
- 能够设计绩效考核指标表格；
- 能够运用绩效反馈工作业绩。

素质目标

- 培养客观公正的理念；
- 培养沟通能力；
- 培养设计能力、爱岗敬业的精神。

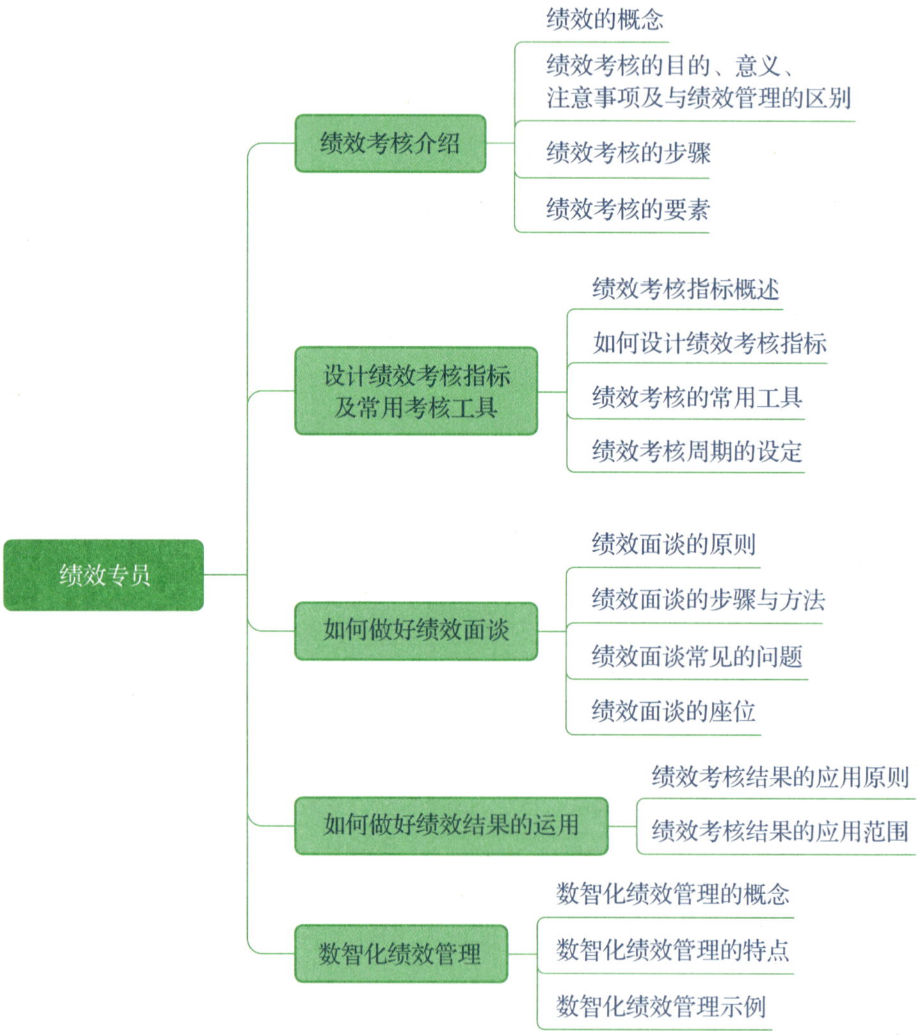
绩效专员
绩效考核介绍
绩效的概念
绩效考核的目的、意义、
注意事项及与绩效管理的区别
绩效考核的步骤
绩效考核的要素
设计绩效考核指标
及常用考核工具
绩效考核指标概述
如何设计绩效考核指标
绩效考核的常用工具
绩效考核周期的设定
如何做好绩效面谈
绩效面谈的原则
绩效面谈的步骤与方法
绩效面谈常见的问题
绩效面谈的座位
如何做好绩效结果的运用
绩效考核结果的应用原则
绩效考核结果的应用范围
数智化绩效管理
数智化绩效管理的概念
数智化绩效管理的特点
数智化绩效管理示例

任务一 绩效考核介绍

故事 1

雍德郝是善言无瑕集团股份有限公司人力资源部门绩效专员。人力资源部经理胡印财让他拿出一个针对生产部门的绩效考核方案。生产部门有200多名员工，其中既有生产人员，又有管理人员。

起初，雍德郝起用了排队法，即每年对员工考评一次。具体做法是：根据员工的实际表现给其打分，每个员工最高分为100分，上级打分占30%，同事打分占70%。在考评时，200多人互相打分，以此确定员工的工作成绩。而且，该考核只是到了年度奖金分配时才实行。

了解情况后，人力资源部经理胡印财指出了考核方案中出现的问题并提出了改进建议：

（1）考评方法不合理，缺乏客观标准。对于生产人员和管理人员的考评，应首先将员工的工作表现与客观标准相比较，而不能仅仅采用排队法这一主观比较的方法。

（2）考评方式不合理。生产人员和管理人员的工作性质、工作过程和结果有着本质区别，因此应采用不同的标准分别进行考评，而不能混在一起互相打分。

（3）对生产人员和管理人员进行考评时，都应以上级考评为主，而不能以同级考评为主，这样会影响考评的客观公正性。

（4）绩效考评应按步骤进行，这样才能有效发挥绩效考评的作用。

（5）考评周期不合理。生产人员和管理人员的考评周期不应都为一年，生产人员应相对短一些。

雍德郝接受了建议，并与生产部门的员工进行研讨，调整了绩效考核的思路和方法，起到了较好的激励作用。

启示

- 绩效专员应熟悉国家人事政策、法律法规，熟悉各种绩效考评方法及绩效管理流程；定期组织并协助各部门实施绩效考核工作，汇总、统计绩效考核数据，建立员工绩效考核档案。

一、绩效的概念

（一）绩效的内涵

绩效是一种管理学概念，指成绩与成效的综合，是一定时期内的工作行为、方式、结果及其产生的客观影响。在企业等组织中，绩效通常用于评定员工工作完成情况、职责履行程度和成长情况等。

（1）绩效是工作的成果，即工作的成绩和经营的成果，如工作的效率（效果）和经营的利润等。

（2）绩效是工作中的行为表现和工作的过程，如影响员工工作成果的行为、技能、能力和素质等，是员工在达到阶段性结果过程中的行为表现。

（3）“绩”就是工作的成绩和经营的成果，可以体现出企业的利润目标和个人的职责要求。企业加强目标管理能保证企业向着既定的方向前进，实现目标或者超额完成目标可以给予奖励，比如奖金、提成、效益工资等；个人的职责要求就是对员工日常工作的要求，比如业务员除了完成销售目标外，还要做新客户开发、市场分析报告等工作。

（4）“效”就是工作过程中的行为表现，即工作的效率、效果、态度、品行、行为、方法、方式等，主要包括纪律和品行两方面：纪律包括企业的规章制度、规范等；品行指个人的行为。“小用看业绩，大用看品行”，业绩突出且品行优秀的人会有更多晋升和被重用的机会。

（二）绩效的分类

绩效有大有小、有好有坏，按照活动参与主体是个人、团队还是组织分类，可以分为个人绩效、团队绩效和组织绩效。

对一个组织而言，个人绩效、团队绩效和组织绩效既有区别又有联系。一方面，三种绩效的层次不同、大小有别；另一方面，三者又联系密切，团队绩效取决于个人绩效，组织绩效又取决于团队绩效。绩效是组织中个体在特定时间内的可描述的工作行为和可测量的工作结果，以及组织结合个体在过去工作中的素质和能力，指导其改进完善，从而预计该个体在未来特定时间内所能取得的工作成效的总和。

故事 2

善言无瑕集团股份有限公司销售部门经理刘时筱对下属王逊说：“你上个月的绩效完成得不错呀！销售业绩的指标超过了月初制定预算的 20%。我相信只要你努力，完成这个月的绩效也没有问题！”王逊的绩效就是业务员的个人工作业绩，绩效考核就是对业务员的个人业绩情况进行量化。

善言无瑕集团股份有限公司规模只有 6 ～ 7 个员工的时候，总经理王超思能够叫得出所有员工的名字，同时也可以管理所有的员工。当时公司内部没有具体的分工，采取的是协作模式，大家为了完成同一个目标而共同努力。但是随着公司规模的发展，当公司的规模达到100人却依旧延续原来的管理模式时，王超思发现自己已经记不住所有员工的名字了，而且也很难做到了解每位员工的工作状态、工作成绩。这时，王超思带领公司采取了一种新的评价机制。根据实际情况，公司划分出清晰的组织机构，每个部门、每个岗位都明确工作职责，每一年、每半年、每个月甚至每周都有工作和业绩的达成目标，然后根据每个部门完成情况进行奖惩。

启示

- 公司规模不大的时候，绩效考核就是对业务员的个人业绩情况进行量化。当公司达到一定规模时，就必须使用绩效考核机制来管理。

二、绩效考核的目的、意义、注意事项及与绩效管理的区别

绩效考核是人力资源管理不可或缺的工具，主要是指主管或相关人员周期性地对员工的表现、业绩的效果进行评价和检验的过程。

（一）绩效考核的目的和意义

（1）对往期绩效结果进行评估，以此帮助改善和提高现有业绩，作为制定一次绩效目标的依据。

（2）检验员工招聘和培训的效果，作为员工任用、岗位调整、职位升降的依据；作为确定员工工资、奖惩等薪酬决策的依据；作为绩效反馈的依据；激励员工的工作积极性。

（3）有助于了解团队和员工的培训需求，有助于协助员工制定和评估职业发展规划，为其他管理活动提供依据。

（二）绩效考核的注意事项

需要注意的是：绩效会因时间、空间、工作任务和工作条件（环境）等相关因素的变化而不同，从而呈现出明显的多样性、多维性与动态性，这就决定了对绩效的考核必须是多角度、多方位和多层次的。

（三）绩效考核和绩效管理的区别

绩效考核是企业绩效管理中的一个环节，是指考核主体对照工作目标和绩效标准，采用科学的考核方式，评定员工的工作任务完成情况、员工的工作职责履行程度和员工的发展情况。绩效考核和绩效管理的区别在于：

（1）地位不同。绩效管理是人力资源管理的核心内容，绩效考核是绩效管理的核心。

（2）过程的完整性不同。绩效管理是一个完整的管理过程，绩效考核是绩效管理过程中的局部环节。

（3）侧重点不同。绩效管理侧重于信息沟通与绩效提交，强调事先沟通与承诺，而绩效考核侧重于判断与评价，强调事后考核。

三、绩效考核的步骤

绩效考核是一个动态的循环过程，主要包括四个步骤的工作：考核准备、实施考核、考核反馈、考核结果应用。

（一）考核准备

考核准备是指企业管理者与员工就绩效目标、绩效考核标准等须达成一致。在制定绩效计划时要合理科学地制定个人和部门的绩效目标与绩效考核标准。

（二）实施考核

实施考核就是指要企业管理者结合已经制定好的绩效考核指标与计划开展绩效管理工作。

（三）考核反馈

考核反馈就是对员工考核当期的工作情况在评价后所进行的反馈沟通，它需要考核者与被考核者尽可能地进行 1 对 1 的单独交流，确认评价结果，对工作贡献给予肯定并做出分析，继续制订绩效改善计划。

（四）考核结果应用

考核结果应用就是通过对绩效优异者的奖励和绩效较差者的惩罚，树立正确优秀典范、激励更多人员效仿学习；同时对企业内部运作中出现的问题进行指导和纠正，从而推动企业不断向前发展。一般来说，绩效结果会运用到五个方面：薪资报酬、职级升降、岗位调整、培训、管理改善。

四、绩效考核的要素

（一）考核目标

考核目标是绩效考核首先要明确的要素。绩效考核的最终目标是提高组织绩效。但是，不同的企业在不同的发展阶段会有不同的具体目标，针对不同的考核目标，组织选择的考核者、考核指标和考核方法也不同。例如：为了判断员工一定时期内的绩效，往往要选择那些短期性的、可量化的考核指标。

（二）考核周期

考核周期又称为考核频率，指多长时间进行一次考核。

（三）考核内容

考核内容就是指考核哪些具体内容。

（四）考核指标

考核指标指绩效的维度，也就是要从哪些方面对员工绩效进行考核。在绩效考核过程中，科学制定指标非常重要。

（五）考核标准

考核指标明确了对员工的工作要求，即针对考核的内容，员工应当做到怎样的程度，如“产品的合格率达到95%”“前台电话必须做到三声后接起”等。确定考核标准是保证绩效考核公正性的需要。

（六）考核者

考核者即考核主体，是对员工绩效进行评价的人员。考核者的选择应以考核指标的性质为依据，这样才能保证绩效考核的客观公正。

边学边练

请搜集1～2个国内企业进行绩效考核的案例，之后进行分享。

在线练习

任务二 设计绩效考核指标及常用考核工具

故事

在一次动员会上，善言无瑕集团股份有限公司主抓产品生产和销售的副总经理贾有甘慷慨陈词，强调企业的未来产品怎么开拓市场，客户要怎么维护，供应链如何改进，质量怎么去提升，最后鼓励员工加油干。

动员会结束了，员工却依然很懵，不知道应该怎么去做，或者只是做一些应付动作，未能将企业战略落地执行，或打折扣地执行。绩效专员雍德郝对此现象进行了调查，得出的结论是：贾有甘说的内容有些高谈阔论，不接地气，尤其是公司的战略绩效没有与员工的绩效强挂钩，没有明确的绩效考核指标。

启示

- 绩效考核指标设计非常重要。公司要发展，不仅要有宏观的战略目标，还要有落地的绩效考核指标。

绩效考核指标是绩效考核的基本要素，是实施绩效考核的基础与前提。绩效考核指标的设计是否科学有效，对考核结果能否客观反映被考评者的真实水平有重要影响，关乎企业绩效工作的成败。

一、绩效考核指标概述

（一）绩效考核指标的分类

绩效考核指标是一种行为的信号，通常是以量化的形式来表述某种工作活动特征的测量工具，它是绩效考核的核心内容。没有绩效考核指标的绩效考核是不完整的。根据考核内容的不同，绩效考核指标也存在差异。根据考核依据的主客观性，绩效考核指标可以分为硬性指标和软性指标两类。

硬性指标是定量的，即可以量化的，比如生产了多少件产品，产品合格率是多少，公司销售收入是多少，回款是多少等，都可以用数字衡量。

软性指标是定性的，即不可量化的，这些指标就不能用数字衡量了，如无法用数字界定一个人的品格优劣。

（二）绩效考核指标设计的原则

SMART 原则可以让员工更加明确高效地工作，也可以为管理者将来对员工实施绩效考核提供目标和标准，使考核更加科学化、规范化、公平性。

S 代表具体（Specific），指绩效考核要切中特定的工作指标，不能笼统；

M 代表可度量（Measurable），指绩效指标是数量化或者行为化的，验证这些绩效指标的数据或者信息是可以获得的；

A 代表可实现（Attainable），指绩效指标在付出努力的情况下可以实现，避免设立过高或过低的目标；

R 代表相关性（Relevant），指绩效指标是与工作的其他目标相关联的，是与本职工作相关联的；

T 代表有时限（Time-bound），指绩效指标的完成期限。

二、如何设计绩效考核指标

（一）绩效考核指标的要素

绩效考核指标一般包括指标名称、指标定义、标志和标度四个要素。具体内容如表 5-1 所示。

表 5-1 绩效考核指标构成要素

序号	名称	概念
1	指标名称	指标名称是对考核指标的内容做出的总体概括。
2	指标定义	指标定义是指标内容的操作性定义，用于揭示考核指标的关键可变特征。
3	标志	标志指考核指标中用于区分各个级别的特征规定。
4	标度	标度指用于对标志所规定的各个级别包含的范围做出规定，或者说，标度是用于揭示各级别之间差异的规定。

由于绩效考核指标的标志和标度是一一对应的，因此，二者往往统称为绩效考核中的考核尺度。表 5-2 即绩效考核指标中的考核尺度举例。

表 5-2 绩效考核指标中的考核尺度举例

序号	分类	举例
1	量词式的考核尺度	量词式的考核尺度是采用带有程度差异的形容词、副词、名词等词组表示不同的等级水平。例如，“较好”“好”“一般”“差”“较差”。

续表

序号	分类	举例
2	等级式的考核尺度	等级式的考核尺度是使用一些能够体现等级顺序的字词、字母或数字表示不同的考核等级。例如，“优”“良”“中”“差”；“甲等”“乙等”“丙等”“丁等”；“1”“2”“3”。
3	数量式的考核尺度	数量式的考核尺度是用具有量的意义的数字表示不同的等级水平。例如，优秀的分数是 90 ～ 100 分，良好的分数是 80 ～ 90 分，以此类推。
4	定义式的考核尺度	指标的考核尺度中规定了定义式的标度，即为定义式的考核尺度。它相对于前面三种考核尺度更加复杂。例如： 某内训师一项考核指标为“能否正确、清楚地回答问题”，那么，该指标优秀的尺度是“能够正确、清楚、简明的回答学员问题”，良好的尺度是“能够及时回答学员的问题”等。

（二）绩效考核指标设计的方法

1. 基于企业经营目标分解的设计方法

为完成战略任务而将企业经营目标逐层分解到每个部门及相关人员的一种指标设计方法，称为基于企业经营目标分解的设计方法。通过这种方法得到的考核的内容是每个人最主要的且必须完成的工作。

2. 基于工作分析的设计方法

通过职务说明书或岗位说明书可以把多种类型的工作分成“必须做”“应该做”和“要求做”三种，而这种指标设计法就是找出必须做、可衡量的工作，并把它们设为绩效考核的指标。

例如：岗位说明书已经写明了员工的工作职责，在制定员工考核指标时，一定要根据员工的工作职责要求，逐条选择对应的考核指标。如在岗位说明书中列明“生产组长要按要求从事生产工作，完成生产任务”。这是生产组长工作职责的第一条内容，也是最重要的一个职责。举个例子，善言无瑕集团股份有限公司招聘专员的核心工作是为企业招聘合适的员工，匹配到合适的岗位上去。那么，根据岗位的需要，可以将其核心指标设计为“月度招聘计划达成率为 100% ”，这样的指标不仅有具体明确的目标数值，也可以被测量。如果某月计划招聘 5 人，实际到岗 4 人，那完成率就是 80%。

3. 基于综合业务流程的设计方法

根据考核对象在流程中所扮演的角色、肩负的责任以及同上游、下游之间的关系，来确定衡量其工作的绩效指标的一种设计方法，称为基于综合业务流程的设计方法。

（三）权重的设计

权重是指该项指标在整体绩效考评中的相对重要程度，是每个绩效考核指标在整个指标体系中重要性的体现。例如：善言无瑕集团股份有限公司电脑销售人员的考评指标权重分配如表 5－3 所示。

权重的分配就是要区分不同的考评指标在不同岗位的重要程度，一般都是按照 100 分的权重进行设计。

表 5-3 善言无瑕集团股份有限公司电脑销售人员的考评指标权重分配表

测评要素	权重系数
品行素质	30%
知识素质	18%
能力素质	30%
技能素质	17%
身体素质	5%

例如：某岗位考评有 5 个指标，总分为 100 分，则不可能将 5 个指标平均分配分值，因为这 5 个指标的重要程度不会等同。可以把 5 个指标按照 A、B、C、D、E 这样的顺序排序，重要程度可以依次递减。首先，指标总共是 100 分的权重，那么平均每个指标都是 20 分，但是 A 最重要，就要增加 10 分，这样 A 就是 30 分权重。E 最不重要，减少 10 分，E 这个指标就是 10 分。同理就可以得出一个权重的排列方法：30、25、20、15、10 分。

另外，同一指标在不同岗位的权重也可能不一样。如“出勤率”指标，对门卫岗位权重就会很大，而对销售岗位权重就会很小，甚至不列为考评指标。

三、绩效考核的常用工具

在绩效考核过程中，需要根据企业环境，企业发展现状、员工整体水平以及组织综合能力来选择最适合企业的考核工具。这里介绍比较常用的绩效工具。

（一）KPI（关键业绩指标）

KPI 即关键业绩指标，KPI 考核指标来源于企业目标，KPI 是企业目标层层分解、细化为具体可执行的关键性指标，示例如表 5-4、表 5-5 所示。因此，KPI 能够将企业目标、部门目标和个人目标串起来，实现上下的高度统一。

表 5-4 善言无瑕集团股份有限公司销售分公司 KPI 指标

序号	指标	指标说明	功能
1	销售合同额	一定周期内完成签订的销售合同总额	检测一定周期内的营销效果。
2	销售收入	一定周期内完成的产品出厂总额	检测一定周期内的产品销售收入，以产品出厂为准。
3	货款回笼率	一定周期内回笼的销售货款总额 ÷ 销售收入总额	检测一定周期内的货款回笼情况，促进公司销售部门提高效率。
4	营销、销售计划完成情况	一定周期内营销、销售计划的完成、达成情况	检测营销、销售计划的编制准确性和计划完成情况。
5	市场占有率	产品销售收入 ÷ 产品市场总份额	检测一定周期内的市场占有情况。
6	营业费用比率	营业费用总额 ÷ 产品销售收入总额	检测一定周期内的营销效果。
7	销售收入增加率	（本期销售收入 - 上期销售收入）÷ 上期销售收入	检测一定周期内的销售增加情况。

表 5－5　善言无瑕集团股份有限公司总经理年度考核 KPI 指标量表

考核内容	指标类型	具体指标	考核数据来源	分值	年度考评得分
董事会满意度（10%）	董事会关键指标	董事会决议的执行效果	全体董事	10	
		综合能力			
		战略规划能力			
实际业绩（80%）	财务关键指标（60%）	公司经营利润（与本年度计划比较）	财务总监	45	
		公司销售额		15	
	管理状况关键指标（20%）	公司发展规划及年度经营计划的制订和执行的合理性、及时性	全体董事	5	
		对各职能部门的督导		5	
		各级部门的协作		5	
		制度建设和落实情况		5	
其他（10%）	其他指标	发现和培育下属的能力		5	
		各高管的重大成绩		5	

（二）MBO（目标管理法）

目标管理法主要是针对成果和行为难以量化的工作。在使用 MBO 的过程中非常强调员工的参与，管理者与员工通过协商、达成共识，共同制定目标，共同承担责任。

例如：善言无瑕集团股份有限公司店长岗位的主要职责如表 5－6 所示。

表 5－6　善言无瑕集团股份有限公司店长岗位的主要职责

序号	业绩目标
1	完成本店的业绩目标（销售额、毛利水平、损耗、净利润等）。
2	进行销售管理，包括货架陈列、开展促销活动、商品质量管理、制定商品价格等。
3	负责门店堆头、端头、广告位的整体统计规划、合理布局，保障资源性收入。
4	进行库存管理，负责保证充足的货品、准确的存货及订单的及时发放。
5	保障营运安全，严格做好清洁、防火、防盗的日常管理和设备的日常维修、保养。
6	控制损耗、人力成本和营运成本，防止商品丢失和资源浪费，进行费用管控。
7	负责营造整洁、亲切、舒适的购物环境，保持良好的顾客服务水平。
8	负责对店内人员的合理定编，提高工作效率，控制人力资源成本。
9	按公司规定对有外租区的门店进行规范管理。
10	负责处理店内各种突发事件。

那么，该店长的 MBO 绩效考核表设计如表 5－7 所示。

表 5-7 善言无瑕集团股份有限公司店长的绩效考核表

序号	目标项目	20×× 年目标	20×× 年结果	权重（%）	分数
1	销售额			15	
2	门店总毛利额			10	
3	损耗			10	
4	员工劳效			10	
5	人工费用率			15	
6	门店总营运费用率			20	
7	门店总税前利润			10	
8	周转天数			10	
总计				100	

（三）BSC（平衡计分卡）

平衡计分卡即从财务、客户、内部流程、学习成长四个维度进行考核，这种考核不仅包含了财务因素，也包含了非财务因素；不仅考虑了外部因素，也考虑了内部因素；不仅考虑了短期效益因素，也考虑了长期利益。平衡计分卡由于所涉及的要素完整，因此造成实施的工作量较大，实施的专业度较高；同时，平衡计分卡关注企业的全面发展，在资源一定的情况下，很难在短时间内看到效果，因此，平衡计分卡不适合中小企业考评。

例如，善言无瑕集团股份有限公司人力资源部主要负责制定人力资源策略，支持公司的总体战略；最小化用人成本，最大化用人效率；通过人力资源规划、岗位管理、能力管理、招聘管理、培训管理、绩效管理、薪酬管理、员工关系管理等方式，落实人力资源策略，促进公司总体战略目标的实现。那么，其平衡计分卡工具设计如表 5-8 所示。

表 5-8 平衡计分卡工具表

指标类型	指标名称	指标含义	指标设置目的	数据提供部门	指标占比
财务指标	人均劳动效率	考核期内，公司的销售额与人员数量相除得到的数值。公司的销售额应当使用经营性损益。人员数量应当用时段人数，而非时点人数。人均劳动效率应大于某个数值。	人均劳动效率不仅代表着公司的人力资源管理效能，同时代表着公司创造业绩的能力。当公司的人均劳动效率不断提高时，代表着公司创造业绩的能力不断增强，同时代表着公司整体的人力资本在增值。	财务中心	20%

续表

指标类型	指标名称	指标含义	指标设置目的	数据提供部门	指标占比
财务指标	人力费用率	考核期内，公司的人力成本与销售额相除得到的数值，公司的人力成本应当用财务上全部能量化的成本。销售额应当用经营性损益。人力费用率应控制在一定范围内。	人力费用率不仅是财务上的费用类指标，也代表着人力资本的投资回报率。10%的人力费用率既可以表示产生100元的销售额需要10元的人工费用投入，也可以表示公司投入10元的人工费用，能够换来100元的销售额。对人力费用率提出要求，既有助于公司降低成，又有助于公司提高在人力资本上的投资回报。	财务中心	20%
客户指标	员工敬业度	考核期内，员工的敬业度应达到某个水平。	员工敬业度就是员工对自己的工作岗位、对自己的事业专心致志的程度。提升员工的敬业度有助于增强员工对公司的归属感、对工作的积极性和对岗位的责任感，有助于提升员工的绩效水平。	人力资源中心	10%
	员工离职率	考核期内，员工的离职率不高于某个水平，一般应控制在一定范围内。	适度的员工离职率能够有效降低公司的人力资源管理成本，能够促进经营管理的平稳运行，为了减少离职员工中高绩效员工的占比，有时候可以将高绩效员工的离职率作为辅助考核指标。	人力资源中心	10%
内部流程指标	人才需求满足率	考核期内，实际到位的人才数量与应到位的人才数量相除计算出的数值。人才需求满足率应不低于某个水平。	人才是公司经营发展必备的生产资料。人才如果不能及时到位，将会影响公司正常的经营发展。人力资源中心要保证人才及时到位。	人力资源中心	10%
	员工出勤率	考核期内，员工的实际出勤时间与员工的应出勤时间相除计算出的数值。员工的出勤率应不低于去年同期水平。	员工的出勤率影响着员工的劳动效率和人力费用率。出勤率长期保持在比较高水平的公司，员工的工作积极性往往也比较高。出勤率比较差的公司，员工的工作积极性有可能比较低。	人力资源中心	5%
	劳动争议发生率	考核期内，发生劳动争议的件数与考核期内的员工总人数相除计算出的数值。劳动争议发生率应控制在一定范围内。	劳动争议一方面影响公司的声誉，另一方面影响内部员工队伍的心态。合法合规、合情合理地用工，能够促进公司内部的和谐稳定。	人力资源中心	5%

续表

指标类型	指标名称	指标含义	指标设置目的	数据提供部门	指标占比
学习与成长指标	员工能力达标率	考核期内，所有正式员工的能力全部达到岗位的最低要求。	员工的能力是达到岗位绩效要求的重要保证。对员工能力达标率提出要求有助于完善公司内部的人才培养机制，有助于落实师徒机制。但能力水平与绩效水平并不存在必然的联系，有时候为了保证员工绩效达，也可以把员工绩效达标率作为辅助考核指标。	人力资源中心	10%
	人才梯队完备率	考核期内，所有关键岗位都有后备人才。	关键岗位的人才离职后，新补充的人才如果不能立即胜任工作，将会影响运营效率。对于关键岗位来说，外部招聘的人才很难在短时间内胜任岗位工作，最好的办法是依靠内部的人才梯队。当关键人才离职时，由其他岗位的人才补充。通过人才梯队建设，当有关键岗位人才离职时，接任者层层接任，公司只需要补充一个基础岗位就能满足人才发展的需求。	人力资源中心	10%

（四）360 度考核法

360 度考核法是对员工个人进行考核的方法，此方法综合员工个人、员工上级、同事、下属和客户的全方位维度，从不同层次的员工中收集考核信息，从多个视角对员工综合能力素质进行考核。

360 度考核法的实施步骤如下：

（1）获取高层管理人员的支持和协助；

（2）组建评估队伍并进行培训，充分熟悉并掌握该技术；

（3）设计 360 度调查问卷，并检测问卷的信度和效度；

（4）分别由上级、下级、同级、相关客户及本人按各个维度标准进行评估（评估过程注意采取匿名方式，以保证人们愿意提供更为真实的信息）；

（5）统计分析并报告结果，充分反映问卷提供的信息。

用 360 度考核法工具设计如表 5－9 所示。

表 5－9　善言无瑕集团股份有限公司管理人员绩效考核表

<table>
<tr><td colspan="3">姓名：</td><td colspan="2">部门：</td><td colspan="2">职务：</td></tr>
<tr><td colspan="2">上级评价者：</td><td colspan="3">同级评价者：</td><td colspan="2">下级评价者：</td></tr>
<tr><td colspan="2" rowspan="2">Ⅰ. 考核项目（每项 1 ～ 5 分）</td><td colspan="5">评价得分</td></tr>
<tr><td>上级评价</td><td>同级评价</td><td>下级评价</td><td>自我评价</td><td>本栏平均</td></tr>
</table>

续表

价值观	工作中能坚持原则，谨守职业道德标准，客观公正地表达自己的看法，信守承诺。					
	主动设立挑战性的工作目标或愿意承担额外的工作任务，即使遇到困难仍坚持不懈地将目标和任务达成。					
	在面临复杂、不确定的环境时，敢于果断决策，大胆作为，并敢于承担相应的风险和责任。					
	追求卓越，争取先进，能够挑战现状，突破思维，抓住并创造机遇，通过不断学习、创新和变革实现持续发展。					
战略思考	能够站在公司未来发展的高度，平衡短期与长期、局部和整体利益，在对关键经营管理问题进行决策时，能够从公司大局着眼。					
	充分发掘、利用公司内外部的资源，获得关键方的支持，平衡合作各方的利益，建立共赢的合作模式。					
	能充分考虑有利因素、不利因素、时效性以及各种资源，对多种解决方案进行比较和评估，选择一个最合适的解决方案，在情况不明或信息不全下及时做出有效判断。					
	对本行业市场、竞争对手及相关政策法规有充分的了解和把握，深刻理解公司的特点和关键成功要素，在此基础上，能预见所在领域未来发展方向。					
计划执行	能正确理解为完成目标所必需的各种资源，包括政府关系、组织、人员、经费以及设备等，并合理调动上述资源，让有限的资源效益最大化。					
	能正确理解公司目标，并根据公司目标拟定部门目标，善于将宽泛的部门目标转化为具体的目标、标准以及行动计划。					
	敢于授权，并合理授权恰当的人员去完成工作，在必要时对他们的工作进行协调。					
	预见到实施过程中的困难，消除各种障碍确保工作目标顺利完成或者使已偏离方向的工作回到正常的轨道上来。					
专业能力	精通本专业知识，熟悉相关规定和政策，掌握本专业发展方向及最新知识、技术发展情况，是公司的专家和权威。					

续表

专业能力	了解和掌握工作中除本专业外相关专业知识，能在工作中运用相关专业视角审视本专业工作，为本专业工作提供多种可能的解决方案。					
	专业经验丰富，熟悉行业及公司相关操作流程，熟知专业领域内常见问题和难题，并在此基础上提供有效的解决方案或预案。					
	能从专业上给予下属指导和帮助，能向上级领导或其他部门提供专业意见。					
团队管理	提供具有挑战性的任务及可用的相关资源，帮助和指导下属制订个人发展计划，并督导下属完成个人发展计划。					
	根据员工不同特点，采取不同的激励措施，努力为员工创造更多发展机会和更大发展空间。					
	了解团队成员的能力特长和个人特点，正确评价员工的长处和有待改进之处。					
	愿意授权并能科学授权，给予下属工作所需的必要支持，清晰地表明工作的原则和权限范围，明确要完成的目标。					
Ⅰ. 分数合计						

出勤及奖惩	Ⅱ出勤考核：迟到、早退______分钟 ×0.2 + 旷工______天 ×5 + 事假______天 ×0.5 + 额外病假______天 ×0.2=______分
	Ⅲ处罚考核：通报批评______次 ×2 + 警告处分______次 ×4 + 行政处罚______次 ×6 =______分
	Ⅳ奖励考核：通报表扬______次 ×2 + 优秀表彰______次 ×4 + 特殊贡献______次 ×6 =______分
总　分	Ⅰ______分 − Ⅱ______分 − Ⅲ______分 + Ⅳ______分 =______分
评价等级	□A. 95 分及以上　□B. 90 ～ 94 分　□C. 85 ～ 89 分　□D. 80 ～ 84 分　□E. 75 ～ 79 分　□F. 70 ～ 74 分　□G. 65 ～ 69 分　□H. 60 ～ 64 分　□I. 59 分及以下 被考核者签字确认：
以下内容由行政部门负责填写	
核定分数及等级	
该等级处理办法	
行政人事部经理确认签字：	日期：
总经理签字：	日期：

填表时间：　　年　　月　　日

（五）OKR（目标与关键成果法）

目标与关键成果法是一套明确跟踪目标及其完成情况的管理工具和方法。这种方法只给出整体的目标方向，让员工根据自己的工作能力制定自己的目标，从而激发员工的工作积极性，使员工以超常的热情向目标去努力，最后的成果有可能会超越本身设计出来的目标。

OKR 把公司、团队和岗位的绩效成果分成 O（Objective，目标）和 KR（Key Result，关键结果）两个部分。为便于管理，OKR 中每个岗位的 O（目标）数量不超过 5 个，KR（关键成果）数量一般为 3～4 个。由于 OKR 的目标周期比较灵活，因此目标的数量也可以随着目标周期的变化而变化。一般越近期的目标，岗位目标的数量可以越少，越远期的目标，岗位目标的数量可以越多。

例如：善言无瑕旗下电商公司经营着多家网店，主要业务收入来自网店的经营。该公司的客服经理主要负责服务线上购物的顾客，解答顾客的疑惑，促进交易成交，获得良好的顾客评价，从而促进网店销售。该公司客服经理岗位的 OKR 如表 5-10 所示。

表 5-10 善言无瑕旗下电商公司客服经理岗位的 OKR

O 序号	O 内容	O 权重	KR 序号	KR 内容	KR 权重
O1	保证顾客第一时间能够获得客服的接待	30%	KR1	顾客的平均响应时间在 30 秒之内。	40%
			KR2	顾客回复率（= 回复过的顾客 ÷ 接待的顾客 ×100%）达到 100%。	30%
			KR3	客服问答比率（= 客服发消息条数 ÷ 顾客发消息条数 ×100%）达到 130%。	30%
O2	最大化保证问询顾客的成交	40%	KR1	客服订单转化率（= 问询客服后付款人数 ÷ 问询客服总人数 ×100%）达到 50%。	40%
			KR2	客服客单价（= 通过客服购买的客单价 ÷ 平均客单价）达到 1.12。	40%
			KR3	客服成交比率（= 通过客服成交笔数 ÷ 总成交笔数 ×100%）不低于 60%。	20%
O3	网店评分保持在行业最高水平	30%	KR1	网店总评分达到 4.9。	35%
			KR2	网店所有商品的平均评分达到 4.9。	35%
			KR3	顾客满意度（= 客服接待后满意的顾客数量 ÷ 客服总接待顾客数量 ×100%）达到 99%。	30%

值得一提的是，选择绩效考核工具需要考虑多种因素。处在不同行业、不同发展阶段的公司，可以采用的绩效管理方法和构建出来的绩效管理体系完全不同。对于不同部门和不同岗位的考核设计也不能千篇一律，要根据公司实际情况，做出最适合的考核方式，选择最适合的考核工具。

四、绩效考核周期的设定

企业的绩效考核工作并不是无限期进行的，保证绩效考核的质量与效率，也是企业对绩效管理工作的最低要求。企业需要设定具体的绩效考核周期，规范企业的绩效管理工作。

一般而言，绩效考核周期分为月末考核、季度考核、半年度考核以及年度考核四类。不同的绩效考核周期的设定应结合企业的实际情况而定。

总之，建立的绩效考核指标的高与低，是根据企业内部全体成员的行动能力而定的，不能简单地将社会上一流标杆企业的绩效考核指标作为本企业的绩效考核指标。企业可以根据现有人员的行动能力设置绩效考核指标，在每个阶段之后，都需要对绩效考核指标进行修正。但是，如果全体成员都能很轻松地完成绩效考核指标，那绩效考核指标就失去了激励的意义。

在线练习

边学边练

表 5－11 是邮件收件部门绩效考核指标和重要性星级。请根据重要性设计出各项指标的权重。

表 5－11　邮件收件部门绩效考核指标权重

部门指标	重要性	指标权重
客户时效投诉解决率	★★★★★	
收件态度行为投诉率	★★★★	
遗失率	★★★	
损坏率	★★	
操作失误率	★	
合计		100%

任务三 如何做好绩效面谈

故事

善言无瑕集团股份有限公司出纳员邱驰道有一段时间总是迟到，财务部经理何谆石采用“三明治法则”与她进行了沟通。

第一步：表扬特定的成就，给予真心的肯定。何谆石找到邱驰道，笑着说："小邱，最近工作做得不错，账目没有什么差错，上级领导很满意。"邱驰道面露喜色。

第二步：提出需要改进的特定行为表现。"但是你最近总是迟到，这个星期已经迟到两次了吧？"邱驰道点头。"销售部的同事找你报销，几次没找到你，对你很有意见。"邱驰道面有歉意。

第三步：最后以肯定和支持来结束。"你一向工作是很认真的。希望你能改了迟到的毛病，如果有什么困难可以提出来，大家帮你一起解决。"这样，沟通就结束了。后来，邱驰道果然不再迟到。

启示

- 职场中，为了收到更好的面谈效果，针对不同的场景应该采用不同的面谈技巧。

绩效面谈是企业实施绩效管理不可或缺的工作环节。在这一阶段，通常是考核人与被考核人一对一、面对面的沟通。企业管理者在与员工对绩效考核结果进行分析后，明确员工在实际工作中的优势与不足，通过讨论确定绩效改进的方向与措施。

一、绩效面谈的原则

绩效面谈对于组织、部门及个人绩效水平的提高、组织内成员间关系的改善等具有非常大的影响。选择绩效面谈的方式不同，实际效果也会不同。因此管理者在实施绩效面谈时要重点把握好以下原则。

（一）直接具体原则

面谈要直接具体，不能抽象地泛泛而谈或仅做一般性评价。对于上级领导来说，无论是赞扬还是批评，都应有具体、客观的结果或事实来支撑，使面谈对象明白哪些地方做得好，哪些地方存在不足。如果面谈对象对绩效评价结果有不满或质疑的地方，可以向上级领导进行申辩或解释。

（二）互动原则

面谈是一种双向的沟通，为了获得对方的真实想法，上级领导应当鼓励面谈对象充分表达自己的观点。由于职位和沟通角色的差异，作为面谈主体的管理者常常处于发话、下指令的位置，下属通常只是在被动地接受。然而，有时管理者得到的信息可能不全或者并不属实，管理者应当允许下属针对模糊或疑惑之处进行询问和辩解，并对下属提出的好建议给予充分肯定，而不应打断与压制下属的发言。

（三）基于工作原则

绩效面谈主要涉及评价对象的工作绩效，即具体工作是怎么做的、采取了哪些行动与措施、效果如何等。因此，管理者在进行绩效面谈时必须以下属的工作情况为基础，而不应掺杂与工作无关的情况和个人情感因素。双方应在明确客观事实的基础上，根据绩效评价结果展开深入的分析和讨论。

（四）相互信任原则

绩效面谈是上下级双方沟通交流的过程，缺乏信任的面谈会使双方都感到紧张，进而产生抵触情绪。管理者要想使绩效面谈顺利进行，并促进双方的相互理解、达成共识，就必须营造一种彼此信任的良好氛围。

二、绩效面谈的步骤与方法

绩效面谈大致可以分为三大类：考核开始时的绩效计划面谈、考核过程中的绩效指导面谈、考核末期的绩效结果面谈。一套完整的绩效面谈大致可以分为六个步骤。

（一）提前告知面谈事宜

这个环节需要考核人提前做好计划，确定面谈的目的和目标，为面谈的基调、内容、方向等做好充分的准备；同时也要提前告知被考核人面谈的时间、地点、目的以及需要被考核人准备的资料等。

（二）绩效面谈用语

面谈就是人与人的沟通，因此，绩效考核人员一定要注意方式、方法，让整个面谈在融洽的气氛中开场和进行，这样才能起到帮助员工提高绩效的目的。这个环节需要考核人员清晰准确地说明这次面谈的目的，确定被考核人知道公司的绩效政策。在沟通过程中，考核人员要保持相对正式和严肃的态度，不宜过于轻松，但也不需要太拘谨和死板。表 5－12 分别列举出了不合适和合适的语言。

表 5－12　绩效面谈开场对比

不合适的开场	合适的开场
我们来随便聊聊！ 来说说你最近的工作吧！	根据公司的绩效管理办法（如果被考核人不清楚，可做一定解释），公司在充分了解你考核期内工作成果的基础上，对你的工作绩效做了评估。公司通过本次面谈，想达到两个目的：一是与你沟通上一期的考核得分，二是针对你上一期的工作表现，我们一起来寻找绩效改进的计划和步骤。我们现在开始好吗？

（三）倾听与告知

这个过程需要考核人针对不同特质类型的被考核人采取不同的面谈技巧，并简明、客观、真实、准确地表达出考核的要点。一方面，考核人需要给被考核人一些简单的反馈，点头或凝视对方，或者给予一些简单的回应。另一方面，考核人要围绕当初设定的目标展开面谈，在告知结果后，请被考核人说明目标没有完成的原因、打算如何改进、具体的实施计划以及需要考核人给予哪些支持或帮助等。

（四）对存在异议的地方进行处理

在面谈过程中，考核人与被考核人在某些地方有异议是正常现象。异议不代表矛盾，不能因为有异议就导致心情烦躁，也不要刻意逃避，要本着求同存异的原则正面地处理。解决的主要方法为：不争论，多用事实和数据说话，以理服人；就事论事，注意措辞，以情感人。

（五）制订计划

要明确具体的完成时间、具体改进的事项、计划中各方的责任、跟进的方式等，要形成书面文件。对经常不守约的人，必要时予以提醒，若他无法信守承诺，告知其你可能会采取的行动，以及他将要承担的后果。

（六）确定下次沟通的时间和内容

考核人不需要等每个考核周期到的时候才跟被考核人沟通，可以根据制订的改进计划中的跟踪时间持续跟进，达到过程中监控、纠偏、推进的目的。需要注意的是，面谈过程中一定要积极肯定被考核人的贡献，以正能量收场。不论过程中说了多少被考核人的不足，结尾要落在积极的方面，要让他感受到信心、期许、力量和希望。不同类型的员工特点及对应面谈技巧，如表 5－13 所示。

表 5－13　不同类型的员工特点及对应面谈技巧

序号	特质类型	特点	对应面谈技巧
1	成熟型	通常具备内升动力，成绩不会太差，自我评估以正面居多。但往往会对物质奖励或晋升机会等有较高的期望。他们容易有自大的情绪，看不到自己的缺点和不足，听不进别人的劝告，可能会忽视自己的绩效改进计划。	继续鼓励其上进，不要打击其积极性；要充分肯定其过去的贡献，关心他，并站在他的角度为他出些主意，让他更优秀。如果没有足够的理由，则不需要对其许愿诱惑。
2	迷茫型	缺乏自己的想法或主见、随大溜，喜欢被动地接受而不是主动地思考，自我评估的过程往往话不多，基本是主管领导提出什么他就接受什么。	要给予他应有的尊重，不使其自尊心受伤害。要耐心地启发他，以提出非训导性的问题或征询意见等方式引导其做出积极的反应。可以直截了当地告诉他怎么做，并给他必要的指导，最后确认他已完全接受并理解了你的指令。
3	推脱型	常常自以为是，把自己绩效的问题全部推给同事、推给公司或推给环境。他们只想“听好话”，不愿意别人指出他们的不足，喜欢和同事比较，却不愿意做出改变。	对待这类人要耐心地倾听，有问题不要急于与他辩论或反驳。应开诚布公，冷静地、建设性地让其意识到自己的不足，与其讨论是否现有职位不太适合，是否需更换岗位。要耐心开导，阐明公司的奖惩政策，用事实说明他的主观想法与现实之间的差距，激励其努力。

三、绩效面谈常见的问题

管理者在绩效面谈时有以下常见的问题：

（1）关注评价而不关注计划；

（2）关注语言的单向流动而不关注对话，内容空泛；

（3）把重点放在教训和追责上，而不是放在研究未来方案和解决问题上；

（4）将面谈当作一种辩论的过程，面谈结果不是你赢就是我赢。

面谈场景和问题分析如表 5－14 所示。

表 5－14 面谈场景和问题分析

序号	面谈场景	问题分析
1	销售部部长刘时筱与内勤部员工赵玉梅开展绩效面谈。赵玉梅进了刘时筱办公室后，刘时筱像平常一样随意地挥挥手："来来，坐"，然后开展绩效面谈。结果，整个绩效面谈过程，刘时筱自己讲了半个多小时，虽然总体比较肯定赵玉梅的工作，但也没进行询问给出实质性建议。面谈最后，刘时筱对赵玉梅说："对绩效评估结果有没有意见？没意见就在绩效评估表上签字吧。"就这样，绩效面谈在赵玉梅签字的过程中结束了。	绩效面谈一般不应放在办公室，也不能在随意的氛围中进行，刘时筱只顾自己讲话，属于单向交流，没有进行真正的绩效沟通。
2	企划部部长赵慧谭找执行科科长孙蔼岗进行绩效面谈。赵慧谭选择了一个安静的会议室作为绩效面谈地点，开篇就说："老孙，我们是老同事、老朋友了，我就实话实说了，经过我在领导面前的争取，你今年得了优秀。"接着赵慧谭就简单说了工作内容并唠了一下家常，最后，双方在轻松愉快的环境中结束了面谈。	看上去效果不错，其实无效。因为主要是赵慧谭对孙蔼岗的绩效进行了评价，而没有与孙蔼岗一起规划明年的绩效提升。孙蔼岗的错误是关注评价而不关注计划。
3	稽查大队队长王大壮与稽查员尤筱赤开展绩效面谈，王大壮准备利用这个机会好好批评下尤筱赤。王大壮说："平时工作不努力，今后努力找工作，你现在到了自食苦果的时候了。经领导决定，你属于 3% 被优化掉的员工。"结果可想而知，尤筱赤和王大壮发生了摩擦，王大壮气得直拍桌子。	王大壮的错误在于以责备的心态看待绩效面谈，对于"刺头"员工的绩效面谈没有进行认真的准备。绩效面谈时，重点应放在解决问题方面而不是责备，尤其是对待将要被淘汰的员工，更需要换位思考，帮助其认真分析原因，寻找新的出路。

四、绩效面谈的座位

绩效面谈最好是一对一的，不要相对而坐，这样容易使直属领导和员工之间产生距离感。常见的就座方式有 5 种。

如图 5－1 所示，绩效面谈座位通常采用 A 或 B 的方式摆放；在交谈双方比较熟悉的情况下，也可以采用 E 的方式摆放，但不宜采用 C 或 D 的方式摆放。

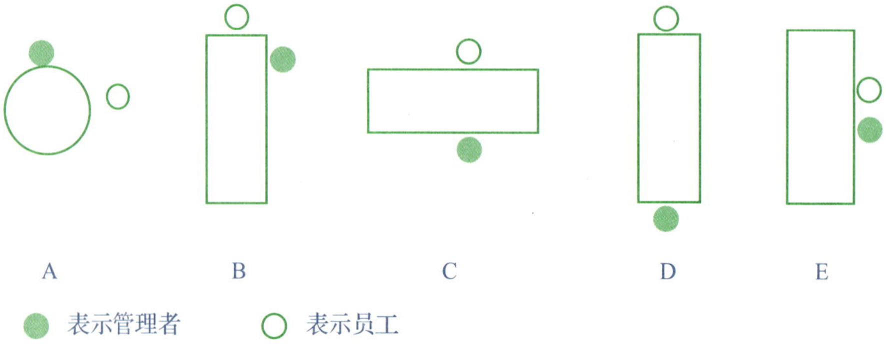

图 5－1 绩效面谈座位图示例

边学边练

请看以下一段绩效面谈过程，试着分析一下，此次面谈是否成功？如果没有成功，问题出现在哪里？

胡印财是人力资源部经理，董培勋是经理助理，主要负责绩效薪酬和培训工作。有一天，胡印财匆匆忙忙地来找董培勋，发现他不在办公室，于是打电话把他叫了回来。

董培勋：“胡经理，什么事啊，这么着急？我刚才在和业务部的周总谈下个月的培训计划。”

胡印财：“那个事情先放一放，工作沟通可以缓一缓，这个月的考核截止时间快到了，这个事情是咱们部门负责的，咱们肯定要起带头作用，要赶快做完才能去监督其他部门！”

董培勋：“考核呀，我做的工作你都知道啊，你看着办就行啦，别让我们吃亏就可以了。”

胡印财：“你做的工作我是知道的，但是咱们还是要按程序办事，先谈一谈上个月的工作吧。”

董培勋：“我不是已经把上个月的工作报告交给你了吗？你没看到？”

胡印财：“嗯？我怎么没有印象，我找一找。”

胡印财在一堆文件中找到了报告，然后说：“你这个内容太简单了，还是讲讲吧。”

董培勋：“那行吧，我也没什么准备，就拿这个报告说吧。去年在公司领导和同事的帮助下，基本上完成了预定的KPI，这个报告里有数据，也有说明，你可以自己看。而关键行为和临时任务指标，我做了很多，有做得好的，也有做得不好的地方，我会努力改进的。反正我的工作你都知道，我就不多说了。”

胡印财：“你的工作我都知道，有很多优秀的地方，但是缺点也很多。上个月业务部的培训计划你一直没发，结果他们都不知道培训内容是什么，根本找不到方向；这次的绩效考核是你负责的工作，但是到现在还有好几个部门的数据没有送过来，你这工作失误可是很大的。”

董培勋：“培训计划的事我不是解释过了吗？事情太多，忙起来就忘了，我下次注意，争取不犯了。这个绩效考核我已经催了好几遍了，他们部门主管没有收集好，我能有什么办法？”

胡印财：“这是你职责所在，我管不着，但是你这个月的绩效肯定受影响。”

董培勋：“随便，你爱怎么写就怎么写！”说完摔门而出。

在线练习

任务四 如何做好绩效结果的运用

故事

某日，善言无瑕集团股份有限公司法定代表人言无瑕在举办公司“半年总结计划会”的时候包下了一个体育场，还请了几位明星助阵，场面非常震撼。在大会上，言无瑕根据员工绩效成果也嘉奖了表现出色的员工，奖金金额为每人1 000元。

狂欢时间到了，言无瑕设计了大转盘抽奖环节，每个人都有机会抽到奖品，最新款手机、最新款国外7日游，大家都狂欢着抽奖，言无瑕也很开心，当众追加奖励，手机从20台到50台，再到80台。

这场半年总结计划会在热热闹闹中结束了，但开完会后却有核心员工陆陆续续要离职。

言无瑕和公司的几个高层讨论，对这件事情很是纳闷，为什么奖励也发了，抽奖也给了，还请了明星助阵，公司为激励员工花了那么多钱，为什么员工不买账，说走就走呢?

言无瑕请绩效专员雍德郝进行了调查，结果为：离职的员工均感觉，优秀员工的奖金不如抽奖的奖品，公司奖励的是运气，而不是贡献。

启示

- 绩效结果的运用应该公开、公平、公正，不能让业绩优异的人感受不到公司对自己真正的重视与培养，看不到自身的价值。

作为人力资源管理的重要环节，绩效管理结果的应用比较广泛。该结果一方面可以作为与员工进行绩效面谈的依据，另一方面也与人力资源管理系统的招聘、培训、薪酬、人事管理及劳动关系等各个方面都息息相关。

一、绩效考核结果的应用原则

（一）以人为本——促进员工的职业发展

考核者必须向员工反馈绩效考核结果，指出他们已达到或者未达到的绩效目标及有待改进的地方，包括工作能力、工作态度、工作方法等内容。绩效考核结果应用的立足点和方式都要坚持“以人为本”的原则，以促进员工的职业发展为目标。绩效考核不是目的，而是手段。

（二）实现共赢——促进员工与企业共同成长与发展

企业在运用绩效考核结果对员工进行激励时，要注意平衡员工所在的组织内各成员的绩效，避免“个人英雄主义”，增强员工的全局意识和集体观念，使员工认识到个体的高绩效与企业、部门的高绩效紧密相关，个人的成长与发展是与企业、部门紧密联系在一起的，个人应为实现企业目标做出贡献，在企业的发展中实现自己的成长与发展。

（三）科学统筹——充分激发员工爱岗敬业的热情

很多企业绩效结果的应用多表现为奖惩，仅限于员工年终奖金的发放及职称的评定，却不能与员工培训、人员任免、职务晋升等员工的切身利益联系起来。如果员工认为自己的绩效目标完成后，组织也不会给予他们期望的报酬和发展，员工就不可能在工作中充分发挥自己的潜能。要想使绩效考核的激励作用最大化，就要让员工认识到，他们的努力能够得到良好的绩效考核评价，这种好的评价又会给他们带来相应的回报，促进个人的成长与发展。

绩效考核最忌讳流于形式，考核工作搞得轰轰烈烈，而考核结果却一评了事，没有落到实处，绩效考核就失去了意义。

二、绩效考核结果的应用范围

（一）在招聘方面的应用

绩效管理的很多内容与招聘工作有关，如工作业绩指标、相关工作技能、现有人员绩效的整体水平等。在招聘中，这些都会被用于考查应聘者的综合素质和能力，来衡量应聘者是否比现有人员更优秀。同时，对绩效结果的深层次分析，可以确认采用什么样的评价标准作为选拔员工时的依据更有效，为今后提高招聘质量、降低招聘成本做好铺垫。

（二）在培训方面的应用

企业现有人员的工作绩效低下的原因有很多：专业知识及专业技能不够，操作不熟练，不善于团队合作，管理者的管理水平低，等等。针对这些问题，单一地使用淘汰和换人的方式，是不能够满足企业对于人才的需求的。此时，就需要开展培训工作。此外，企业的管理型人才和技术型人才的积累，有很大一部分来自员工个人的成长和成熟。这一方面是企业发展的需要，另一方面也是员工个人职业生涯发展的需要。这两个方面“一拍即合”，就出现了以绩效管理结果为依据的企业内部各类人才的选拔。这种“自己培训自己用”的人才开发系统，才是真正意义上的企业人力资源开发管理。

（三）在薪酬方面的应用

1. 作为绩效工资发放的依据

企业一般根据绩效管理的结果发放绩效工资。

普通基层员工绩效工资的比例一般低于月工资总额的 20%。这样的设计，即便是绩效最差的全部扣罚，也不会出现不合法问题。中层管理者和高层管理者绩效工资的比例可以高一些。一般企业会设置为 30% ～ 50%。有的是年薪制的，绩效工资的比例还要更高一些，没有固定模式，因企业而异。

2. 作为年终奖发放的依据

汇总每个月的绩效管理结果进行一次年终的总平均考核，得出的结果作为发放年终奖的依据。

3. 作为下一年度涨工资的依据

企业的加薪很多都与绩效管理结果挂钩。一般对于年度绩效管理结果的优、良、中三档有不同比例的加薪；考核结果为及格的不加薪；考核结果为差的，将做淘汰处理。常见的绩效与薪酬挂钩有两种形式：

（1）把薪酬划分为几个等级，绩效工资和等级直接挂钩。这种划分等级可以是固定的级别，也可以是分数。员工绩效达到某个级别就可以享受对应等级的薪酬，员工达到 A 级（或者 10 分）获得 1 000 元；达到 B 级（或者 8 分）获得 800 元，达到 C 级（或者 6 分）获得 600 元；达到 D 级（或者 4 分）获得 400 元；E 级（或者 4 分以下）没有绩效工资。这是一个简单的对应关系，可以直接把级别转换为分数。

（2）员工的薪酬直接与业绩结果挂钩，员工提成根据业绩走，假设提成是 1%，就代表员工卖了 1 万元的产品，就可以得到 100 元提成；卖了 100 万元的产品，就可以得到 1 万元的提成。卖得越多，得的提成越多，简单有效。

（四）在人事管理方面的应用

人事管理方面，绩效考核可以作为晋升、降职或调岗的依据。如果员工绩效结果持续较优，可以通过晋升让他承担更多的责任；如果员工在某方面的绩效持续较差，通过分析绩效结果，可以发现员工的不适应程度，聚焦问题。若通过指导与培训之后依然没有改善，则通常代表该员工不能胜任该岗位的工作，可以通过职位的调整，让他从事更合适的工作。

例如：一个员工在晋升的时候，常常要参考考核结果。比如人力资源专员晋升为人力资源主管，再晋升为人力资源经理、人力资源总监、副总经理、总经理，这是一个传统的晋升路线。对于这类晋升，公司在制度中规定："员工岗位、职级晋升的条件之一就是年度考核在 B 级以上。"即规定年度考核在 A、B 级的员工才有晋升资格，而 C 级及以下员工，就需要破格使用。

同样，对于绩效水平不好的员工，公司也会有一些说法。比如员工连续 3 个月或年度考核为 D 级或 E 级的，公司会考虑调整员工工作岗位。也就是说，公司认为这样的员工在现有的岗位上工作是不合适的。

（五）在劳动关系方面的应用

企业在履行劳动合同中，对于劳动者绩效管理结果的应用有两种类型：第一种是试用期的绩效管理结果的应用；第二种是员工转正后的工作绩效很差，无法胜任工作，企业依据《中华人民共和国劳动合同法》的规定解除劳动合同。这两种绩效管理结果应用的区别主要在于时间期限。在员工转正之后，将绩效管理结果应用于劳动关系处理的时候，需要注意收集资料以及确认资料的有效性。

（1）考核指标（或劳动定额）的有效性。一般来说，80% 的员工都能完成的考核指标才具有法律效力。

（2）员工对绩效计划书的书面签字确认。

（3）员工对绩效管理结果的书面签字确认。

需要注意的是：当企业以“不胜任工作为由”解除劳动合同的时候，是需要举证的。为避免举证不力，需要平时就做好相关资料的收集工作，并注意资料的法律效力。

边学边练

本文节选自善言无瑕集团股份有限公司绩效管理办法中“第三章　考核结果的应用”的部分内容。请说出该考核结果都涉及未来员工哪几方面的利益。

第三章　考核结果的应用

第一条　公司本着公正、客观的原则，应用考核结果。

第二条　员工月（年）度考核成绩与绩效工资的关系：

1. 月度考核不称职的员工，免月度奖；

2. 连续两次考核不称职者，警告；

3. 累计三次考核不称职者，辞退；

4. 年度考核不称职者，免年度奖；

5. 连续两年考核不称职者，辞退。

第三条　培训资格的确认：

1. 凡涉及需要提高员工履行工作职责能力的培训，由各级主管根据考核结果提出，经部门汇总后报人力资源部统一安排；

2. 凡涉及员工职业发展能力培养，由部门经理根据员工考核的结果以及员工职业发展报告，报人力资源部，以便编制单独的职业培训计划。

3. 部门经理及部门经理以上人员的脱产培训条件，见相关管理制度。

第四条　优秀员工评选资格的确认：

1. 月度考核不合格者，无评选月度优秀员工的资格；

2. 年度考核不合格者，无评选年度优秀员工的资格。

第五条 考核结果等级划分：

1. 原则上，员工考核结果划分等级为：

A. 优秀　B. 达标　C. 可接受　D. 不可接受

2. 考核等级评价标准：

90 分及以上	76 ～ 89 分	60 ～ 75 分	60 分以下
A. 优秀	B. 达标	C. 可接受	D. 不可接受

在线练习

任务五 数智化绩效管理

故事

善言无瑕集团股份有限公司业务广泛，现控股三家子公司，涉及写字楼、中高档住宅、城市综合体、工业园区、水电建设营地等多个管理业态，所管项目辐射15个城市。因此，企业人才分散地域广泛。

为了保障服务的品质，公司决心打破传统人力资源管理模式限制，实现有效成本管控、人效提升，以提升企业运营管理效率，支撑业务的高速发展。在此情况下，人力资源部开启了人力数字化转型。

在选择合作伙伴的过程中，某云平台数字公司成为善言无瑕集团股份有限公司的重要合作伙伴。

借助云平台的智能化，善言无瑕集团股份有限公司组织人事管理线上全流程处理，实现了公司统一管理；薪资、社保一体化管理，提升了管理精准性；员工招聘全流程管控，助力企业高效招聘；员工考勤灵活管控，有效提高了组织效能。通过数字化、一体化的人力管理实现人力管理工作价值的重构，支撑了企业人力数字化转型战略，为企业的高质量发展增添动力。

启示

- 面对瞬息多变的市场环境和日益激烈的行业竞争，企业愈发注重提人效、降成本、构建敏捷组织，以打造核心竞争力，更好地应对外部挑战。人力资源数智化转型势在必行。

传统的绩效管理像一套控制系统：年初设定目标，同时分解到季度、月度，并按照相应的周期进行评估，评估结果与个人浮动薪酬挂钩；年中根据实际情况，有条件地进行目标修正；年末复盘回顾，并启动下一周期的循环。不可否认，传统管理方式在员工激励、目标达成过程中发挥了至关重要的作用，但是仍然有不少企业绩效管理现状是“绩效考核只是公司为了发奖金做依据”“绩效考核只是为了淘汰不合格的员工”。在以物联网、云计算、人工智能、大数据等数字化技术全面引领和推动产业经济发展的时代，传统绩效管理所能产生的效果越来越弱，与数智化绩效管理有着根本的不同（见表5-15）。

表5-15 传统绩效管理和数智化绩效管理对比

序号	传统绩效管理	数智化绩效管理
1	缺乏实时指标	新数字化手段可以提供实时指标，时刻帮助自我管理。

续表

序号	传统绩效管理	数智化绩效管理
2	无法获取有效指标	互联、数字化手段可以提供更科学的全新考核角度的指标。
3	依赖主观打分	多维度客观标准打分，考核员工对组织 / 业务的影响力。
4	一项活动或流程	全流程管理，绩效考核与每天日常运营数据联系起来。
5	静态地反映结果	绩效考核反映一段期间的表现而非最终表现。
6	从上到下的目标分解	员工高活跃度与责任、自律，目标、指标全员参与。
7	闭环管理困难	数据支持实时奖惩，及时自我鼓励与纠错。

一、数智化绩效管理的概念

经过数十年的企业实践，绩效管理在实践中不断发展、进化，但大多数企业在绩效管理方面仍然不能达到预期。在现代经济发展趋势下，企业绩效管理须自建或者加入一个“共生系统”，找到不可或缺的位置，通过协同管理内破“部门墙”、外拓“企业边界”，使得内外系统整体效率提升。正因如此，数智化绩效管理迅速进入人们的视野中。

数智化绩效管理就是从提升考核效率和用户体验出发，在大数据和智能化理念的指导下，实现考核全流程线上管理、考核过程实时反馈、考核方式按需配置、考核结果自助分析等目标的过程，可以简单理解为“数字化＋智能化”。

二、数智化绩效管理的特点

（一）绩效管理单元：组织形式变化带来绩效管理导向的变化

绩效管理单元不再是传统组织内部的部门、科室，而更多的是项目、小组、自主经营体。传统自上而下绩效指标分解的方式将不再适用，绩效管理的目标将基于各主体的功能定位分别确定，并更多地采用关键节点和里程碑式的项目绩效管理方法。

（二）绩效管理对象：从强调客体性到强调主体性

过去的绩效管理常常被称为绩效考核，可见考核这一环节在企业管理者心中的重要性。而“考核”这个词本身就已经体现了考核者与被考核者之间的对立关系，体现了被考核者的客体性。当人力资本愈发成为价值创造的关键要素时，绩效管理的终极目标就不再是追求精确化和标准化，而是需要激发、促成人力资本的自主性和创造性。因此，管理者和被管理者（或考核者和被考核者）的二元关系不再明显，组织内更强调的是共创、和谐、共赢。在这样的管理环境下，强调自我调整、自我驱动、自我开发的参与式管理，成为众多互联网企业、科技型公司的主流选择。同时，“绩效沟通”逐渐被“绩效对话”取代，不再强调问责，而是鼓励发展，为员工赋能并推进绩效改善。

（三）绩效管理周期：关注长期性目标，强调即时反馈

与外部环境的多变性相关，短期的绩效管理目标往往不具备现实意义；而在短期目标的压力下，执行者往往容易丧失自主性和创造性。在以创新性工作为评价主体的数字

化时代，绩效管理越来越关注包括创新性成果、客户满意度等长期性目标，并结合项目管理周期实行即时沟通与反馈。

三、数智化绩效管理示例

（一）基于 GOT（目标绩效持续反馈）的绩效管理思想

国内某数字软件公司基于 GOT（目标绩效持续反馈）这一绩效管理思想，打造出成型的数智化软件系统，为企业全流程目标绩效管理提供全方位支持。其主要作用有：

（1）自上而下的目标分解与自下而上的对齐：聚焦主要目标，上下同欲。数智化绩效管理可以实现快速创建个人目标，与组织目标对齐，且员工可以自主选择目标透明范围、查看目标地图。部门主管可以得到目标风险的及时预警。

（2）基于目标与任务的持续反馈与即时激励。数智化绩效管理可以包括多种反馈场景并且实现轻松撰写反馈。有的环节还加入了一些游戏化的管理手段，让经理对员工、员工对经理、员工对员工实现多方位的即时激励。

（3）多种形式的绩效评估，满足各类员工考核。数智化绩效管理系统可以基于整体贡献评估价值，也可以基于目标完成情况评估。基于不同的员工类型可设置不同的绩效考核方案，还可以结合员工出勤状况给予更加客观全面的评价。

（4）绩效进度监督及结果审核浏览。在绩效评价过程中，部门主管和人力资源部门可以随时查看绩效评价的进度及完成情况，并可以设置自动发送提醒，提醒未完成者在规定时间内完成评价。管理者按考核组、考核方案、考核期间等不同维度查询绩效评价结果，员工可查看本人或分管人群的评价结果。

（5）提升透明度的绩效面谈与申述。绩效考核结果确定后，部门经理与被考核者进行绩效面谈，面谈可采取非正式沟通形式，结合日常工作交流进行。面谈主要包括向被考核者反馈当期绩效考核核定结果，给予被考核者其绩效的肯定及提升建议，并最终使考核者与被考核者对当期考核结果达成一致意见。

借助数智化技术，通过该软件系统，企业可以将目标管理与日常行为更紧密地结合在一起，既能够确保组织目标、团队目标、个人目标的有效衔接，又能通过团队目标的共识和不断共进，推动团队和组织保持活力和创造力，帮助企业实现绩效管理的本质，最终激励员工达成目标，实现企业战略规划。

（二）“服务 + 平台 + 产品”的绩效管理理念

某国内软件平台从“服务 + 平台 + 产品”的理念出发，规划出一套人力资源绩效管理解决方案，实现绩效管理过程数字化、规则数字化，企业目标与绩效考核评估实现系统化融合。

（1）方案支撑了企业组织和员工绩效考核管理，融合 KPI、OKR、360 度等多种考核方式，满足企业多业务考核模型的测评要求。

（2）方案能够实现绩效考核的过程管理，考核方案制定、目标采集、业绩评价、奖金管理、绩效反馈及统计分析、360 度对员工测评均可以在线管理。

（3）方案能够实现多组织协同，考核过程、考核指标、考核数据集成共享，满足企业各机构层级的绩效管理全流程落地，实现绩效考核的精细化管理，提升企业绩效管理的过程管控、智能化水平。

（三）完善的绩效考核指标体系

数智化绩效系统平台可根据不同应用场景进行分类管理，统筹考虑统计分析业务需求，提供指标类型、指标名称等字段，用于指标规范化工作及后续的统计分析功能应用。

1. 灵活的统计分析应用

在数智化理念和操作下，系统中的绩效考核数据是为各级管理人员提供绩效管理分析的重要资源，包括关键指标完成情况的横向对比、纵向对比、差异分析；被考核主体历年考核结果的统计分析、同板块被考核单位考核结果对比；关键指标历年目标值制定情况统计分析；绩效考核结果多维度统计分析；各种绩效考核数据一目了然。

2. 灵活的公式计算

在数字化的绩效考核系统中，KPI 指标得分和考核对象得分自动汇总计算，系统中内嵌的公式计算模块可完成各种复杂的计算符号运算，满足不同业务的计算公式。

3. 快速部署实施

系统采用云架构部署，实施周期快，方便快捷。系统设计时充分考虑系统集成，避免形成信息孤岛。

数字化时代企业绩效管理的核心不只是实现绩效目标，更要激发人的潜力。激发人的潜力是指要让员工更有动力，让更优秀的人不断加盟，同时要给员工描述愿景，让员工开阔眼界，不断提升其认知水平和能力，最终实现个人与公司的共赢发展。

边学边练

3～5人为一组进行研讨，每人查找一个人力资源数智化绩效管理的案例并进行分享，国内外、各行业均可。

序号	案例概述	所属行业
1		
2		
3		
4		
5		
6		

在线练习

项目六 薪酬专员

学习目标

知识目标

- 掌握薪酬管理制度的目标;
- 掌握薪酬管理制度流程;
- 掌握个人所得税的税目;
- 掌握工资表核算的原则和注意事项。

技能目标

- 熟悉薪酬制度设计步骤和方法;
- 熟悉制定薪酬管理制度的主要流程;
- 能够制定薪酬管理流程规范;
- 能够不断进行薪酬管理与技术革命;
- 能够计算个人所得税;
- 能够设计工资表格。

素质目标

- 培养公平、公正的服务态度;
- 培养积极向上的精神。

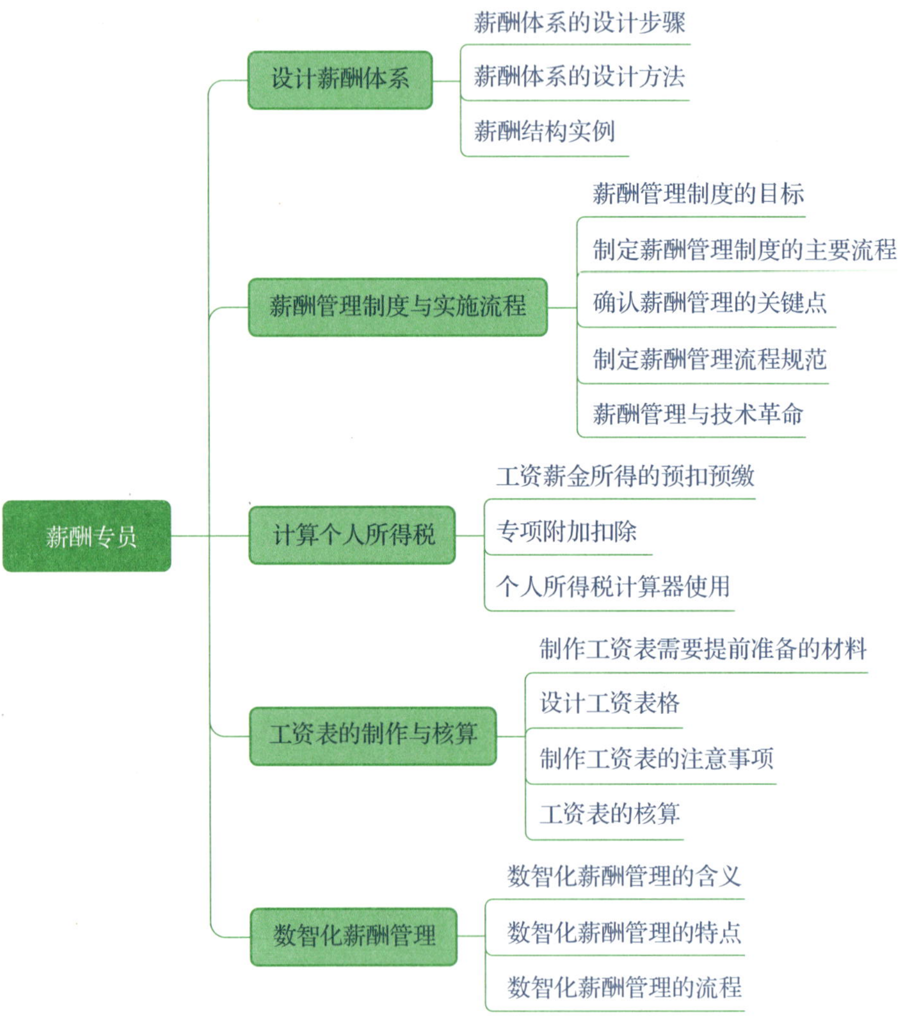
薪酬专员
设计薪酬体系
薪酬体系的设计步骤
薪酬体系的设计方法
薪酬结构实例
薪酬管理制度与实施流程
薪酬管理制度的目标
制定薪酬管理制度的主要流程
确认薪酬管理的关键点
制定薪酬管理流程规范
薪酬管理与技术革命
计算个人所得税
工资薪金所得的预扣预缴
专项附加扣除
个人所得税计算器使用
工资表的制作与核算
制作工资表需要提前准备的材料
设计工资表格
制作工资表的注意事项
工资表的核算
数智化薪酬管理
数智化薪酬管理的含义
数智化薪酬管理的特点
数智化薪酬管理的流程

任务一 设计薪酬体系

故事

善言无瑕集团股份有限公司薪酬专员刘德竹发现，赵思思和钱铭喆同样是技术研发岗位，赵思思在企业做了8年，钱铭喆刚来企业，结果两人的工资水平一样；同样是主管级别，孙敏鑫是拥有15年经验的技术研发主管，李福康是刚做了5年的人力资源主管，结果两人的工资水平一样。

启示

- 薪酬制度错就错在企业简单地采用了“同岗同薪制或同级同薪制”制度。“同岗同薪制或同级同薪制”就是同岗位或者同级别的员工，拿一样的工资。不同企业的薪酬模式千差万别，很难空泛地判断孰优孰劣。但其中有一些是明显违背激励原则的。相同的岗位或相同的级别，从组织层面的设计来看都一样，但当岗位有了具体的、不同的人来做的时候，对组织来说，每个人绩效和贡献度还会一样吗？答案显然是否定的，每个人的绩效有高有低，贡献有大有小。如果得到的薪酬一样，高绩效、高贡献的人一定会不平衡，这样的制度就忽略了个体和岗位的价值。所以设计薪酬体系时，不能简单地基于岗位和等级，还要基于价值和贡献。

一、薪酬体系的设计步骤

（一）岗位价值评估

岗位价值评估是在岗位分析的基础上，对岗位责任大小、工作强度、所需要的资格条件等进行评价，确定岗位相对价值的过程。它是确定职位级别的手段，是薪酬分配的基础，也是员工确定职业发展和晋升路径的参照。

（二）薪酬调研分析

薪酬调研分析的目的是确定在人力市场上，其他组织对类似的工作岗位或职位付出了什么样的薪酬水平。这一分析的结果是为了得出工资的政策线。它能够表示岗位价值评估（内在岗位价值）和人才市场工资（外部岗位价值）之间的线性关系。

（三）薪酬结构设计

薪酬结构设计是对公司整个薪酬体系的设计和规划，目的是为员工个体的薪资分配建立具体的管理政策。薪酬结构设计的产出是得到一个系统的薪酬结构政策，以此来决定组织中不同工作岗位和工资调整政策的基本框架，包括但不限于图 6－1 所示的薪酬结构。

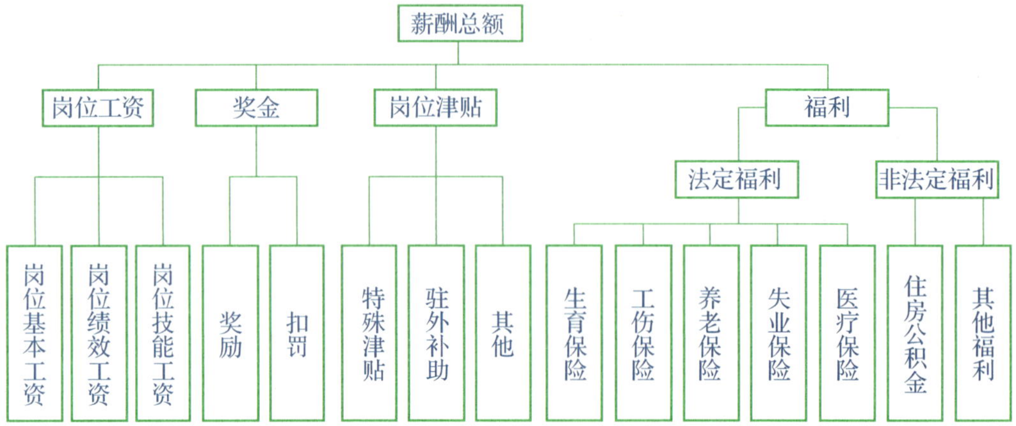

图 6－1　薪酬结构图示

（四）建立薪酬体系

建立薪酬体系后，需要进行管理来保证它的有效性。对内外部环境对公司薪酬体系的影响进行持续监控、评价、修正，以确保能够快速找出当前薪酬体系存在的问题，从而使薪酬管理政策能够持续有效地运行。

二、薪酬体系的设计方法

（一）岗位价值的评估方法

岗位价值的评估方法一般有岗位排序法、岗位分类法、因素比较法、要素计点法。

1. 岗位排序法

岗位排序法比较简单，通常适用于规模较小、岗位数量不多、岗位设置较稳定的组织。它是根据一些特定的标准，比如工作的复杂程度、对组织的贡献大小等对各个岗位的相对价值进行整体的比较，进而将岗位按照相对价值的高低排列出一个次序的岗位评价方法。排序时可以采用直接排序法或交替排序法。

2. 岗位分类法

岗位分类法一般可以分为行政管理类、技术类、营销类等，然后给每一类确定一个岗位价值的范围，并且对同一类岗位进行排序，从而确定每个岗位的岗位价值。

3. 因素比较法

因素比较法是一种相对量化的岗位评价方法，它实际上是对岗位排序法的一种改进和升级。它将所有岗位的内容抽象为若干要素，一般将其抽象为智力、技能、责任等要素，并将各要素区分成多个不同的等级，然后根据岗位的内容将不同要素和不同等级对应起来，最后把每个岗位在各个要素上的得分加权得出总分，得到一个总体岗位价值分。

4. 要素计点法

要素计点法是选取若干关键性的薪酬要素，并对每个要素的不同水平进行界定，同时给各个水平赋予一定的分值，这个分值也称作“点数”，然后按照这些关键的薪酬要素对岗位进行评价，得到每个岗位的总点数，以此决定岗位的薪酬水平。它是目前薪酬设计中运用最广泛的一种岗位评价方法，也是一种量化的岗位评价方法。

（二）薪酬结构的设计方法

根据岗位类型的不同，薪酬结构所占的比例也有所不同。按照不同的薪酬弹性，一般可以将岗位分为三种类型五个序列。三种类型分别是弹性较大型、弹性居中型和弹性较小型。五个序列分别是管理、销售、技术、生产和行政序列。职位序列和划分依据如表 6－1 所示。

表 6－1　职位序列和划分依据

职位序列	划分依据	岗位举例	薪酬结构（参考）
管理序列	从事职能管理工作，对公司或事业部某一方面职能管理直接承担责任。	部门总监 部门经理 部门主管	基本工资 岗位津贴 年终绩效奖金
销售序列	从事产品销售工作，对销售业绩完成情况承担直接责任。	业务经理 客户经理	基本工资 销售提成
技术序列	从事产品设计和品质改进、工艺技术研发，可以按照专业任职资格差异划分层级。	技术研发岗位 生产工艺岗位	基本工资 技术等级工资 年终绩效奖金
生产序列	负责生产计划的完成，直接从事生产作业，对产品质量负责。	技工 普工	基本工资 技能等级工资 年终绩效奖金
行政序列	作为管理业务的支持和服务保障工作。	人力资源管理 财务管理 行政管理	基本工资 月度 / 季度绩效 年终绩效奖金

1. 弹性较大型的岗位

弹性较大型的岗位指的是那些以结果为导向、比较注重最终绩效且绩效可以用明确数字衡量的岗位。这类岗位最典型的代表是管理和销售序列等。

2. 弹性居中型的岗位

弹性居中型的岗位指的是那些工作内容与最终财务结果有一定的关联性，绩效结果的一部分或阶段性可以用明确数字衡量的岗位。这类岗位最典型的代表是技术和生产序列等。

3. 弹性较小型的岗位

弹性较小型的岗位指的是那些工作内容具备复杂性和不确定性，绩效结果难以用明确数字衡量的岗位。这类岗位最典型的代表是人力资源管理岗位、行政管理岗位、财务管理岗位、后勤管理岗位等。

三、薪酬结构实例

善言无瑕集团股份有限公司在薪酬管理方面最突出的地方在于富有竞争力的基本薪酬、体现公平的绩效奖金和极具多样化的补偿薪酬。公司的薪酬结构包括 10 个部分。

（一）基本薪酬

根据员工所处的岗位为其提供富有竞争力的基本薪酬。不仅如此，公司还会定期调查市场上的薪酬情况，并在此基础上为员工调整基本薪酬。

（二）绩效奖金

年度考核结束后，公司会根据自身的盈利情况及员工的表现发放绩效奖金。

（三）年度服务奖金

为了对员工一年的贡献表示感谢，善言无瑕集团股份有限公司会根据员工当年的工作情况，为其发放年度服务奖金。基本形式是年底双薪，即每年的最后一个月可以拿到双倍薪酬。

（四）专项奖金

善言无瑕集团股份有限公司为每一位员工都提供了成为“明星”的机会。具体来说，为了让那些有杰出贡献的员工可以得到应有的回报，善言无瑕集团股份有限公司专门设计了一些专项奖金，如“星级员工奖金”“突出贡献奖金”等。通常情况下，专项奖金的形式一共有两种，分别为精神鼓舞和实物激励。

（五）保险

善言无瑕集团股份有限公司为员工提供所有的法定保险，如养老保险、医疗保险、工伤保险、失业保险、生育保险等。除了法定保险以外，善言无瑕集团股份有限公司还准备了团体商业补充医疗保险、意外伤害保险、重大疾病保险、定期人寿保险等额外的保险，其主要目的就是有效解除员工基本生活的后顾之忧。

（六）住房公积金

在设计薪酬结构的时候，善言无瑕集团股份有限公司会帮助员工缴纳住房公积金，以便员工可以购买、建造、翻建、大修自己的住房。

（七）假期

善言无瑕集团股份有限公司会为员工提供相应的法定假期，此外，如果员工符合休假条件，还可以获得额外的休假，如年休假、事假、产假、派驻假、未出勤假、调休假等。

（八）年度旅游

为了增强凝聚力、平衡工作与生活，善言无瑕集团股份有限公司将年度旅游纳入薪酬结构中，形式是以部门为单位的集体旅游。在年度旅游时，每一位员工都可以充分地放松自己。

（九）“安居计划”

善言无瑕集团股份有限公司推出了“安居计划”。该计划的主要内容是为符合条件的员工提供第一套住房首付款的无息贷款，从而使员工尽快购买到自己的住房。

（十）股票期权

善言无瑕集团股份有限公司为绩效表现持续优秀，并且希望能够长期在企业发展的员工提供股票期权，此举的主要目的就是通过分享企业股票，实现员工个人利益与企业长远利益的完美结合，进而留住更多优秀员工。

从善言无瑕集团股份有限公司的薪酬管理不难看出，其薪酬结构的组成十分多样。所以，企业在设计补偿薪酬的时候，不要只局限于加班、津贴等传统形式，还要坚持创新，不过一切的创新都要以企业实际情况为前提。

边学边练

根据岗位类型的不同，薪酬结构所占的比例也有所不同。按照不同的薪酬弹性，一般可以将岗位分为哪几个类型和序列？

在线练习

任务二 薪酬管理制度与实施流程

故事

薪酬专员刘德竹在薪酬管理过程中，十分明确企业需要履行薪酬告知义务。每次公司有新进员工，刘德竹都会重申一遍所涉及的条款即符合《中华人民共和国劳动合同法》中“用人单位招用劳动者时，应当如实告知劳动者工作内容、工作条件、工作地点、职业危害、安全生产状况、劳动报酬，以及劳动者要求了解的其他情况”这条规定。

《中华人民共和国劳动合同法》第十一条规定：“用人单位未在用工的同时订立书面劳动合同，与劳动者约定的劳动报酬不明确的，新招用的劳动者的劳动报酬按照集体合同规定的标准执行；没有集体合同或者集体合同未规定的，实行同工同酬。”即员工在被企业录用的情况下，薪酬水平的最低标准是实行同工同酬。

启示

- 好的机制可以帮助企业制定规则，避开人治的陷阱。在人力资源管理实践中，要特别注意，最低工资指扣除个人所得税、五险一金后的实际薪酬水平不得低于最低工资标准。

薪酬管理制度也称为薪酬福利管理制度，是企业整体人力资源管理制度与体系中的重要组成部分，也是人力资源管理的一项基本的管理制度。无论什么样的企业，也无论企业规模的大小，都需要建立健全薪酬管理制度和管理流程，这对持续提升薪酬管理制度的规范性，提升企业的薪酬管理水平都是很有必要的。

一、薪酬管理制度的目标

（1）通过对员工工作成果的肯定以及激励完成企业对员工的业绩期待。

（2）科学地设计出薪酬管理制度关键的要素框架结构体系。

（3）及时进行必要的调整与修改，使薪酬管理制度更加高效实用。

二、制定薪酬管理制度的主要流程

薪酬管理制度的建立需要对具体的薪酬制度方案进行设计及编写，其流程实施如图 6－2 所示。

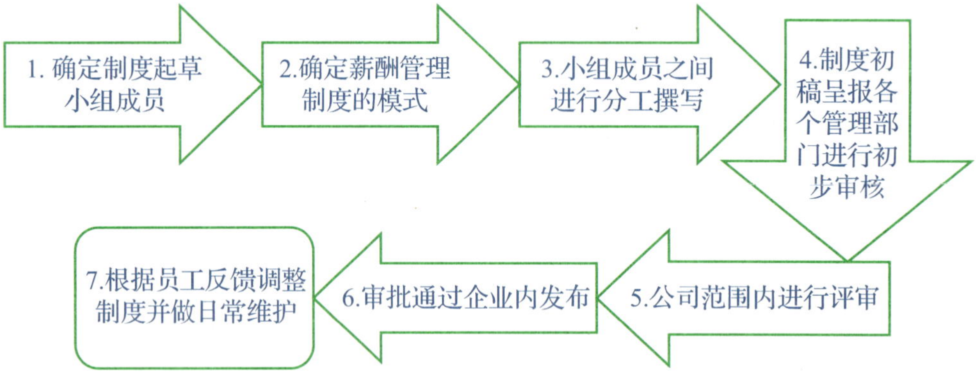

图 6－2　制定薪酬管理制度的主要流程

（一）确定制度起草小组成员

企业在决定制定薪酬管理制度或者需要对现有的薪酬管理制度进行调整以及修改时，就应该在企业内部成立制度起草小组，确定组员，组员一般由企业各部门管理人员以及人力资源部成员构成，然后制订计划、分工协作。

（二）确定薪酬管理制度的模式

在确定了小组成员并进行了明确的分工以后，就需要通过讨论确定企业薪酬管理制度的具体模式。企业薪酬管理制度的模式主要分为集成式的薪酬管理模式与分体式的薪酬管理模式两种，如表 6－2 所示。

表 6－2　确定薪酬管理制度的模式

模式	主要特点	主要优点	主要缺点	适用企业
集成式的薪酬管理模式	主要是集成制定一个制度类文件，其中制度文件包含对薪酬管理制度所采用的所有模块的具体阐述。	便于企业的框架式管理，只要人力资源管理方面可以把握关键的流程就可以了，管理起来灵活、便捷；节省人力成本。	精细化力度并不是很明显。	主要适用于中小型企业，特别是小微企业。
分体式的薪酬管理模式	制定核心制度、引用各个管理模块。	精细化程度比较高，薪酬管理体系的各个部分都能够很好地得到体现。	过于细致，也造成了管理灵活性差的弊端。	主要适用于大中型企业。

（三）小组成员之间进行分工撰写

在小组成员进行分工撰写之前，要明确好各个小组成员需要负责撰写的部分，然后按照计划分工推进，搜集好各部分的资料，整理形成初稿。

（四）制度初稿呈报各个管理部门进行初步审核

这样做的目的就是确保此薪酬制度能够和其他相关管理制度衔接，以免造成管理制度上的矛盾。

（五）公司范围内进行评审

在薪酬制度初稿起草并进行初步评审后，人力资源部门就要组织职工代表进行全公司范围内的制度评审，及时发现问题并根据员工意见进行修改和完善，这也是内部民主公示程序的有机组成部分。

（六）审批通过企业内发布

公司内部进行评审后，还需要人力资源管理方面走内部民主公示程序，以确保制度执行过程中的有效性。在民主公示薪酬制度后，就要由公司经营者或者总经理进行审批，经过审批后便可以在企业内部发布制度并执行。

（七）根据员工反馈调整制度并做日常维护

薪酬管理制度在评审过程中要合理合法、系统全面、可操作性强，能够以人为本，所涉及的术语和名词使用必须规范并且通俗易懂，不能出现有歧义或者难以理解的部分，以方便制度的推广及实行。此外，人力资源部需要结合实际问题制定解决方案，并根据具体情况进行日常维护。

三、确认薪酬管理的关键点

上述内容是制定制度的流程。那么，在整个薪酬管理体系中，做好流程管理是很重要的，也是薪酬管理能够具体落实的保证。在薪酬管理流程设计中，要先找到薪酬管理的关键点，明确这些关键点的目标和操作要点，之后再分解工作流程。

一般来说，薪酬管理流程主要涉及人力资源预算、薪资确定与发放、薪酬总额、内部薪酬调查、外部薪酬调查、薪酬制度和福利等几个关键点。针对这几个关键点，可以将薪酬管理的操作要点进行细化，匹配相应的工作流程。薪酬管理流程的主要关键点如表6－3所示。

表6－3 薪酬管理流程的主要关键点

序号	工作内容	目标	操作要点	工作流程	结果
1	人力资源预算	及时、准确制定人力资源预算。	预算申报；预算沟通；预算确定。	人力资源成本预算流程。	符合公司经营战略及人力资源整体规划。
2	薪资确定与发放	薪资准确、按时发放。	薪资确定；薪资核算；薪资发放。	薪资确定流程；薪资核算流程；薪资发放流程。	保证薪资对员工的激励作用，保证员工心态稳定。

续表

序号	工作内容	目标	操作要点	工作流程	结果
3	薪酬总额	及时、准确地统计汇总薪酬总额并进行分析。	薪资汇总；薪资分析。	薪酬汇总流程；薪资分析流程。	为公司领导提供相关决策依据。
4	内部薪酬调查	客观地进行内部薪酬调查。	内部薪酬调查。	内部薪酬调查方案流程；内部薪酬调查流程；内部薪酬调查分析流程。	为公司领导提供相关决策依据、为薪酬体系改进提供依据。
5	外部薪酬调查	及时进行外部薪酬调查。	外部薪酬调查。	外部薪酬调查方案流程；外部薪酬调查供应商选择流程；外部薪酬调查执行流程；外部薪酬调查分析流程。	为公司领导提供相关决策依据、为薪酬体系改进提供依据。
6	薪酬制度	及时进行薪酬制度制定及调整。	薪酬制度制定、调整、审批。	薪酬制度制定流程；薪酬制度调整流程；薪酬制度审批流程。	保证薪酬制度的有效性。
7	福利	保证福利准确、按时缴纳，合理规避风险。	基本福利缴纳，如饭补、补充医疗。	基本福利缴纳流程；饭补管理流程；补充医疗管理流程。	保证福利对员工的激励作用，合理节约成本。

四、制定薪酬管理流程规范

（一）制定流程规范

（1）组织流程调研。流程调研主要是对与实施管理相关的客户、制度、人员、环境等进行详细分析。

（2）确定流程梳理范围。经过流程调研后，再明确流程梳理范围，即整理出管理的关键点。

（3）对流程进行描述。①明确流程的目标及关键成功因素；②画出流程图；③描述各环节规范。

（4）流程收集成册，作为日常工作的指导依据。

（5）对相应岗位的人员进行集中培训，讲解流程细节。

（6）在工作过程中进行检查，向岗位员工反馈流程执行情况。

（二）新员工薪资的确定流程

图 6－3 是新员工薪资的确定流程图，应当根据企业的实际情况进行设计。新员工薪资确定流程的执行具体包括以下几个步骤。

（1）招聘专员在对入职候选人进行甄选时，与候选人商谈薪资情况；

（2）招聘专员就与候选人商谈的薪资情况与其应聘职位的直属上级进行交流；

（3）如果直属上级不同意执行此薪资标准，则招聘专员继续与候选人商谈或者放弃候选；

（4）如果直属上级同意此薪资标准，则招聘专员填写新员工入职定薪表，按照表格要求逐项填写，注意写明薪资的试用标准与转正标准，以及薪资的具体金额及职位等级；

（5）根据新员工入职定薪表的内容逐级审批，审批流程为候选人直属上级—部门经理—事业部总经理—人力资源部薪酬部经理—人力资源部总经理—总经理；

（6）在审批过程中，如有某一环节未通过，招聘专员需要及时将信息反馈至前一级审批人，并及时与候选人商谈或者放弃候选人；

（7）经所有审批人审批通过后，招聘专员向候选人发送录用通知书，录用通知书的格式使用通用格式，要标明候选人的试用期薪资金额、转正后薪资金额及试用转正考核条件。

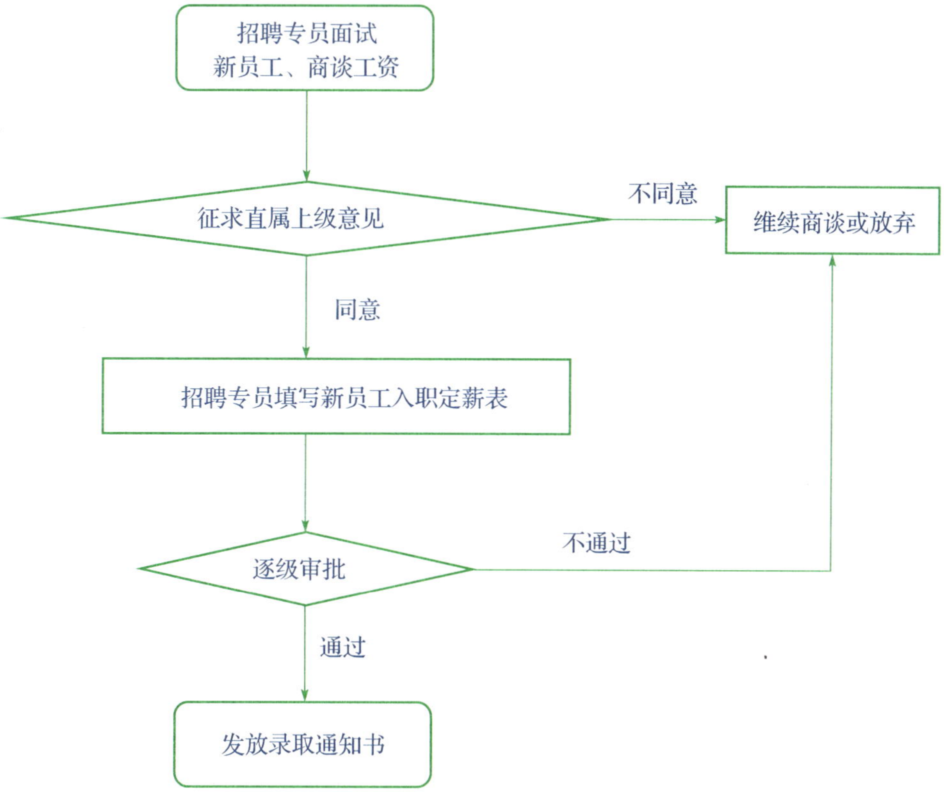

图 6－3　新员工薪资的确定流程图

五、薪酬管理与技术革命

随着互联网、云计算、移动互联等新技术的发展和应用，薪酬的日常核算、发放、查询、统计、分析等很多工作都已经转为计算机系统操作。

例如：企业一般都使用网银发放薪酬，避免了纸质操作和去银行办理的烦琐手续。

再如：现代企业管理中的跨地域、跨法人的薪酬管理可通过系统和网络轻而易举地实现。有些企业甚至已经开始让员工通过微信程序查询工资明细。

新技术的应用也对薪酬管理人员和人力资源管理人员提出了新的要求。管理人员必须掌握这些新技术，并随着企业的发展适时将这些新技术应用于薪酬管理中。

在线练习

边学边练

请画出实施制定薪酬管理制度的主要流程图。

任务三 计算个人所得税

故事

技术员袁锦铭见到薪酬专员刘德竹，袁锦铭问："咨询一下，我这三个月的工资都不一样，是因为扣税了吗？"

刘德竹说："是的，公司为您代扣代缴了个人所得税等项目。"

袁锦铭："我想了解一下，具体怎么计算的？"

刘德竹："我给您讲一讲计算个人所得税的基本方法。2018 年 8 月 31 日，我国修改个人所得税法的决定通过，基本减除费用标准调至每月 5 000 元，2018 年 10 月 1 日起实施。以每月收入额减除费用 5 000 元后的余额，为应纳税所得额。不够 5 000 元的不纳税，超过 5 000 元的部分根据超过的多少纳税，税率为 3% 到 45%。"

刘德竹还没有说完，袁锦铭有点沉不住气："谢谢您为我耐心讲解，但我能否自己查询自己的个人所得税情况？"

刘德竹："您可以用手机下载个人所得税 App 安装，里面有教程，一看就清楚。"

袁锦铭在刘德竹的指导下安装了个人所得税 App，清楚了许多："谢谢您，给您的服务点个赞！"

启示

- 纳税是每个公民的义务，且属强制性。而支付单位是有义务代扣的，在付款之前，企业就需要将个人所得税扣除缴纳之后再支付给个人。

一、工资薪金所得的预扣预缴

（一）个人所得税的税目（累计预扣法）

个人所得税的税目（累计预扣法）如表 6-4 所示。

表 6-4 个人所得税的税目

税目	居民个人
工资薪金所得	按照纳税年度，合并计算个人所得税
劳务报酬所得	
稿酬所得	
特许权使用费所得	
经营所得	按年分项计算
利息、股息、红利所得	按次分项计算
财产租赁所得	按次分项计算
财产转让所得	按次分项计算
偶然所得	按次分项计算

总的来说，个人所得税的征收方式是：综合征收 + 分类征收。经常涉及的个人所得税计算主要有：工资薪金所得、劳务报酬所得、稿酬所得、特许权使用费所得、财产租赁所得。

（二）个人所得税的预扣计算方法

1. 累计预扣预缴应纳税所得额计算公式

$$\text{累计预扣预缴应纳税所得额} = \text{累计收入} - \text{累计免税收入} - \text{累计减除费用} - \text{累计专项扣除} - \text{累计专项附加扣除} - \text{累计依法确定的其他扣除}$$

2. 累计减除费用计算公式

累计减除费用 =5 000 元 / 月 × 当年截至本月在本单位的任职受雇月份数

（1）《中华人民共和国个人所得税法》对个人所得中的工资薪金所得、劳务报酬所得、稿酬所得、特许权使用费所得施行综合征税。综合征税就是对纳税人全年的各项所得加以汇总，就其总额进行征税。

（2）《中华人民共和国个人所得税法》第二条明确居民个人取得前款第一项至第四项所得（以下称综合所得），按纳税年度合并计算个人所得税。根据国税总局的《个人所得税扣缴申报指引》明确的应纳税额计算方法。个人所得税扣缴税率如表 6-5 所示。

表 6-5 个人所得税扣缴税率

全年应纳税所得额	税率（%）	速算扣除数
不超过 36 000 元的	3	0
超过 36 000 元至 144 000 元的部分	10	2 520

续表

全年应纳税所得额	税率（%）	速算扣除数
超过 144 000 元至 300 000 元的部分	20	16 920
超过 300 000 元至 420 000 元的部分	25	31 920
超过 420 000 元至 660 000 元的部分	30	52 920
超过 660 000 元至 960 000 元的部分	35	85 920
超过 960 000 元的部分	45	181 920

（3）个人所得税除了扣除费用 5 000 元后，还可以减除子女教育费、父母赡养费、贷款等专项附加个人所得税。

二、专项附加扣除

（1）子女教育：纳税人的子女接受全日制学历教育的相关支出，按照每个子女每月 1 000 元的标准定额扣除。

（2）继续教育：纳税人在中国境内接受学历（学位）继续教育的支出，在学历（学位）教育期间按照每月 400 元定额扣除。同一学历（学位）继续教育的扣除期限不能超过 48 个月。纳税人接受技能人员职业资格继续教育、专业技术人员职业资格继续教育的支出，在取得相关证书的当年，按照 3 600 元定额扣除。

（3）大病医疗：在一个纳税年度内，纳税人发生的与基本医保相关的医药费用支出，扣除医保报销后个人负担（指医保目录范围内的自付部分）累计超过 15 000 元的部分，由纳税人在办理年度汇算清缴时，在 80 000 元限额内据实扣除。

（4）住房贷款利息：纳税人本人或者配偶单独或者共同使用商业银行或者住房公积金个人住房贷款为本人或者其配偶购买中国境内住房，发生的首套住房贷款利息支出，在实际发生贷款利息的年度，按照每月 1 000 元的标准定额扣除，扣除期限最长不超过 240 个月。纳税人只能享受一次首套住房贷款的利息扣除。

（5）住房租金：纳税人在主要工作城市没有自有住房而发生的住房租金支出，可以按照以下标准定额扣除：

① 直辖市、省会（首府）城市、计划单列市以及国务院确定的其他城市，扣除标准为每月 1 500 元；

② 除第一项所列城市以外，市辖区户籍人口超过 100 万的城市，扣除标准为每月 1 100 元；市辖区户籍人口不超过 100 万的城市，扣除标准为每月 800 元。

（6）赡养老人：纳税人赡养一位及以上被赡养人的赡养支出，统一按照以下标准定额扣除：

① 纳税人为独生子女的，按照每月 2 000 元的标准定额扣除；

② 纳税人为非独生子女的，由其与兄弟姐妹分摊每月 2 000 元的扣除额度，每人分摊的额度不能超过每月 1 000 元。可以由赡养人均摊或者约定分摊，也可以由被赡养人指定分摊。约定或者指定分摊的须签订书面分摊协议，指定分摊优先于约定分摊。具体分摊方式和额度在一个纳税年度内不能变更。

三、个人所得税计算器使用

除了利用公式手动计算外，还可以使用个人所得税计算器来计算个人所得税（见图 6-4）。

（1）进入个人所得税计算器页面，填写收入总额；

（2）扣除部分需填写包括五险一金、专项附加扣除部分；

（3）填写完毕点击“计算”按钮；

（4）计算结果就会显示在计算器页面上的应缴税额上。

图 6-4 个税精灵截屏

2022 年 3 月，国家税务总局修订发布《个人所得税专项附加扣除操作办法（试行）》，并相应修订了个人所得税扣缴申报表，进一步明确了纳税人享受 3 岁以下婴幼儿照护扣除政策的计算起始时间、办理条件、申报环节、信息报送和资料留存备查内容、扣缴义务人责任与义务等，有利于广大纳税人及时享受政策红利、扣缴义务人为纳税人便捷办理申报扣除。

边学边练

在一个纳税年度内，纳税人发生的与基本医保相关的医药费用支出如何扣除？

在线练习

任务四 工资表的制作与核算

故事

谢志仁是善言无瑕集团股份有限公司退休员工，他把工资条一一收藏了起来，并整理成了《工资收入凭证汇集》。薪酬专员刘德竹知道后，特意找到谢志仁，经过其允许复印了一份《工资收入凭证汇集》。

刘德竹翻开汇集，一张张工资条整齐地粘贴在纸上，旁边是工整的美术字体，记载着时间、年终总收入和平均月工资数。早期的工资条由于年份久远，已经发黄，工资条上的文字也难以分辨。"洗理费""灭鼠费""粮价贴"……这些特殊的职工福利颇具时代感，见证着社会的变迁。

谢志仁说："在我看来，工资条就像一面镜子，反映了我的工资收入变化，从中也能看到改革开放以来，中国普通家庭收入的巨大变化，意义重大。"

从《工资收入凭证汇集》上看，1991 年 11 月，谢志仁拿到手的工资是 210.3 元，而到 2018 年 2 月，到手退休金达到了 8 578 元，27 年的时间，他的工资涨了 40 倍。谢志仁说："我清楚地记得，1991 年的时候，我们家几乎没有存款，甚至有的月份入不敷出。但现在，无论吃什么，都有结余，这就是进步。"

1991 年工资总额 3 448 元、2001 年工资总额 33 880 元、2015 年年退休金 14.037 1 万元……汇集里，谢志仁算出的每一个数字，都是工资上涨的有力证明。工资条多了，谢志仁也总结出一些规律来，"工资每年增长的速度不一样，增速越来越快，幅度越来越大，现在的工资收入是 20 世纪 80 年代末期的 200 多倍"。

启示

- 改革开放 40 多年，老百姓切身感受到的最大变化就是收入和生活水平的双重提高。工资条是家庭收入最好的凭证，也是时代进步、人民生活水平提高的有力佐证。

一、制作工资表需要提前准备的材料

工资表又称工资结算表，是按单位、部门编制的用于核算员工工资的表格，每月一张；它主要分为正式工工资表、试用期工资表、临时工工资表、特聘人员工资表等几大类。制作工资表需要提前准备的材料清单有：（1）人员名单；（2）工资金额信息；（3）人员考勤情况；（4）销售人员的提成奖励；（5）当月罚款及奖励情况。

二、设计工资表格

（一）工资表格横向的设置（基本信息、科目）

在薪资制度、薪资预算中，科目有 1 级、2 级之分。1 级科目可以细分为多项 2 级科目。但在月工资表中，一般直接做到 2 级科目。

如表 6－6 所示，第一部分为基本信息，包括：序号、公司、部门、职位、姓名、薪点、出勤天数。

表 6－6　设计工资表格

序号	公司	部门	职位	姓名	薪点	出勤天数
1						
2						
3						
合计						

如表 6－7 所示，第二部分为应发工资对应的 2 级科目，包括：基本工资、工资绩效、司龄工资、补贴、计件工资、销售提成、加班工资、其他、应发工资。这部分每个公司都会有所不同。

表 6－7　应发工资对应的 2 级科目

基本工资	绩效工资	司龄工资	补贴	计件工资	销售提成	加班工资	其他	应发工资

如表 6－8 所示，第三部分为代扣代缴和实发工资，包括：个人所得税、养老保险、医疗保险、工伤保险、生育保险、失业保险、公积金、工会费、实发工资以及备注。

表 6－8　代扣代缴和实发工资

个人所得税	养老保险	医疗保险	工伤保险	生育保险	失业保险	公积金	工会费	实发工资	备注

完整的工资表是将表 6－6、表 6－7、表 6－8 融合在一起，如表 6－9 所示。

（二）工资表格纵向的设置

工资表纵向的设置，主要包括序号、合计等。填写序号是要确保基本信息的录入有序、准确，做合计或小计是要数据更加清晰、完整。

当有多个子公司账户分别做工资表，或各部门分类较多时，需小计，最后合并的是合计。要注意数据保护，除那些每个月需要专门输入的工资数据外，工资项、姓名、工号等常规内容设置保护和加密，以免这些内容被随意更改。将已经做好的表格保存为模板文件，以后每月核算工资表，直接打开这个文件就能用。

表 6-9 工资表

部门:________ 单位：天、元 / 月

序号	姓名	银行账号	月工资标准				出勤记录			出勤工资	实际绩效工资	补贴 / 津贴			应发工资	代扣代缴				实发工资
			基本工资	绩效工资	其他	总额	出勤	事假	病假			餐费	交通	通信		个税	社保	公积金	小计	
1																				
2																				
3																				
…																				
本页合计																				

制表日期： 制表人： 审批批准：

三、制作工资表的注意事项

在实际工作中，企业发放员工工资、办理工资结算是通过编制工资结算表来进行的。

工资结算表一般应编制一式三份。一份由档案部门存查；一份发给员工；一份在发放工资时由员工签章后交财务部门作为工资核算的凭证，并用以代替工资的明细核算。过去，将工资结算表裁成“工资条”，连同工资一起发给员工。现在，工资条体现形式：（1）电子邮箱发送；（2）公司内部 App 直接查询薪资明细；（3）公司 ERP 系统直接发送短信至员工手机。

由于工资结算表是按各个部门分别编制的，因此只能反映各个部门工资结算和支付的情况。

工资发放有多种形式，其中最常见的是银行代发。但无论使用何种发放方式，员工实际领取的工资金额均为扣除员工当月应缴的个人所得税、五险一金后的金额（一般情况下还应扣除迟到早退的金额）。

四、工资表的核算

（一）人员匹配

子项报表与汇总明细报表的人员要匹配。在实际数据导入过程中，人员疏漏的问题比较容易出现，要确保几个表之间的人数和名字能够对应。

（二）人员身份

有时一份工资表上会有不同类型的员工，如正式的、在职的、试用期的或离职的。

（三）异常情况

对于患病或非因工负伤的员工要留心核对。因为员工医疗期的变化，其相应的待遇也会跟着变化。

（四）综合比对

利用本周将工资表中的数据与年度预算进行对比，对薪酬成本进行使用分析，找出超预算或低于预算的原因，为薪酬预算工作提供数据支持和参考。

边学边练

使用计算机仿照表 6－9 制作工资表。

在线练习

任务五　数智化薪酬管理

故事

善言无瑕旗下石油天然气公司是一家以石油、天然气的勘探、开发为主营业务的特大型企业，业务范围涵盖勘探开发、工程技术、工程建设、生产保障、装备制造、油田化工、矿区服务等，员工数量达 2 万人，因而薪酬管理工作的工作量很大。随着数字科技的发展，善言无瑕旗下石油天然气公司逐步推进薪酬管理数智化转型。

在进行数智化转型前，公司旧的薪酬管理模式存在诸多困难。例如：员工的入转调离数据核对加上考勤等数据核对足以让薪酬专员刘德竹陷入事务性工作完全脱不开身。另外，刘德竹在核算员工薪酬时，使用 Excel 进行数据统计计算，完全由人工操作，容易出现核算错误。各人力资源管理模块的数据壁垒较明显，沟通协调不够，绩效管理、职称管理等可能要由不同的人员来完成。如果其中一个环节的数据有误，也会直接影响薪酬管理工作的正常开展。

为解决 Excel 算薪的痛点，提升组织管理的效率，善言无瑕旗下石油天然气公司分阶段、有步骤地进行薪酬管理数智化转型，逐渐实现管理在线化、协同在线化、算薪在线化。进行数智化转型后，善言无瑕旗下石油天然气公司的薪酬管理发生了以下转变：统一的数字化管理平台；薪酬管理效率得以提升；数据可视化，决策科学化。

启示

- 数字化管理平台的应用，加强了薪酬管理工作与其他人力资源工作的关联性，提高了薪酬管理的准确性，促进了决策的科学化。

一、数智化薪酬管理的含义

薪酬管理有广义和狭义之分。广义的薪酬管理是指企业在发展战略的指导下，制定薪酬策略、薪酬政策和薪酬制度，并实施各项任务的全过程。狭义的薪酬管理是指组织针对员工提供的劳动确定薪酬体系、薪酬水平、薪酬结构、薪酬支付方式以及动态调整的过程。

数智化薪酬管理是指在数字科技与管理相融合的理念下，充分挖掘、分析、应用数字科技的优势，为管理者进行智慧的薪酬设计提供科学的依据，实现准确、高效的薪酬管理工作，以吸引、保留和激励员工，保证企业的可持续发展。

二、数智化薪酬管理的特点

（一）薪酬管理更高效

对于企业而言，人力资源部门每个月都会收集企业经营的各项数据，包括考勤、休假、绩效等，用于薪资计算。虽然薪酬管理每月数据不尽相同，但薪资发放的对象相对固定，发放规则也相对标准化，因而薪酬管理在一定时期内是一项相对标准的、重复性、工作量大的任务。基于数字科技的数智化薪酬管理拥有强大的数据挖掘和数据分析能力，其分布式储存方式有利于高效地管理海量的薪酬信息，助力管理人员快速地收集、分析员工结算周期和绩效考核等工作数据，缩短部门间、系统间协同的路径，以人工智能代替人工来处理这些重复性、标准化的工作，重塑了从薪酬需求分析到薪酬调整的整个流程，使薪酬管理更加高效。如某企业中的数智化薪酬管理能够针对不同部门、不同人员设置不同的考勤方案，实现员工自主打卡、自主管理，同时考勤数据可自动生成报表并关联薪酬模块，免去烦琐的计算与核对，并自动测算全国不同城市的“五险一金”，对接国税系统，真正做到一键算薪，提高薪酬管理的效率。

（二）薪酬核算更准确

薪酬核算和发放是每个企业在人力资源管理和财务处理中都需要面对的环节，尤其对于经营形成一定规模的重点大型企业，需要收集不同部门的各种数据信息，进行基本工资、补贴、绩效薪酬等大量不同的算薪项目，这都对薪酬管理提出了更高的要求。在非数智化薪酬管理中，这些数据的汇总、计算、检验、审核等均由人工进行，难免会出现错误。与之相比，数智化薪酬管理在准确性方面表现出更大的优势。数智化薪酬管理应用数字科技，根据程序命令智能化、自动化地执行薪酬核算任务，减少了人工操作可能导致的错误，从而表现出更高的准确性。如某公司的智能薪酬系统，能够事先自定义薪酬计算规则，同步员工绩效等信息，实现智能计薪，减少人工核算的误差。

（三）薪酬调整更动态

薪酬的设计会受到宏观环境、组织结构等各方面因素的影响。在以不稳定性为主要特征的 AI 时代，外部环境和内部环境变化速率增快，需要企业能够对薪酬做出及时、快速的动态调整，以动制动。因数字科技的部署，相较于非数智化薪酬管理，数智化薪酬管理能够动态、快速地调整薪酬，以适应快速变化的企业内外部环境。企业充分利用大数据等技术挖掘海量的市场信息和数据，利用大量的企业内部事实数据，依托强大的人工智能学习能力，引入实时的薪酬数据进行分析，及时洞察薪酬数据的走向，紧跟大局和市场变化，做出动态的判断和调整，实行动态管理以快速适应变化。

（四）薪酬福利更弹性

在薪酬管理中，基本薪酬和可变薪酬一般以固定的标准和形式确定并发放至员工，弹性较低，很难满足员工多样化的需求，而薪酬中的福利却能很好地解决这个问题。有效的福利不仅能成为薪酬激励的绝佳补充，更能在共克时艰的过程中稳定“军心”，成为企业与员工之间强有力的纽带。相较于非数智化薪酬管理，数智化薪酬管理更能有效地利用福利实行弹性管理。数智化薪酬管理通过构建数智化全弹性福利场景，从电商购物、餐饮美食、交通出行到健康保障、休闲娱乐、教育培训等，多角度整合覆盖员工生活、工作、学习中的各类需求资源，满足员工多样化需求。如某银行建立线上福利积分账户，员工可利用积分在福利商城兑换培训课程、文旅产品、保险服务等产品。

三、数智化薪酬管理的流程

数智化薪酬管理的流程主要包括确定薪酬策略、工作评价与等级划分、薪酬调查、确定薪酬水平与结构、薪酬实施与调整。数智化薪酬管理本质上并没有跳出薪酬管理的基本流程与方法论，只是在原有的薪酬管理环节上叠加了数智化的要素，依托数智化薪酬管理平台，打造薪酬策略制定、薪酬设计、薪酬执行、薪酬反馈的全流程闭环，高效解决员工薪酬的决策、发放与管理等问题，提升员工凝聚力和使命感，激发组织活力。

良好的数智化薪酬管理平台不仅能够帮助企业实现薪酬的统一化管理，而且能够实现自动核算、高效调整，释放大量人员的精力与时间，从长期的视角上看，能够起到提高效率、节约成本的作用。企业搭建数智化薪酬管理平台时，首先需要做好平台建设的前期规划工作。为应对数据量的骤增和未来发展战略的调整，企业必须进行长远规划。期初，企业可对近几年的数据量进行全面的评估，预估数智化薪酬管理平台的规模，后续再根据企业实际发展情况逐步优化和扩容。此外，企业还需对系统平台的可拓展性、各接口的开放性等问题进行规划。

（一）确定薪酬策略

薪酬策略是指将企业战略、企业目标、企业文化、外部环境等有机结合，从而制定对薪酬管理的指导原则，薪酬策略对薪酬的设计与实施提出了指导思想。在不同时期，企业外部的宏观经济环境、行业状况、市场竞争、劳动力市场供求关系等因素的差异都会影响薪酬策略的选择。此外，企业在不同的发展阶段，其规模、市场、知名度、财务状况等均有不同的特点。因此，企业应针对不同时期的特点，制定不同的薪酬策略，以实现薪酬策略服务于企业经营发展战略的有效性。在数智化薪酬管理过程中，企业应积极转变薪酬管理理念，充分利用数字技术，挖掘海量数据，动态追踪与感知数据变化，进行科学预测和决策，及时、动态地调整薪酬策略，顺应不同阶段的内外部环境变化。

（二）工作评价与等级划分

工作评价是指系统地确定各种职位的相对价值。具体而言，在工作分析的基础上，划分职位类型，以工作内容、所需的技能、组织的价值文化以及外部市场等要素为基础，对职位进行综合测定和评价。在传统的工作评价中，多用访谈法、问卷法、观察法来收集信息，根据工作的相对价值、工作条件、技能要求等因素按升序或降序排列，来确定职位等级。在该过程中难免会存在一定的主观性，科学性有待提高。在数智化薪酬管理中，企业通过前期工作分析的信息和其他海量实际数据，依托数字科技建立数学模型，分析薪酬与职位等级的相关性，并在数智化薪酬管理平台上进行自动化评估，得出职位等级序列，进行职位归级，确定职位工资系数，为确定工资收入差别提供量化依据。依托数字技术进行分析、评价，不仅能减少管理人员的工作量，还能有效避免重复性，提高准确度和科学性。

（三）薪酬调查

薪酬调查是指企业通过收集信息来判断其他企业的薪酬状况，并将本企业薪酬与其他企业薪酬进行比较，为本企业制定薪酬水平提供依据。数字技术赋能企业通过个性分析、数字化协作工具、敏捷反馈等方式，扩大薪酬调查信息收集范围。在数智化薪酬管理的过程中，企业可使用大数据技术实时、动态地收集区域薪酬、行业薪酬、城市发展力、房价水平、就业率、失业率等企业外部薪酬信息，从海量数据中高效地筛选和挖掘有效信息，并进行自动化分类归档分析，为企业设计酬体系统提供科学依据。此外，企业可利用内部各数据库的相互连接，打通业务、财务系统，智能采集数据，将绩效数据、财务数据、工作分析等信息相关联，收集整合企业内部的薪酬信息，人力资源管理者无须与各方频繁对接，为与其他企业薪酬水平进行对比提供数据支撑。如某企业的数智化薪酬管理平台实现了信息实时传递、数据高效联动，员工的基本信息、异动信息、绩效数据等都能在系统中随时查看，实现企业内部信息数据与薪酬联动。另外，该系统具有强大的统计功能，能够做到多维度数据统计分析，随时取用薪酬相关报表，为数据分析提供了便利的条件。

（四）确定薪酬水平与薪酬结构

1. 薪酬水平

薪酬水平是指企业间的薪酬关系，企业相对于其竞争对手的薪酬水平的高低状况，反映了企业薪酬的外部竞争性。影响薪酬水平的因素有很多，包括宏观经济环境、行业特点和行业竞争、人力供应状况、盈利能力、人员素质等。在过去，薪酬水平更多关注的是企业整体薪酬水平与其他企业间的比较。而在当前市场竞争激烈和企业转型之际，数字技术能够使企业和员工更便利地关注不同地区、不同行业、不同企业、不同岗位等多维度的薪酬水平比较，进行多方位的薪酬外部竞争力分析，而不是简单的企业间平均薪酬和整体薪酬水平的比较。

因此，在具体决策过程中，企业应充分运用数字技术采集薪酬大数据并进行科学的分析，全面考虑外部市场的薪酬水平，结合自身的发展状况，选择科学的市场薪酬水平定位。再者，使用数字技术分析并感知数据的变化，预测各种职位未来市场薪资水平的变化趋势，制定更具竞争力的薪酬标准，在同行业中占据优势。

2. 薪酬结构

薪酬结构是指企业组织结构中各项职位的相对价值以及对应的薪酬之间保持着什么样的关系，即正确划分合理的薪酬等级，科学确定合理的级差和等差。薪酬结构强调薪酬水平等级的多少，不同薪酬水平间等级的大小。

随着数字技术的发展，企业外部环境变化加快，扁平化组织逐渐成为企业的主要选择。在组织结构逐渐趋于扁平化的情况下，企业倾向选择宽带型薪酬结构。宽带型薪酬结构打破了传统薪酬结构所维护和强化的等级观念，减少了工作间的等级差异，有利于企业提高效率以及创造学习型企业文化，有利于企业保持自身组织结构的灵活性，更有效地适应外部环境。在人力资源管理加速数智化转型的 AI 时代，企业将不可或缺的能力或关键业务能力考虑到薪酬结构设计中，构建薪酬差别。这种通过能力定价，证明持续能力培养的价值，有利于帮助员工提升自身素质，提高员工队伍的敏捷性，使其能够更轻松地完成工作角色的转变，同时建立对企业的认同感，促进企业的持续发展。

（五）薪酬实施与调整

1. 薪酬宣传沟通

企业在薪酬体系设计完毕后，应进行充分的薪酬宣传，除了前期要加强员工对薪酬管理制度的认知度，还要深入了解员工需求。

宣传沟通的内容主要包括薪酬结构、薪酬水平等。沟通方式可选择线上、线下相结合的方式。对于线下渠道，企业可举行宣讲会发放传单、张贴通知等。对于线上渠道，企业可通过邮件、微信、线上宣讲会向员工宣传企业薪酬设计。特别地，在前期宣传沟通阶段，企业可利用人工智能技术设置智能聊天机器人，24 小时在线为员工解答薪酬设计问题，提升沟通效率。

2. 薪酬核算

薪酬核算是指在最终确认薪酬结构和薪酬水平后，依据员工的绩效考核结果和相关信息确定每位员工的薪酬。

在薪酬核算环节，企业可通过系统收集员工各项薪酬福利记录、出勤加班、奖金补助以及扣除额等数据，利用分布式计算、云计算、可视化等数字技术，按照系统中的标准公式对企业员工的薪酬进行计算，生成员工工资单和税务报告，通过接口与财务管理系统集成来完成财务结算并输出数据报表，以实现自动化支付过程。同时，通过系统纠错、人工智能、机器学习等，按照企业的业务特点进行薪酬管理，实时关注员工薪酬的异常变化，提前向相关人员预警。

3. 薪酬发放

薪酬发放是指根据最终确认的计算结果将薪酬发放至每一位员工手中。企业可借助数智化薪酬管理平台和员工自助服务系统，通过短信、小程序、邮件等实时通信方式，实现一键批量“闪送”或定时发送工资条。此外，企业还可线上及时了解工资发放情况及查询工资发放历史。通过系统提供的自主服务功能，员工可以随时查询自己的工资收入，这不仅能够节约大量的人力，还能促进员工个人薪资的保密性。如某银行以一体化员工服务平台为载体，开发了自动发薪功能，员工职务变化后自动计算岗位工资，大大减轻了人工处理的工作量。

对于薪酬中福利这一项目，企业可在采用线下发放方式的同时，依托云技术整合优选商品和服务，入驻各类知名品牌，搭建线上福利商城。员工在线上福利商城可自由选择数量丰富的优选商品，选择符合自己需求的福利产品进行线上下单，并选择专业物流配送，实现便捷派发和领取福利产品。通过线上和线下发放福利，构建多场景满足员工多样化、个性化的需求，实现数智化弹性福利管理。

4. 薪酬反馈沟通

反馈沟通是指薪酬方案实施后，企业与员工就实施后的效果和满意度等相关问题进行沟通。沟通的内容包括员工对现有薪酬项目的满意程度、薪酬核算正确性、沟通渠道偏好等。沟通方式可采用“自上而下”加“自下而上”双通道。自上而下的方式包括发放调研问卷和访谈，面对面地邀请部分员工进行访谈，能够更好地了解员工的想法。自下而上的方式主要是设置统一的反馈平台、频道和 24 小时的员工热线，员工自行反馈。同时，也可以设置 24 小时在线智能聊天机器人，自动收集员工的反馈意见。

此外，数字技术还能快速响应员工关于薪酬的不满和疑问，如薪酬自助查询服务平台、更加类人化的人工智能聊天机器人等可以解答大量的薪酬咨询事务，为员工薪酬沟通提供高效的渠道。

5. 薪酬调整

行业发展、市场变化、组织结构等因素的改变，都会影响一个岗位的用工成本。在薪酬体系实施过程中，企业应进行实时监控，感知数据的变化，依据变化动态调整。

在 AI 时代，企业可运用人工智能和大数据技术，不断关注外部的薪酬变化情况，特别是主要竞争对手的薪酬变动情况。此外，企业为了在可接受的成本范围内实现大数据的转变升级，需要定期对当前企业的薪酬环境和薪酬制度进行评估，考量现阶段的薪酬管理是否符合公司长远的发展需求，以实时监控和智能预测的方式预估企业在未来发展的实力，有针对性、动态地进行调整，确保企业以稳定的状态持续发展。如不少国内外头部科技型企业已成功地将大数据引入人力资源领域，开发预测算法，通过及时、灵活地调整员工的薪资水平来避免人才流失。

在线练习

边学边练

3～5人一组进行研讨，选择某一家公司进行数智化薪酬情况调研，形成简要的调研报告。

项目七 社保专员

学习目标

知识目标

- 了解社会保险与住房公积金开户的相关内容；
- 掌握社会保险待遇与住房公积金申领条件；
- 熟练掌握社会保险的构成要素。

技能目标

- 能熟练掌握社会保险账户的开设流程；
- 能够熟练掌握社会保险和住房公积金的政策法规要求；
- 能够熟练掌握工伤保险待遇的申领办理流程。

素质目标

- 培养守规矩、有担当、遵纪守法的品德；
- 培养为他人着想、保护劳动者的职业道德素养；
- 培养恪尽职守的职业精神。

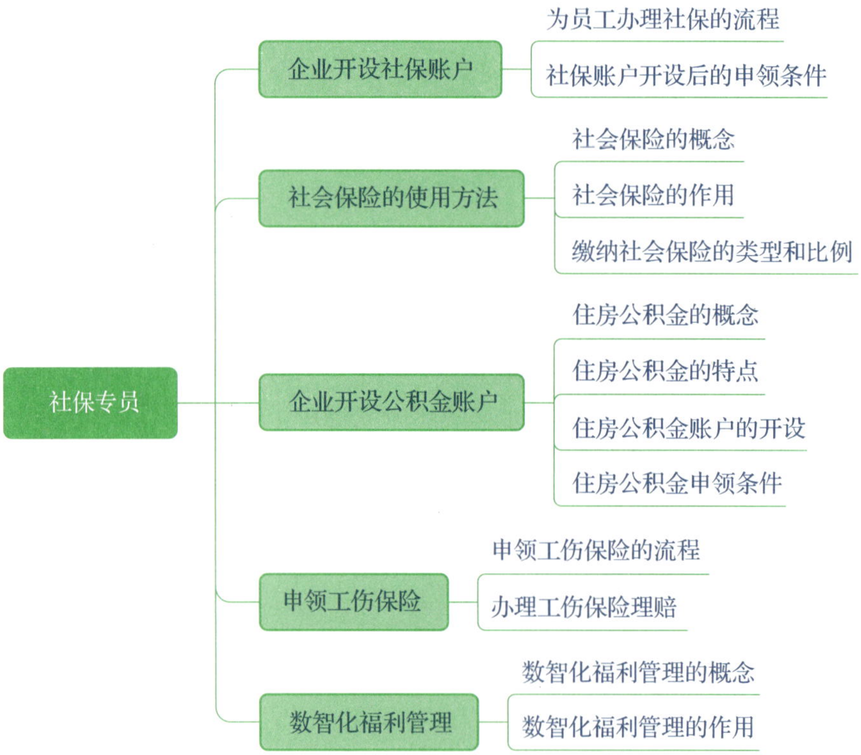
社保专员
企业开设社保账户
为员工办理社保的流程
社保账户开设后的申领条件
社会保险的使用方法
社会保险的概念
社会保险的作用
缴纳社会保险的类型和比例
企业开设公积金账户
住房公积金的概念
住房公积金的特点
住房公积金账户的开设
住房公积金申领条件
申领工伤保险
申领工伤保险的流程
办理工伤保险理赔
数智化福利管理
数智化福利管理的概念
数智化福利管理的作用

任务一 企业开设社保账户

故事

魏仁民是人力资源管理专业的应届毕业生，在校实习期间曾在一家公司当人力资源部经理助理。毕业前，善言无瑕集团股份有限公司到学校招聘，看中他的整体素质和实践经验，成功将其招入公司，准备安排魏仁民在公司新成立的善言无瑕集团股份有限公司山东分公司担任社保专员一职，负责公司员工的社保管理工作。他每个月需要完成员工社保缴费、报税申报、社保政策宣传等一系列工作，保证公司的社保管理工作顺利进行。

由于大多数都是新招员工，社保工作需要逐步开展，首先遇到的一个大问题就是社保开户问题。魏仁民抓紧了解当地政策，并请教公司的人力资源部经理，确保分公司社保顺利开户，并为每位新员工办理社保卡，为后续工作的正常开展打下了良好的基础。

此外，魏仁民还积极宣传社保政策，定期向员工讲解最新的社保政策和相关的法律法规，帮助员工更好地了解和掌握自己的社保权益。

启示

- 社保专员必须了解社保办理政策，如果不熟悉开设流程，就会导致整个公司内部社保业务发生混乱，并影响员工正常社保缴纳，基本福利折损。

一、为员工办理社保的流程

（一）社保开户流程

企业在当地工商局注册成功 30 天内需要开通企业社会保险账户。企业到工商部门办理“五证合一”营业执照后，即完成了社会保险登记手续，企业社会保险登记证不再发放。新公司办理社会保险账户的流程，如图 7－1 所示，具体包括以下几个步骤：

（1）企业持新营业执照到社会保险合作银行办理开户手续，按照银行缴费方式，签订银行缴费协议书。

（2）企业登录网上服务平台，依相关要求和提示进行新参保单位信息网上申报。

（3）生成社会保险登记表，扫描上传相关材料，等待审核。

（4）社会保险信息系统按日接收企业的变更注册信息，更新相应的社会保险登记信息。企业不需向社会保险经办机构申报注册信息变更。企业其他社会保险登记事项发生变更，应及时向社会保险经（代）办机构申报变更。

企业应确保登记信息准确、申报及时。要避免地址和联系方式信息不准确，导致无法告知相关事项；要避免银行账户信息申报错误或社会保险信息与银行信息不一致，导致缴费失败产生滞纳金或影响待遇按时支付。

（5）企业应依法在用工之日起 30 日内，向社会保险经（代）办机构申报职工参加社会保险登记。

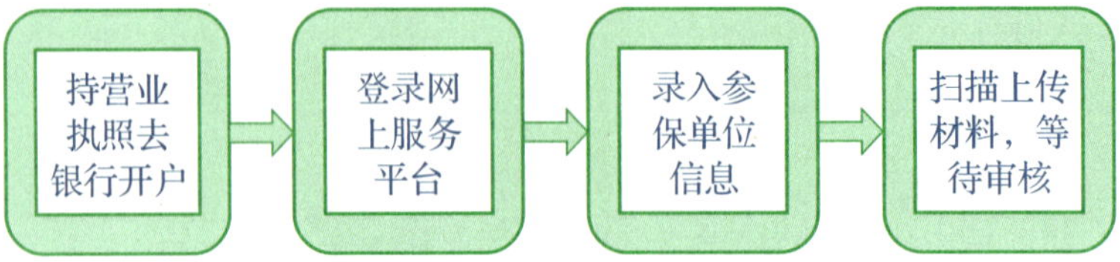

图 7－1　新公司社保开户流程

《中华人民共和国社会保险法》第五十七条：用人单位应当自成立之日起三十日内凭营业执照、登记证书或者单位印章，向当地社会保险经办机构申请办理社会保险登记。社会保险经办机构应当自收到申请之日起十五日内予以审核，发给社会保险登记证件。

用人单位的社会保险登记事项发生变更或者用人单位依法终止的，应当自变更或者终止之日起三十日内，到社会保险经办机构办理变更或者注销社会保险登记。

市场监督管理部门、民政部门和机构编制管理机关应当及时向社会保险经办机构通报用人单位的成立、终止情况，公安机关应当及时向社会保险经办机构通报个人的出生、死亡以及户口登记、迁移、注销等情况。

第五十八条：用人单位应当自用工之日起三十日内为其职工向社会保险经办机构申请办理社会保险登记。未办理社会保险登记的，由社会保险经办机构核定其应当缴纳的社会保险费。自愿参加社会保险的无雇工的个体工商户、未在用人单位参加社会保险的非全日制从业人员以及其他灵活就业人员，应当向社会保险经办机构申请办理社会保险登记。国家建立全国统一的个人社会保障号码。个人社会保障号码为公民身份号码。

（二）增减员

单位每月都必须把企业新增的员工添加进单位的社保账户中，并把已经离职的员工从账户中删除。社保账户是一个独立的账户，增减员的操作必须在账户中进行。

1. 进入网上系统操作的步骤

进入当地人力资源和社会保障局的网站，点击单位服务，有社会保险网上经办，点击进入后就是社保经办系统，然后插入社保 UK，会自动识别单位的相应信息。

如果识别失败，可以更改一下浏览器上面的兼容模式和极速模式，点击登录，输入 UK 登录密码，这样就可以进入网上经办系统。

2. 增员申报

以增员申报为例，在网上系统中的业务申报下选择“增员申报”（见图 7－2），逐个参保职工增员时，点击“新增一行”，项目框按参保人员实际情况填写（见图 7－3）。批量增员时，点击“导入报盘”，可下载报盘格式，根据报盘文件中的“Code 说明”“示例”等报盘模板，自行填写上传报盘，完成后点击“保存”（见图 7－4）。

图 7－2 威海市网上系统社保增员登记（截屏）

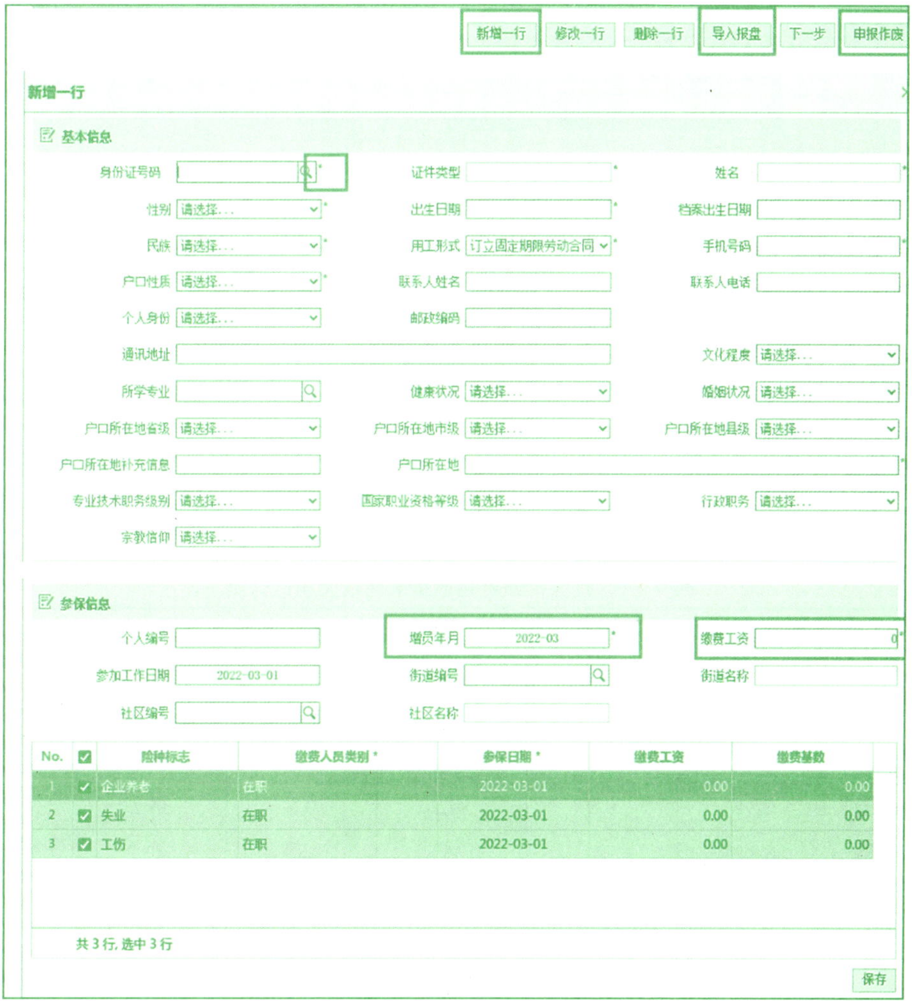

图 7－3 威海市网上系统社保逐个增员登记（截屏）

图 7－4　威海市网上系统社保批量增员登记（截屏）

3. 注意事项

增员时一定要核对好员工的增员年月及缴费基数；如果操作失误，须立即结束业务返回主界面，点击“申报作废”即可结束业务；现外网系统增员无须社保经办机构审核，可直接增员成功。

（三）确认缴费基数

如表 7－1 所示，单位每月需要为员工（甘如林为化名）申报正确的社保缴费基数，以确保社保的正常缴纳。社保的缴费基数以员工上年度平均入职工资或首月工资为准。

表 7－1　社保代缴费用明细表（以大连市为例）

姓名：甘如林	个人社保号：211303198003140010			年月：2022 年 7 月		金额单位：元
保险种类	缴费基数	缴费比例 %（个人）	缴费金额（个人）	缴费比例 %（单位）	缴费金额（单位）	小计
养老保险	6 840	8	547.2	16	1 094.4	1 641.6
失业保险	6 840	0.5	34.2	0.5	34.2	68.4
医疗保险	6 840	2	136.8	8	547.2	684
工伤保险	6 840	0	0	1	68.4	68.4
生育保险	6 840	0	0	1.2	82.08	82.08
合计			718.2		1 826.28	2 544.48

（四）社保缴费

社保缴费流程：缴费管理—缴费单管理—缴费单据生成打印或撤销。如有欠费或新增情况，选择点击产生单据，然后选择立即推送税务缴费，税务缴费单据就生成了。打开电子税务局网站，在下载专栏下载社保费管理客户端安装包，注册登录，登录也需要填写社保的申报密码。进入后如果有待缴费用或者欠费，在待办事项中会有提醒，直接点击就可以进行申报和社保费的缴纳。系统里各项都很清晰，根据提示操作即可。

二、社保账户开设后的申领条件

（一）养老保险

参保人在达到法定退休年龄前一个月（特殊工种、因病提前退休需提前三个月申请审核或进行劳动能力鉴定），由参保人或所在单位社保专员向社保经办机构提交退休申请有关资料。社保经办机构对参保人提供的资料进行审核，对符合按月领取待遇条件的，发放职工退休证，从次月起按月支付基本养老金。参保人在领取职工退休证的次月 15 日后，携带身份证、社保卡、退休证到指定银行办理养老金代发借记卡，将账户提供给社保机构，社保部门按照规定每月支付养老金到参保人指定的账户。

（二）失业保险

失业保险是指国家通过立法强制实行的，由社会集中建立基金，对因失业而暂时中断生活来源的劳动者提供物质帮助的制度。它是社会保障体系的重要组成部分，是社会保险的主要项目之一。具备下列条件的失业人员，可以领取失业保险金，并同时按规定享受其他各项失业保险待遇：

（1）按照规定参加失业保险，所在单位和本人已按照规定履行缴费义务满 1 年的；

（2）非因本人意愿中断就业的；

（3）已依法定程序办理失业登记的；

（4）有求职要求，愿意接受职业培训、职业介绍的。

（三）生育保险

生育保险是国家通过立法，对职业妇女因生育子女而暂时中断劳动时由国家和社会及时给予生活保障和物质帮助的一项社会保险制度。主要包括两项：一是生育津贴；二是生育医疗待遇。生育津贴是女职工在生育期间因怀孕离开岗位后，国家给予的生活补贴，一般用于保障女职工在生育产假期间的基本生活需求，也就相当于在生孩子期间领到的工资。

申领生育保险待遇必须正常缴纳生育保险，在有效的缴费状态下达到参保当地的规定标准，一般的标准为 10 个月及以上，有些地区为 6 个月以上即可，依据参保地不同会有相应调整。领取生育津贴的女性，必须要满法定的结婚年龄。公民的一些民事行为不得违背法律规定以及公序良俗，违法行为无法享受福利待遇。

（四）医疗保险

医疗保险指通过国家立法，强制用人单位和职工个人按时足额缴纳的保险费用。不按时足额缴纳的，不计个人账户，基本医疗保险统筹基金不予支付其医疗费用。通过用人单位与个人缴费，建立医疗保险基金，参保人员患病就诊发生医疗费用后，由医疗保险机构对其给予一定的费用报销。

（五）工伤保险

工伤保险是指劳动者在工作中或在规定的特殊情况下，遭受意外伤害或患职业病导致暂时或永久丧失劳动能力以及死亡时，劳动者或其遗属从国家和社会获得物质帮助的一种社会保险制度。只有依据《工伤保险条例》被认定为工伤才能享受工伤保险待遇。具体流程在本项目任务四中详细介绍。

社保专员必须熟练掌握并随时了解企业开设社保账户的流程以及具体申领条件。

在线练习

边学边练

3～4人为一组，探讨我国社会保险制度还有哪些问题，并提出自己的建议。每组派出一名代表进行发言。

任务二 社会保险的使用方法

故事

公司销售部的员工刘美丽刚刚成为妈妈，请了产假，她打电话给社保专员魏仁民："我需要申领生育津贴。"

接到申请后，魏仁民先了解了刘美丽的具体工作情况，然后打电话跟刘美丽进行沟通："根据你的情况，你符合参加生育保险累计满一年的职工，在生育时仍在参保的情况。你能够享受的生育保险待遇主要有：（1）生育津贴：参保职工本人终止妊娠之月所在用人单位月缴费平均工资 / 30 天 × 假期天数；（2）生育医疗费；（3）一次性分娩营养补助费；（4）一次性补贴，在一二级医院分娩的，每人一次性增加 300 元补贴（备注：生育津贴要在生小孩后五个月内办理）。"

魏仁民继续电话告知："你要办理这件事，所需材料有：（1）居民身份证原件；（2）申请享受生育保险待遇计划生育审核表；（3）生育医学材料；（4）生育保险待遇申领表（材料复印件由本人签名。委托他人办理的，另需携带委托人签名的授权委托书及受托人的居民身份证原件及正、反面复印件。材料非中文的，另需提供加盖翻译机构印章的中文翻译件）。”

刘美丽按照魏仁民的提示提交了材料。魏仁民收到材料后，到社保服务大厅相关窗口进行办理，请刘美丽等待审核结果。

启示

- 推行生育保险政策的根本目的是对女职工由于生育子女而暂时中断劳动时给予的生活保障和物质帮助。目前，有的地区规定，女职工生产时，男职工也可以享受产假陪护假和15天生育津贴。社保专员应全面了解相关政策，维护职工权益。

一、社会保险的概念

社会保险是指一种为丧失劳动能力、暂时失去劳动岗位或因健康原因造成损失的人口提供收入或补偿的一种社会和经济制度。社会保险是社会保障制度的一个重要的组成部分。社会保险是国家为了预防和分担年老、失业、疾病以及死亡等社会风险，维护社会安全而强制社会多数成员参加的，具有所得重分配功能的非营利性的社会安全制度。社会保险计划由政府举办，强制某一群体将其收入的一部分作为社会保险税形成社会保险基金，它是一种再分配制度，它的目标是保证物质及劳动力的再生产和社会的稳定。社会保险的主要项目包括养老保险、医疗保险、失业保险、工伤保险、生育保险。按时缴纳社会保险和住房公积金对企业每位员工的生活是一个重要的保障，企业需要依照法律要求按时、按规定完成。

员工在以下情况下可以享受社会保险待遇：累计缴纳养老保险15年以上，退休后可享受养老金待遇；自缴纳医疗保险的次月起，员工可以享受基本医疗待遇，累计缴纳25年（男职工30年）以上，退休后可以享受医疗待遇；工作中发生意外，包括丧失劳动能力、死亡或者患有某些严重的职业病，会根据伤残等级计算赔偿金额；在上一个单位缴纳社保满12个月以上，因为非本人意愿失业，可领取失业金3个月，累计可领取24个月；女员工生产后可以享受生育医疗补贴和生育生活津贴，男员工也可领取法定生育津贴。

在我国，社会保险是社会保障体系的重要组成部分，其在整个社会保障体系中居于核心地位。另外，社会保险是一种缴费性的社会保障，资金主要是用人单位和劳动者本人缴纳，政府财政给予补贴并承担最终的责任。但是劳动者只有履行了法定的缴费义务，并在符合法定条件的情况下，才能享受相应的社会保险待遇。

2020年2月18日，国务院常务会议决定阶段性减免企业社保费和实施企业缓缴住房公积金政策，多措并举稳企业、稳就业。自2020年11月1日起，企业职工各项社会保险费交由税务部门统一征收。

二、社会保险的作用

社会保险是我国建设社会主义和谐社会的内在要求和必要保证，在社会主义经济发展过程中起着非常重要的作用。

（1）社会保险能够保障劳动者的基本生活，维护社会的安定；

（2）社会保险能够增进劳动者的体质，促进劳动者的身体健康；

（3）社会保险能够促进生产的发展，保证经济的正常运行；

（4）社会保险能够服务于基层和社会，方便群众的生活；

（5）社会保险可以实现收入的再分配，调节劳动的分配，保障低收入者的基本生活。

因此，社会保险是我国必不可少的一项制度。在新的时期，我国还必须继续实施社会保险制度，并且优化和发展社会保险制度，以保证社会的稳定，为构建和谐社会打好基础。

三、缴纳社会保险的类型和比例

（一）缴纳社会保险的类型

以个人身份缴纳的社会保险只有养老保险和医疗保险两种。按照规定，灵活就业的人员，以个人名义自愿参加基本医疗保险和基本养老保险，不纳入失业、工伤和生育保险的参加人群范围。单位为职工缴纳社会保险是带有强制性的，《中华人民共和国劳动法》第七十二条规定：社会保险基金按照保险类型确定资金来源，逐步实行社会统筹。用人单位和劳动者必须依法参加社会保险，缴纳社会保险费。

（二）缴纳社会保险的比例

养老、医疗和失业保险是由个人和企业分别缴纳的，一般企业占大头（全国各地缴费比例有所不同），如大连市的社保缴费比例为：

（1）养老保险费：单位缴纳 16%，个人缴纳 8%。

（2）失业保险费：单位缴纳 0.5%，个人缴纳 0.5%。

（3）医疗保险费：单位缴纳 8%，个人缴纳 2%。

（4）工伤保险费：各行业有所不同，个人不缴纳。

（5）生育保险费：单位缴纳 1.2%，个人不缴纳。

在线练习

边学边练

3～5人为一组，将社会保险的组成以结构图的形式画出来，并且突出每个组成部分的重点内容。

任务三 企业开设公积金账户

故事

一天，公司职工王建设找到魏仁民，向他咨询住房公积金提取的具体问题。

王建设："我和我妻子的老家都在外地，在这个城市里很想有个属于自己的家，听说如果购房，可以从公积金账户中提取余额，不知这个怎么办理？"

魏仁民："现在找到合适的房子了？"

王建设："已经有了初步意向，就看看资金能不能周转过来。"

魏仁民："约定公积金提取是指因购买、建造、翻建、大修自住住房及偿还住房贷款本息等情况而办理公积金提取的职工及其配偶，向公积金管理中心提出申请，公积金管理中心按照约定的时间，将提取款项划入职工本人的银行账户。所以用于购买自住房是符合条件的。"

王建设："那太好了，具体需要准备什么材料呢？"

魏仁民："购买首套房需要准备：（1）购房合同或购房协议的原件及复印件；（2）购房发票的原件及复印件；（3）公积金提取职工本人的身份证原件及复印件；（4）公积金提取职工本人的银行储蓄账号。职工配偶公积金提取，除以上资料外，还需提供夫妻关系证明的原件及复印件、买房人公积金提取记录单的复印件。此外还需要填写个人提取住房公积金申请（审批）书。"

王建设："我这就抓紧准备材料办理去。"

启示

- 我国的住房公积金制度为推动实现住有所居发挥了重要作用。

一、住房公积金的概念

（一）住房公积金的含义

住房公积金，是指国家机关、国有企业、城镇集体企业、外商投资企业、城镇私营企业及其他城镇企业、事业单位、民办非企业单位、社会团体及其在职职工缴存的长期住房基金。除了买房以外，装修、租房、离职、出国、退休、死亡等都可以提取公积金。公积金每月缴纳的比例，目前大多数组织中职工和单位缴纳的比例是一样的，最低5%，最高12%，每个月从职工工资里扣多少钱交公积金，单位就会再给职工交多少钱，公积金个人部分扣款越多，单位部分缴纳给个人的也越多。

例如：一名职工的月薪是 2 万元，公积金缴纳比例为 12%，个人交 2 400 元，单位就会给个人再交 2 400 元，每个月就有 4 800 元进入职工的个人公积金账户。那么这笔钱到底要怎么使用呢？首先当然是住房公积金贷款，当初设立住房公积金的初衷，就是希望职工在购房的时候可以使用公积金贷款，它的优点就是比商业贷款利率低。虽然公积金贷款利率低，但首付还是得自己解决。如果购买了商品自住房，也可以把公积金里的钱一次性全部提取出来，用来支付房屋购买款；如果自己已经有了自住房，不管是建造还是翻修，都可以使用公积金。

另外，在外租房的职工也可以使用住房公积金来支付房租，只是每个城市的租房提取额和政策不同，有的需要租房发票，有的则是约定提取。除此之外，公积金还有很多其他隐藏的"功能"：当职工自己的公积金不够时，可以提取父母的公积金买房；10 年未用者，装修自住房时最高可提 10 万元；在缴存城市无自住房时，连续缴满 3 个月，可以不用发票支取公积金；家庭成员得了重大疾病，可以用公积金看病；公积金余额可以作为遗产分配继承；部分地区公积金可以用来买商业保险；换了工作城市，以前的公积金可以提取出来。此外，在信息化手段的支撑下，住房公积金系统通过全程网办、两地联办、代收代办三种途径实现"跨省通办"。

（二）住房公积金的特征

（1）住房公积金只在城镇建立，农村不建立住房公积金制度。

（2）只有在职职工才建立住房公积金制度。无工作的城镇居民、离退休职工不实行住房公积金制度。

（3）住房公积金由两部分组成，一部分由职工所在单位缴存，另一部分由职工个人缴存。职工个人缴存部分由单位代扣后，连同单位缴存部分一并缴存到住房公积金个人账户内。

（4）住房公积金缴存的长期性。住房公积金制度一经建立，职工在职期间必须不间断地按规定缴存，除职工离退休或发生《住房公积金管理条例》规定的其他情形外，不得中止和中断，体现了住房公积金的稳定性、统一性、规范性和强制性。

（5）住房公积金是职工按规定存储起来的专项用于住房消费支出的资金。缴存单位可在单位、职工各 5% ～ 12% 之间自主确定住房公积金缴存比例。

二、住房公积金的特点

（一）普遍性

城镇在职职工，无论其工作单位性质如何、家庭收入高低、是否已有住房，都必须按照《住房公积金管理条例》的规定缴存住房公积金。

（二）强制性（政策性）

单位不办理住房公积金缴存登记或者不为本单位职工办理住房公积金账户设立的，住房公积金管理中心有权责令其限期办理，逾期不办理的，可以按《住房公积金管理条例》的有关条款进行处罚，并可申请人民法院强制执行。

（三）福利性

除职工缴存的住房公积金外，单位也要为职工缴纳一定的金额，而且住房公积金贷款的利率低于商业贷款利率。

（四）返还性

职工离休、退休，或完全丧失劳动能力并与单位终止劳动关系，户口迁出或出境定居等，缴存的住房公积金将返还职工个人。

三、住房公积金账户的开设

新设立单位应当自设立之日起三十日内到住房公积金管理中心办事机构办理住房公积金缴存登记，并为本单位职工办理住房公积金账户设立。住房公积金缴存采取单位按月汇缴的方式。缴存单位代扣代缴职工个人的住房公积金，连同单位应缴的部分，需在发放工资之日起 5 日内，到住房公积金管理中心委托银行办理汇缴业务。单位首次和以后各月汇缴住房公积金时，均需填写住房公积金汇补缴书、转账支票或现金缴款单，其他表格应根据情况分别填写。新公司办理缴存公积金需要的材料有：

（1）住房公积金开户登记表（加盖公章和财务章）；

（2）住房公积金缴存基数表（加盖财务章）；

（3）在职职工工资发放名册（验原件，留复印件一份并加盖财务章）；

（4）法人身份证（行政事业单位带单位法人证书）复印件一份；

（5）营业执照（行政事业单位带机构成立文件）和机构代码证，验原件，留复印件一份（加盖公章）；

（6）经办人身份证复印件一份。

特别提醒：登记完成后，可以办理一个 U-key，以后缴存业务在电脑上就可以完成，能节省很多后续办理时间。办理 U-key 的主要方式为在住房公积金管理中心官网 CA 证书办理须知模块下载相关资料。

四、住房公积金申领条件

《住房公积金管理条例》第二十四条第一款　职工有下列情形之一的，可以提取职工住房公积金账户内的存储余额：

（1）购买、建造、翻建、大修自住住房的；

（2）离休、退休的；

（3）完全丧失劳动能力，并与单位终止劳动关系的；

（4）出境定居的；

（5）偿还购房贷款本息的；

（6）房租超出家庭工资收入的规定比例的。

《住房公积金管理条例》第二十五条第一款　职工提取住房公积金账户内的存储余额的，所在单位应当予以核实，并出具提取证明。

边学边练

在线练习

选择你所在地区一家公司，调研该公司的公积金缴存比例是多少，分析和说明住房公积金制度的作用。

任务四 申领工伤保险

故事

公司员工张山上个月发生工伤，找到社保专员魏仁民。魏仁民在接到员工在工作中发生事故的电话，第一时间向社保机构报备工伤情况。一般各地都要在发生事故 48 小时内报备，先报备之后才能提交材料。

之后，魏仁民首先了解了张山的基本情况，对比相关业务办理条件是否符合。办理时需要了解企业是否为工伤员工先行垫付医药费，如有需要则提供工伤垫付凭证：银行转账凭证或含有工伤员工本人签字的收款凭证或收据。

魏仁民通过电话与张山联系沟通，通知张山需要提交的材料和提交材料的时间与地点，并详细了解具体情况。接收材料时，魏仁民记录了发票张数及总金额，让张山核对后确认签字，并提示说："如有住院发票，注意发票上的医院盖章是否清晰以及是否与病例薄记录的日期相对应。如果社保受理该问题发票，后台审核不通过，问题发票原件有可能无法退还。"

魏仁民整理张山的材料，检查复印件是否正反面都盖了社保备案章，然后携带材料去社保局柜面办理工伤理赔。

社保局柜面工作人员告知魏仁民，张山的鉴定结果信息未录入社保系统。于是魏仁民拨打鉴定中心电话，让鉴定中心工作人员当场录入办理。

材料申报后，魏仁民按规定存档相关材料，并通知张山返还材料的时间、地点，签收时找张山签字确认。

启示

- 社保专员必须了解工伤理赔办理的相关流程，服务到位，并认真办理好材料收取和发放等各个环节；此外，必须清楚申报工伤时的时间节点，以免延误。

一、申领工伤保险的流程

工伤保险的申领流程主要有四个步骤：工伤认定、工伤报销、鉴定评级、工伤待遇申领。这些都是由单位去办的，如果单位不去申请，也可以个人名义申请工伤认定。只有被认定为工伤才能享受工伤保险待遇。

（1）工伤认定申请。到社保局保险科领取工伤认定申请表（也可以在社保网站下载）、工伤申请说明。

（2）劳动能力鉴定、确认申请。社保局在工伤认定后就会发工伤认定结论通知书和工伤证。

（3）工伤社保登记和待遇核准。在社保局保险科做完工伤认定和劳动能力鉴定及工伤等级评定后，到社保中心做工伤登记和待遇核准，之后就可以报销与工伤有关的药费了。

二、办理工伤保险理赔

（一）工伤认定

1. 认定工伤的情形

职工有表 7－2 中所列情形之一的，即应该认定为工伤或视同工伤。

表 7－2 认定为工伤或视同工伤的情形

认定情形	工作时间内
应认定为工伤	由于工作原因受伤。
	在工作前后，由于相关的准备工作受伤。
	履行工作职责受到暴力等伤害。
	患职业病。
	因工作外出，由于工作原因受伤 / 发生事故下落不明。
	上下班途中，遭遇意外交通事故等伤害。
	法律法规规定的其他情形。
视同工伤	突发疾病死亡或在 48 小时内经抢救无效死亡。
	在抢险救灾等维护公共利益活动中受伤。
	职工曾在军队服役，因公致残，到工作单位后旧伤复发的。

2. 不得认定工伤的情形

依据《工伤保险条例》第十六条的规定，职工有下列情形之一的，不得认定为工伤或者视同工伤：

（1）故意犯罪的；

（2）醉酒或者吸毒的；

（3）自残或者自杀的。

（二）沟通提交材料的时间和方式

社保专员要通知员工需要提交的材料和时间、地点，同时着重了解以下情况：

（1）是报销医药费、伙食费，还是申请（更换）辅助器具；

（2）是否因交通事故受伤；

（3）是否有住院等情况。

（三）准备材料

根据沟通情况，分为报销医药费和一次性伤残补助金两种情况。

1. 报销医药费

须准备如下材料：

（1）身份证正反面复印件；

（2）银行卡（必须为一类卡）复印件，须员工抄写卡号并签名；

（3）工伤认定书复印件；

（4）病历卡原件及复印件（封面须复印）；

（5）医药发票原件（须有医院盖章）；

（6）出院小结原件及复印件（如住院须提供）；

（7）住院费用清单原件（如住院治疗须提供）；

（8）交通事故责任认定书原件及复印件。

2. 一次性伤残补助金

须准备如下材料：

（1）身份证正反面复印件；

（2）银行卡复印件；

（3）鉴定结论书复印件；

（4）工伤等级鉴定发票，若为电子发票须盖医院章。

（四）收取并审核材料

对收到的材料，记录发票张数及总金额，并让员工在核对后确认签字，如有住院发票，须核对发票金额是否与费用清单总金额一致。

（五）申报工伤理赔

须按照所需材料的顺序整理材料，并检查复印件是否正反面盖了社保备案章。

（1）报销医药费，须填写工伤（亡）职工医药费用报销受理审核单，要求填写医药费编号、发票日期、发票金额；申报一次性伤残补助金，填写工伤保险待遇申请表。

（2）把申报发票贴在 A4 纸上（鉴定类发票分开粘贴），一张 A4 纸正面上下分别贴两张发票，反面不贴；

（3）携带上述材料去社保局柜面办理工伤理赔。

单位可以登录自己的社保账号，在相关系统办理业务并上传资料。如在江苏省人力资源和社会保障厅网上办事服务大厅里就可以办理相关保险事务。点开社会保险后找到工伤保险服务，再选择一次性工伤医疗补助金申领，进入界面后上传相关信息后确认提交。一次性伤残补助金、一次性就业补助金的申领步骤也相同。

（六）处理工伤理赔后续事宜

材料申报后，还须处理如下后续事宜：

（1）按规定存档受理单原件和业务流转单；

（2）通过电话等联系方式与工伤员工进行沟通，通知员工返还材料的时间、地点；

（3）返还病历卡、出院小结等原件，员工须签收确认；

（4）扫描核定表并以邮件形式发送员工所属企业，核定表原件存放归档；

（5）如员工后续出现复查复诊等情况，及时告知员工带好工伤认定书原件前往医保定点医院，挂号时出示材料，即可进入工伤绿色通道，直接按报销费用扣除。

边学边练

3～5人为一组，每人查找并准备一个工伤保险的典型事例并进行交流分享。

在线练习

任务五　数智化福利管理

故事

马上到中秋节了，到底该给员工发什么样的福利呢？社保专员魏仁民开始犯愁。

首先是福利设计，中秋节是三大传统节日之一，其福利必须兼顾趣味和实用；其次是月饼选择的问题，既要满足员工多样的口味要求，还要提防食品安全问题；最后是物流问题，直接送到员工家里，并确保不能丢件和损坏等。除了这些，还要注意每年都在变化的员工需求、采购方案有没有超预算、供应商的样品质量和制作进度如何。传统福利管理的困惑如图7-5所示。

虽然目前已经有了一些解决和应对方案，如先调研员工需求再进行福利设计、用三家竞标的方法来选择最优的供应商和方案、联系物流一件代发等，但始终没有一劳永逸的方法出现。

近年来，员工需求已经不再拘泥于传统的节日食品、米、面、粮、油等福利，而是希望能有更多样化的福利。有人给魏仁民推荐了数字化平台，据说这种平台可构建更多样化的福利系统，整合涵盖员工的工作、生活、学习等各类需求，如工作上有工作餐、下午茶、工作装、文化衫等；生活上有住房补贴、交通补贴、班车服务、团建娱乐等；学习上有工作技能培训、兴趣社团等。此外，还有一些福利是员工较为关心，但非常容易被忽略的，如健康和保险。

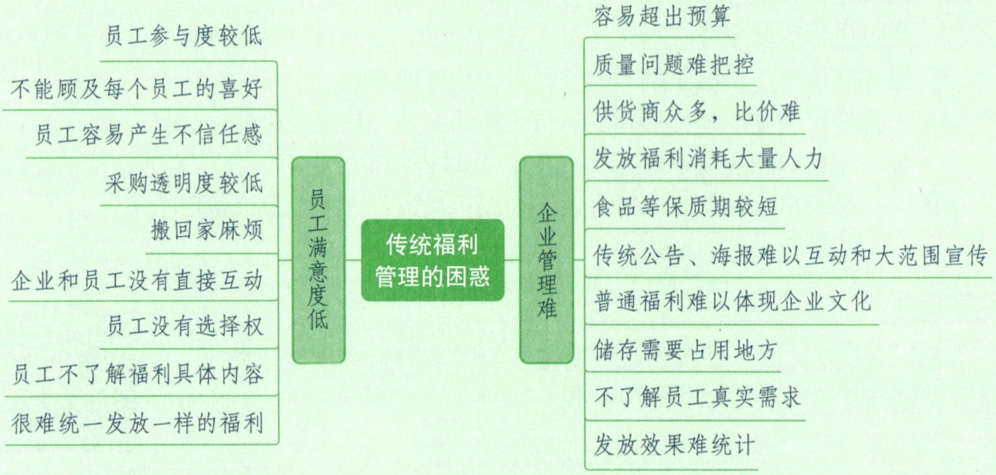

图 7-5　传统福利管理的困惑

魏仁民决定试一试，福利管理也要体现数智化带来的福利。

启示

- 信息技术使得社会保障体系更加完善，使用起来更加便捷。

一、数智化福利管理的概念

数智化也可以理解为是数字化+智能化，是在数字化的基础上的更高诉求，就是指在大数据分析中融入人的智慧思维，让纷杂的数据更好地聚合，提高数据的效用值，为人类提供智能化服务。从经营理念上看：数字化企业以企业内部管理为核心，满足相对确定化的需求；数智化企业则以客户运营为核心，围绕客户的个性化需求。从痛点解决上看：数字化企业主要是为了提升企业的经营效率，而数智化企业则是寻找企业创新迭代的支撑点。在人工智能和数字原生代两个因素叠加的时代，员工参与、业务敏捷、组织链接、协作环境成为影响组织绩效的重要因素。“协同、赋能、激活、共生”是人力资源管理数智化的关键词。

员工福利作为企业人力资源薪酬管理体系的重要组成部分，是吸引、保留与激励员工的有效方式。有效的福利不仅能激发员工动力，更是凝聚团队、强化企业和员工情感纽带的重要力量。企业员工福利数智化管理，是企业探讨业务层数智化转型的最佳切入点，对于企业来说，企业福利产品的供应链体系是轻量级的业务供应链，企业采购部门、信息部门、人力资源部门，甚至研发生产、财务均会参与其中，贯穿整个企业的方方面面，数智化福利管理流程将在全公司为企业数智化转型形成示范作用。福利管理数字化平台也将帮助人力资源部实现弹性福利管理模式，激活庞大组织活力。

二、数智化福利管理的作用

（一）提高企业知名度

许多企业提供了便捷的数字化福利平台供员工选择心仪的产品，并且越来越多的员工愿意在社交平台上分享公司的福利礼盒，从另一个角度宣传了雇主品牌形象。其实，企业福利可以看作企业文化的宣传名片，员工对福利的感知可能影响员工感受到的企业氛围。社交平台上的宣传在潜移默化地影响着大众对企业形象的认知，有助于提高企业知名度。

（二）达到企业和员工“双赢局面”

数字福利平台的上线，助推了企业和员工的“双赢局面”。对员工而言，弹性、多元化、灵活组合搭配的福利选品机制，最受职场人士的喜爱，员工能根据自己喜好或需求，选择中意的产品。如针对年轻员工，选择数字卡券、娱乐消费、3C 数码等产品进行搭配组合；针对家庭员工，倾向于选择生活刚需类产品，如粮油、生鲜水果、生活电器等；针对离退休人员，选择健康、刚需或具有年节代表性的慰问礼品，凸显企业的福利关怀氛围。

对企业而言，有了专业的福利平台做管理，大大提升了采购工作的效率，福利管理效能、福利运营成本也得以优化。如企业想要保持对员工长期、持续性的高频激励，可以借助积分方式，将福利平台与企业绩效平台或员工互动平台打通，这样不仅能为员工提供生日、年节福利等基础福利，还能够将福利扩展到以激励为导向的员工日常行为、绩效表现等各类场景，达到企业福利多场景落地，提高员工福利感知度、深化员工激励效果的目的。图 7－6 是善言无瑕集团股份有限公司员工积分福利平台框架。

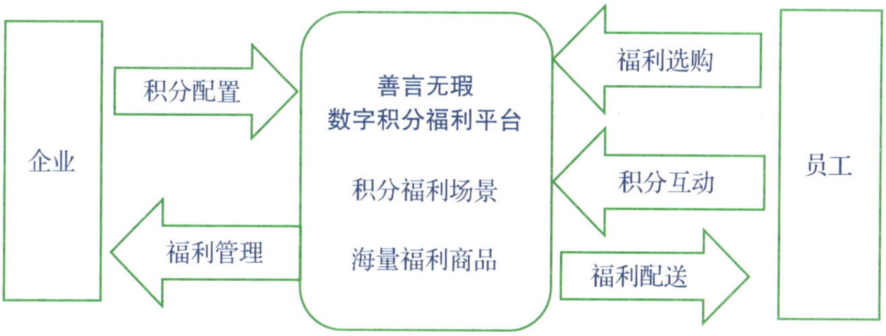

图 7－6 善言无瑕集团股份有限公司员工积分福利平台框架

通过数智化福利模式，打造或引入数智化福利平台，一方面能为企业整合多类型福利资源，在供应渠道、商品价格、商品品质、售后服务等多个环节把控服务质量，降低企业采购成本，保证福利价值的最大化；另一方面，福利平台的线上化流程操作，更便于行政部门了解和统计福利发放数据，节省大量人力投入成本及烦琐性工作，并且可以随时在平台灵活配置福利发放规则，掌握员工兑换进度和福利发放整体状况，有效管控福利成本，调整福利策略。

（三）提供智能化的高效服务

善言无瑕集团股份有限公司员工积分福利平台是面向企业客户推出的员工节日福利一站式数字化解决方案。通过将传统的“企业人力资源单向决策，员工被动接受”福利管理模式转变为“员工自选福利、自定义配送地址”的自由福利模式，数字积分福利平台能够实现福利发放与员工满意度之间的高度契合。在员工健康管理方面，善言无瑕集团股份有限公司打造的“宜企健康”健康管理平台，不仅能够为员工提供“互联网+医+药+险”的全渠道、全场景的健康管理服务，还能借助手环、手表等智能设备帮助员工进行生理参数的实时监测并进行针对性健康干预，实现主动式健康管理；通过在企业部署善智康智能初筛机器人，“宜企健康”健康管理平台还能为企业员工提供更加全面的生理体征和指标检测服务。

在员工保险方面，“企业端保险管理平台”则能够为员工提供高效、便捷的福利类保险服务，包含团体险及个人保险类产品，满足不同企业高性价比、定制化的福利保障方案。通过“企业端保险管理平台”打造的企业端保险管理平台，人力资源管理人员还能够随时进行保单查询、保单批改、凭证管理、员工清单下载等工作，实现对于员工保险的高效管理。

当人力资源管理进行数智化转型时，变革的不仅是人力资源管理的技术手段，而且是新的管理理念、管理思维和管理方向。通过数智化技术连接员工和企业，赋能每个员工；通过创新的数据系统和服务，让每个员工都能享受数智化技术带来的革新体验，使企业在与员工协同发展的过程中，提升并巩固核心竞争力，让企业绩效得到成倍增长。

在线练习

边学边练

3～5人为一组，每人查找并准备一个数智化福利管理的方案并进行交流分享。

项目八 劳动关系专员

学习目标

知识目标

- 了解职位变动类型，职位变动沟通要点，员工冲突的类型及原因；
- 掌握职位变动沟通原则及流程，员工冲突处理与预防，离职面谈原则；
- 熟练掌握化解员工冲突的方法，离职面谈流程及离职面谈技巧；
- 熟练掌握数智化劳动关系管理的原则，电子劳动合同签订方法，数智化劳动争议处理程序。

技能目标

- 能熟练掌握职位沟通要点、原则，独立解决工作中的职位变动问题；
- 能够熟练掌握化解员工冲突的方法，独立解决员工冲突；
- 能够熟练掌握数智化劳动关系管理处理方法和技巧；
- 独立做好员工离职面谈工作，并从中获得对自身有用的信息。

素质目标

- 培养良好的沟通能力和解决问题的能力；
- 培养为人民服务的良好品行。

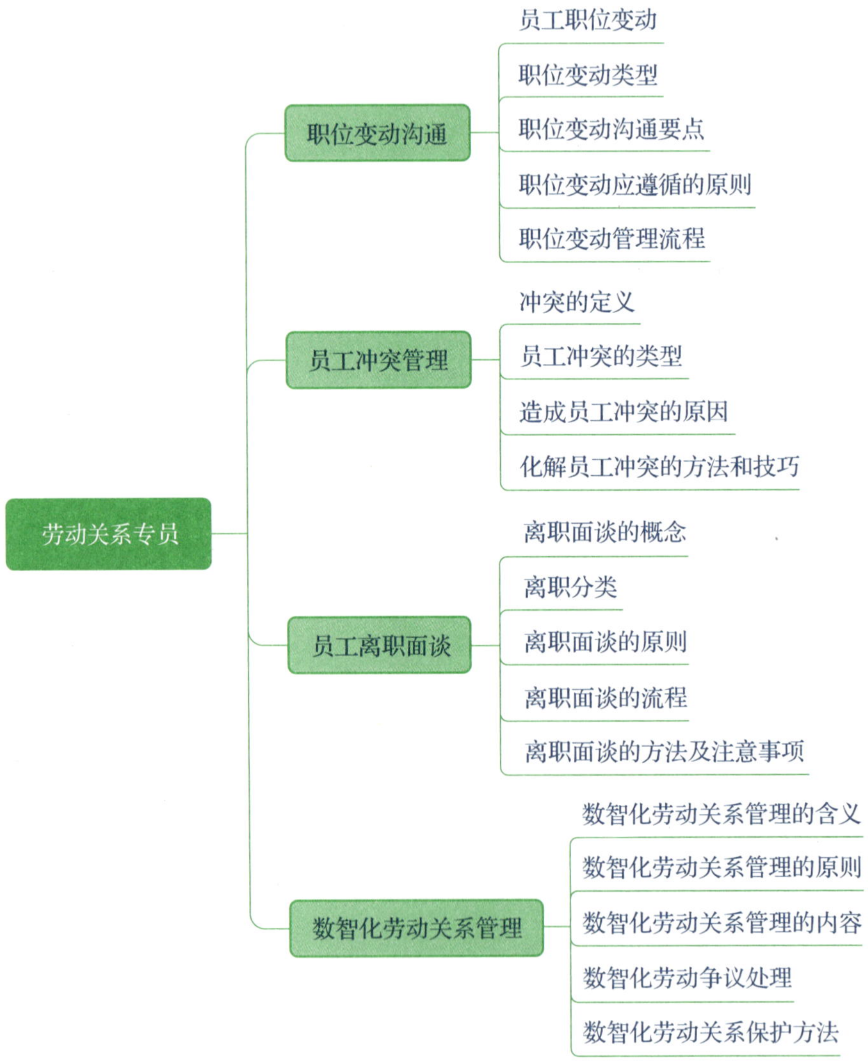
劳动关系专员
职位变动沟通
员工职位变动
职位变动类型
职位变动沟通要点
职位变动应遵循的原则
职位变动管理流程
员工冲突管理
冲突的定义
员工冲突的类型
造成员工冲突的原因
化解员工冲突的方法和技巧
员工离职面谈
离职面谈的概念
离职分类
离职面谈的原则
离职面谈的流程
离职面谈的方法及注意事项
数智化劳动关系管理
数智化劳动关系管理的含义
数智化劳动关系管理的原则
数智化劳动关系管理的内容
数智化劳动争议处理
数智化劳动关系保护方法

任务一 职位变动沟通

故事

王强是善言无瑕集团股份有限公司运输部的普通职员，负责运输督导工作。

一天部门经理找到他说："客票部李雯缇怀孕了，下周你去销售部做业务。"

王强说："我是搞货运的，对销售部业务不太懂啊！"

经理说："你去学习一下，这点困难，难不倒你！"

于是王强便去从事开票工作了。

可过了一周，经理又找到王强说："公司技术部最近很忙，你去技术部工作吧！"

王强说："没问题。"

于是他就到技术部去了。

没过多久经理调走了，经理向上级领导推荐王强来接替他的职位，上级觉得王强不仅懂销售和技术工作，而且懂货运和仓储，于是提拔王强为运输部经理。

启示

- 领导在解决员工职位变动问题时，主要从员工自身需求、员工个人发展、公司岗位人才储备三方面考虑：员工只有在做好本职工作的同时，还能够不断学习业务知识和专业技能，才能成为公司储备人才。王强通过自身的努力，掌握工作业务和技能，在领导加持下获得职位晋升的机会。

一、员工职位变动

员工职位变动是指平级变动组织内部员工的工作岗位或工作现场。员工职位调整是组织根据实际需要，调剂各岗位员工的余缺，将职工从原来的职位上调离，担任新的职位。

二、职位变动类型

员工职位变动一般包括晋升、降职和平调三种，其中晋升和降职涉及职级的调整，属于纵向流动，是员工异动管理的重点和难点；平调是指员工在组织内部的工作调整和岗位变动，属于横向流动。

（一）职位晋升

1. 职位晋升的定义

职位晋升是依照员工的工作表现，结合员工具体学识、能力、工作经验等要素，对满足工作条件的员工做出由低到高的职位调整，其中可能包括薪酬及其他与岗位匹配的福利待遇调整。

2. 职位晋升的作用

职位晋升是企业的一种重要激励措施。企业职位晋升有以下作用：

（1）对个人的作用。对个人来讲，职位晋升是员工个人职业生涯发展的重要途径。员工获得了晋升的机会，会认为这是企业对其工作能力与工作业绩的肯定与赏识，是自身机制的提升，是个人职业生涯成功的标志。职位晋升将给员工带来经济地位与社会地位的提高，提供进一步晋升的机会以及更多的外部选择机会等。

（2）对企业的作用。相对于其他激励措施，晋升可以鼓励组织成员的长期行为。晋升前企业需要对被晋升者进行长期的业绩评价，所提供的激励是一种长期的激励，进而激励组织成员的行为要符合企业的长远利益。

企业从内部晋升优秀员工，能使与企业同甘共苦、一起成长的员工受惠于企业发展的成果。相对于外部招聘，企业从内部提拔合适的人选更能增强企业的凝聚力。

内部晋升的员工已经认同企业的价值观、熟知企业的运作，比外部招聘的员工有更强的适应性与融合性。内部晋升可以使员工将个人职业发展与企业长期发展相结合，从而增强员工对企业的归属感与忠诚感。

（二）降职

1. 降职的定义

降职是从较高的职位降到较低的职位，意味着削减或降低被降职人员的地位、权力、机会和薪金。

降职的原因一般有以下四种：

（1）由于组织变革、机构调整而需要精减工作人员；

（2）经培训后仍不能胜任本职工作，调任其他同级工作又没有空缺，因此需要降职；

（3）因身体健康状况欠佳、不能胜任繁重工作等原因，员工自己提出降职要求；

（4）依照奖惩条例，因员工违反组织纪律，组织对员工做出降职的处罚。

2. 降职的处理方法

基于以上不同的降职原因，企业所采取的降职处理方法也不同。对潜力有限的员工，企业应该对其潜在能力进行分析，将其调到适合的岗位上。对态度有问题的员工，应找出问题的根源，据此采取相应的措施。对能力有问题的员工，要视其原因分别处理：应急晋升上岗的，没有经过必要的培训与试用过程，应给予补课的机会；绩效周期结束无法适应本岗位者，则予以降职处理。

3. 降职处理的程序

（1）各部门负责人根据部门发展计划、职位变动、员工考核等情况进行人员调整分析，向人力资源部提出员工降职申请，填写人事异动申请表；

（2）人力资源部门结合人力资源规划及相关政策，审核、调整各部门提出的降职申请。接受用人部门人员降职申请后，与降职人员所在部门进行沟通，确认同意后，按授权向总经理提出人员变更申请。

（3）总经理对人力资源部提出的员工降职申请书进行审定。

（4）人力资源部接到总经理批复后，将相关信息反馈至本人及相关部门，填写人员异动登记表，保存相关人事档案。

（5）各用人部门接到降职人员通知后，首先在部门内部进行工作交接手续，然后通报人力资源部处理情况。

（6）人力资源部接到用人部门处理情况后，做相应的人事档案调整。

（三）内部流动

1. 内部流动的定义

内部流动是员工在企业内部的工作调整和岗位变换，是依照员工的工作绩效，结合员工本身的工作能力、学识、经验等要素，结合企业各部门人员需求，优化人员管理，对从事某一岗位的员工调任至另一工作岗位的人事管理。

2. 内部调动的申请

（1）员工自主申请。员工可根据自己的能力专长和相应岗位的岗位说明书提出申请，经人力资源部会同该员工直接上级共同考查合格者，列入职务轮换备选人员档案，以便在适当时机选任。

（2）部门申请。部门负责人根据本部门发展规划和职位变动情况，向人力资源部提出内部调动申请。

（3）人力资源部结合企业人力资源规划以及培育与开发策略，审核、调整各部门提出的内部调动申请。

3. 内部流动的形式

员工内部流动的主要方式有平级调动和竞聘上岗两种方式。

（1）平级调动是指企业内部人员在同级水平的职务之间调动。这是较常见的人员配置方式。一个组织可供晋升的职位毕竟是有限的，职位越高可用于晋升的职位就越少，多数人员只有在同级水平调动。但是平级调动也有激励作用，如将经常上“三班”的员工调到白天上班。如果员工被调任到一些重要的岗位，平调之人也有受重用之感，从而激发其工作积极性。

（2）竞聘上岗是指在企业或组织内，按照确定的岗位职责及岗位说明书的任职资格条件和录用要求，公开选拔岗位人员的一种方式。实施竞聘上岗这一举措，可以让员工平等参与岗位竞聘。竞聘内容包括民主评议、笔试、演讲、面试等。企业可根据自身实际情况灵活选择考核内容与考核方式。

4. 内部流动的流程

（1）人力资源部进行审核。审核的内容主要有：部门发展人员计划是否可行；部门内人员变动人数是否属实；所提出的轮换人员是否符合轮换条件。人力资源部要综合考虑各部门职位变动情况，调整各部门轮换申请。

（2）人力资源部做出内部调动的报告以及内部调动的计划。人力资源部做出内部调动的报告应包括拟轮换职位名称、轮换原因、轮换人员数量、候选人名单及情况介绍等。

（3）上级主管部门领导审批。

（4）员工参加新部门的面试和录用程序。

（5）人力资源部将核准人员的人事异动申请表发至本人及相关部门并配齐以下材料：拟轮换职务人员的基本材料；员工绩效考核表；直接上级对其所做的全面鉴定。

（6）人力资源部填写人员异动登记表及相关人事档案并保存。

（7）员工交接工作，到新部门报到。

（8）调整线上部门分配及系统权限。

三、职位变动沟通要点

企业为了让员工能够较为顺利地融入新岗位，通过入职前谈话的方式，帮助员工了解新岗位的工作内容、工作职责、工作过程中可能会面临的挑战，使其能够做好新岗位工作。

（一）职位晋升后沟通

企业内部晋升是一种留人和用人的好方法。确定晋升事宜后，企业管理者需与晋升的员工进行沟通，其目的在于让员工知道自身的工作表现、新岗位的工作内容、责任、挑战及目标，便于员工比较顺利地进入角色，同时以期达到员工到新岗位后更加愉快、敬业地工作的目的。晋升后沟通可选择两个节点：

（1）异动员工直接上级部门通知晋升者之后。

（2）异动员工与其上级部门直接主管沟通后，晋升通知发布前。

（二）调岗沟通

企业在制定有关调岗制度后，与调岗员工进行有效的沟通，实行双方见面、双向选择等方法，减少由于岗位突然变化给员工带来的不安心理。

每一个调岗员工在新岗位都要经历一个由适应到熟悉，再到独立进行工作的过程。管理者可以通过岗位工作分享方式来缩短调岗员工的适应期，降低工作失误的概率。

（三）降职沟通

被迫降职的员工，其情绪难免会受到影响。总结实践经验，他们的心态大体可划分为以下几种。针对不同的心态，企业管理者在与他们进行沟通时，需具体问题具体分析。

1. 员工觉得没有面子，情绪低落

这种情况下管理者应给予员工关心与呵护，多鼓励、多沟通，尤其是当员工在新岗位上做出成绩后，要及时反馈，以增强其自信心。

2. 不服从管理，为自己的错误找理由

这种情况需要企业管理者给予员工明确的批评与教育，帮助其重新认知自我。

3. 积极调整心态，进而提升自己

企业管理者可以加强对员工的培养与指导，适时给予鼓励。

四、职位变动应遵循的原则

（一）因事设岗原则

因事设岗是企业岗位设置或调整的根本原则。决定企业岗位设置的是企业的目标和任务，而不是具体个人。企业只能因岗找人，不能按人设岗。“人尽其才”是把合适的人放到合适的岗位。企业不能据此开“因人设岗”的先河，否则可能导致企业用人失控。

（二）切合实际原则

岗位设置因企业而异，没有标准配置。企业现阶段的工作和所处区域制约企业岗位设置。岗位设置以满足企业正常运转为前提。岗位设置的理想状态是：事事有人做，人人有事做，岗位不重复，工作无遗漏。

（三）工作饱和原则

只有每一个岗位都能满负荷工作，才能保证组织效率最佳。“无事生非”对组织的伤害或破坏作用不容小觑。工作饱和原则也可称为最少岗位数量原则。能用一个岗位完成的任务决不设置多个岗位分担，否则，就会产生“三个和尚没水喝”的不良后果。

（四）最低职务原则

凡是能够用低职务岗位员工完成的任务，就不要设置高职务岗位，以减少企业的人工成本。最低职务原则也可称为成本控制原则。工作饱和原则和最低职务原则，可以减少企业管理层级，也可以稳定员工队伍，因为低职务岗位员工有足够的上升空间。

（五）协调配合原则

企业任何目标的达成都不是单一岗位所能实现的，必须多岗位协同。企业岗位设置也是一项系统工程，纵向支持、横向配合必不可少，主持岗位、支持岗位相互依存，必须全面考虑，不能顾此失彼，也不能交叉重叠。

任何岗位都是企业组织架构上的一环，不能孤立存在。现代企业是分工协作的产物，团队力量大于个人之和就是分工协作的结果。岗位配置得当，就能博采众长；岗位配置失衡，就会出现瓶颈或短板。协调配合原则也可称为最优组合原则。让 1+1>2，就能发挥企业整体组织的最大优势。

（六）兼顾发展原则

打算实施公司化运作的企业都是向上、向前发展的企业，因此设置或调整岗位时要适当兼顾企业发展战略，即设置少量企业发展起来后才会启用的岗位。这类岗位往往是企业的高阶岗位，目前企业无人担任但又是企业规范运作所需。这类岗位通常由企业总经理或该岗位的上级兼任，待企业发展到一定阶段之后，再寻找合适的员工担任。这类岗位对现有员工也有一定的鼓舞或感召作用。这类岗位只有在企业必需而内部无人时才考虑从外部引进。这条原则与最低职务原则是一致的，只不过兼顾发展原则更注重企业发展的前瞻性。

五、职位变动管理流程

对于员工来说，岗位调整是很常见的事情。但是调整岗位需要遵守法律的流程。员工调岗的流程有：

（1）员工主动要求调岗。个人写申请，交给部门主管，部门主管同意后交给人力资源部经理，人力资源部经过审核同意后签发调岗令。

（2）公司安排的调岗。一般是人力资源部经理签发，盖章后交给调岗部门经理，要求其通知相应员工到新岗位报到。

（一）调岗管理程序

（1）申请调转为生产岗、销售岗或兼职岗的员工，在符合申请条件的情况下，由个人填写书面调岗申请书，部门主管审批后，提交人力资源部审核，审核通过后本人填写员工人事变动表，经总经理审批通过、人力资源部备案后方可执行。

（2）申请调转为后勤岗的员工，在符合申请条件的情况下，由个人书面填写调岗申请书，部门主管审批后，提交人力资源部审核，审核通过后方可参加竞聘会。竞聘通过后本人填写员工人事变动表，经总经理审批通过、人力资源部备案后方可执行。

（二）单位可否单方调整工作岗位

根据《中华人民共和国劳动法》规定，劳动合同必须具备工作内容的条款。工作内容是指用人单位安排劳动者从事什么工作，是劳动者在劳动合同中确定的应当履行的劳动义务的主要内容，包括劳动者从事劳动的岗位、工作性质、工作范围以及劳动生产任务所要达到的效果、质量指标等。用人单位一旦在劳动合同中就工作内容与劳动者达成了一致，即产生法律约束力，因此，用人单位单方面变更工作岗位属于违法行为。

在合同期内有两种情况，用人单位可以变更劳动者的工作岗位。根据原劳动部办公厅《关于职工因岗位变更与企业发生劳动争议等有关问题的复函》的规定精神，符合以下情况，用人单位可以变更劳动者工作岗位：一是在协商一致的前提下。如劳动合同签订时所依据的客观情况发生重大变化，企业生产经营状况发生严重困难，不得不调整劳动者工作岗位，经双方当事人协商一致，若不能达成协议，则可按法定程序解除劳动合同。二是企业在经过培训后，劳动者不能胜任工作，则企业有权做出调整工作岗位的决定。

员工职位变动流程如图 8 - 1 所示。

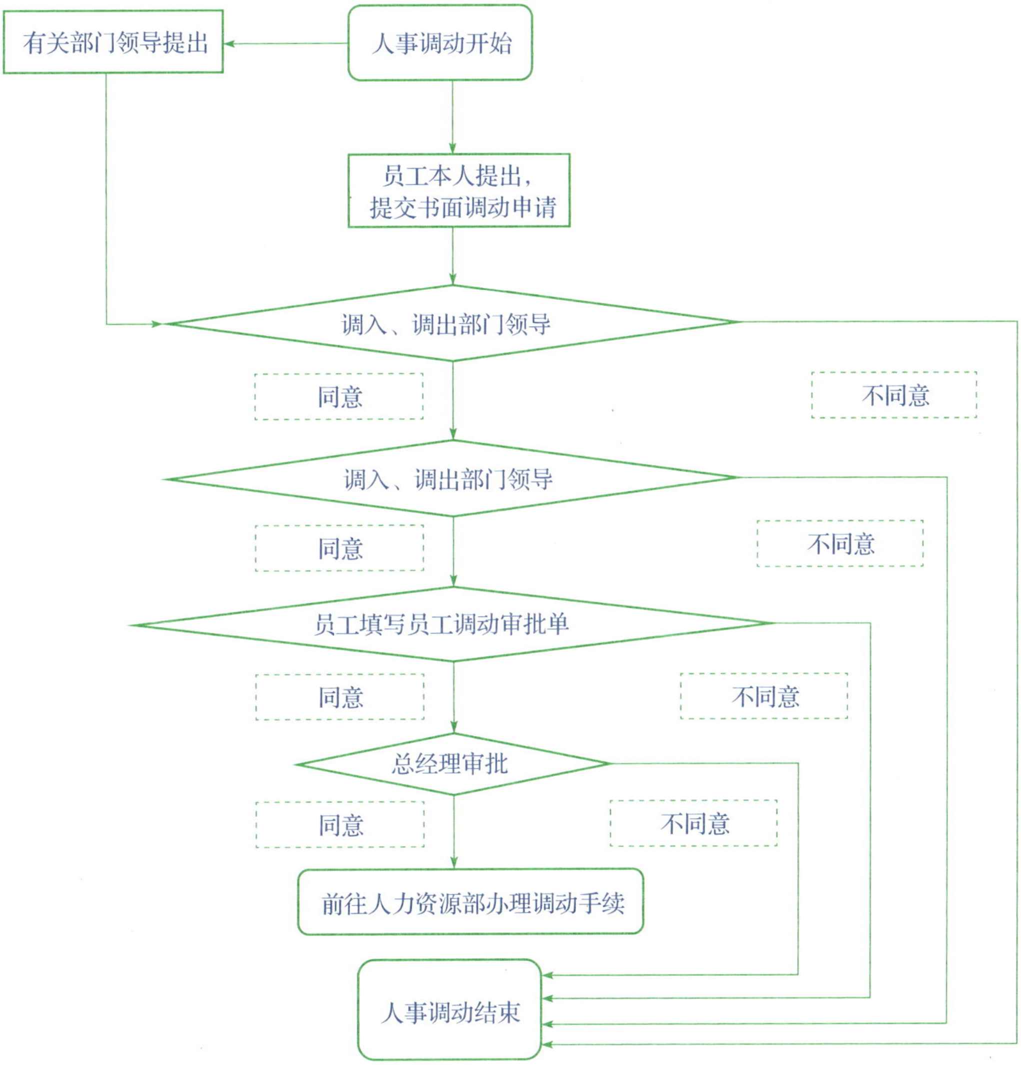

图 8－1　员工职位变动流程图

边学边练

善言无瑕集团股份有限公司对于内部中层管理人员以上职位的晋升，一直根据的是员工过去的绩效及直线上司的建议。技术部经理辞职之后，人力资源部开始挑选下一任经理。技术部经理之下设有两个高级技术主管，一个是负责程序开发的高某，另一个是负责软件模块研发的刘某，单纯从绩效考核结果来看，两个高级技术主管在过去两年的绩效都显示为优。假如你是人事经理，你觉得谁是最适合做技术部经理的人选？

在线练习

任务二 员工冲突管理

故事

贾浩然在善言无瑕集团股份有限公司销售部工作，为人随和、不喜欢争执，和同事之间相处得非常融洽，平时经常帮助其部门的同事解决工作中的问题，深得领导和同事的好评。但最近一段时间，贾浩然十分苦恼，原本一起工作四年的李雯缇，在工作中总是指桑骂槐地数落他，合作的合同项目也有意让贾浩然自己完成，甚至还在私下抢了贾浩然的好几位客户。起初，贾浩然觉得都是同事，没有什么大不了的，忍让一下就算了，可是李雯缇不但没有收敛自己的行为，反而越来越嚣张。无奈之下，贾浩然气冲冲地走到部门经理的办公室，将李雯缇的行为讲述给部门经理，经理听后立即派秘书把李雯缇叫到办公室，不分青红皂白地狠狠批评了李雯缇一顿。从此，贾浩然和李雯缇成了绝对的冤家对头。

启示

- 贾浩然和李雯缇的情况是职场中经常出现的。当一向和谐的同事关系出现问题时，正确的处理方法应该是反思是什么原因导致了员工之间冲突，过度忍让并非解决问题的好办法。在职场中，同事之间存在矛盾是正常的，有效的沟通方法不仅可以化解沟通中的障碍，还可以提高沟通的质量和效果。由此可见，有效沟通对化解职场员工之间的冲突尤为重要。

有人的地方就有冲突，企业自然也少不了冲突。企业员工的冲突是多种多样的，比如部门之间的冲突、部门内部员工之间的冲突、不同部门员工之间的冲突，等等。冲突是随时可能发生的，管理者也需要不停地解决这些冲突。只要企业存在一天，冲突就会存在一天。

传统的观点认为冲突是一件坏事，所有的冲突都要被及时消灭。而现代的观点却认为，冲突未必一定是一件坏事。既然它一定存在，我们为什么不能把坏事变成好事呢?

一、冲突的定义

冲突既包括人们内心的动机斗争，比如要对一件事情进行抉择；也包括外在的实际斗争，比如争吵、打架、战争，等等。从管理心理学角度来讲，我们可以把冲突看成两种目标的互不相容或互相排斥。

（一）冲突的传统观点

传统观点认为，冲突总是不好的事情，任何事情都要尽量避免冲突。这是因为：

（1）管理人员不希望看到冲突，如果没有冲突，一般会认为管理人员的工作比较得力；

（2）冲突会威胁到组织或群体的内部和谐与团结；

（3）冲突会让员工感到不安，从而影响工作效率。

（二）冲突的现代观点

现代行为学派对冲突则是另外一种看法，该学派认为：

（1）冲突是不可避免的，它是自然发生的；

（2）对待冲突的态度只能是接受；

（3）冲突不仅有负面作用，还有正面的影响；

（4）既然冲突是合理存在的，我们只能尽可能地有效处理冲突事件，最大限度地发挥冲突的正面作用。

（三）员工冲突的定义

员工冲突是员工与员工之间、员工与组织之间的目标不相容或相互排斥而产生的结果。

二、员工冲突的类型

（一）目标冲突

当员工所希望获得的终极状态互不相容时，就会产生目标冲突。比如，一位员工希望有一个安定的工作环境（以便能够继续复习上学），而企业经常派他出差去跑销售，这时就会产生目标冲突。目标冲突是最常见的冲突类型，由于涉及冲突双方的利益问题，因此该类型的冲突也是最难处理的。

（二）认识冲突

当员工的认识（建议、意见和想法等）与他人或组织的认识产生矛盾时，会产生认识冲突。比如，员工认为公司的工作考评方式不太合理，而管理者认为这种考评方式是适用的，这就产生了认识冲突。

（三）情感冲突

当员工在情感或情绪上无法与他人或组织相一致时，就会产生情感冲突。情感冲突一定有其能够产生此种情感的背景事件，有时找到了背景事件，并能够很好地解决就能缓解情感冲突。当情感已经成为一种定式时，单靠具体问题的解决是行不通的。这就需要冲突双方（或借助第三者）进行充分的沟通，使相互之间取得信任，从而解决情感冲突。

三、造成员工冲突的原因

（一）员工个体冲突产生的原因

员工个体冲突是指员工自身的冲突，这种冲突一般与其他人员没有直接的关系。员工个体冲突可分为双趋型冲突、双避型冲突及趋避型冲突三种。

1. 双趋型冲突

冲突各方本身对员工自身是有利的。比如，员工工作业绩突出，公司准备对该员工进行奖励，让员工选择去旅游还是去培训。这种冲突不论选择哪一种，对员工都是有利的。

2. 双避型冲突

与双趋型冲突正好相反，冲突各方本身对员工自身是不利的。比如，由于员工工作成绩不佳，公司让员工选择降薪还是辞职。

3. 趋避型冲突

冲突各方本身有可能对员工自身有利，也可能对员工自身不利。比如员工重新选择工作，有可能选择到比现单位更好的地方，也有可能新的单位不如现在的单位好。

（二）员工之间冲突产生的原因

在企业内部，一旦员工之间发生矛盾和冲突，管理者有责任站出来协调矛盾、化解冲突。然而“劝架”并非易事，既要保持公正的姿态，又得顾及双方的颜面。只有掌握劝架的“艺术”，才能成为化解矛盾的高手，化干戈为玉帛。

在解决员工冲突时，首先要搞清楚矛盾与冲突是由什么引起的，只有找到了原因，才能对症下药地解决矛盾与冲突。一般来说，员工之间产生矛盾与冲突有以下几种原因：

1. 因处事策略不同引发的矛盾冲突

每个人都有自己的个性、认知以及对问题所持的态度，这导致人与人之间在处世策略方面有差异，如果这些差异得不到有效的调和，就很容易产生矛盾与冲突。

一般来说，处于矛盾中的当事人不会轻易放弃自己的处世策略，除非你真的能让他们认识到自己的处世策略有问题，否则最好不要轻易指责矛盾一方的处世策略。如果你武断地说某一方的处世策略不对，就很容易激怒他，使其产生抗拒心理，这样对解决矛盾冲突是非常不利的。

最好的办法是用事实说话，让双方亲眼看到彼此处世方式的优劣。比如，你可以让双方各自去试着做一件事，或者来个竞赛，将任务分成若干部分，让他们分头处理，用最后的结果来证明自己。

2. 因责任归属不清产生的矛盾冲突

部门的职责不明、员工个人的职责不清，这也是造成矛盾与冲突的常见原因。比如，某些工作大家都认为不是自己职责范围内的工作，结果大家都没有做；而有些工作大家都认为是自己职责范围内的工作，结果大家都做了。对于这种情况，矛盾的双方都有责任，但管理者的责任更是不可推卸。因为员工之所以不清楚工作、责任的归属，很大程度上是因为管理者没有清晰地划分工作职责。因此，解决这种矛盾冲突，管理者首先要站出来承认自己的错误，安抚冲突双方的情绪，然后立即划分工作，使双方明确各自的责任。

当然，有些职责不用划分，员工理当清楚。对于这种责任，如果员工推卸，并且与其他员工发生矛盾，管理者有必要客观地指出他的错误。同时，让他承担接下来的工作，这样的处理是相对比较公平的。

3. 因个人情绪产生的矛盾冲突

每个人都有情绪，因情绪产生的矛盾冲突是短暂的矛盾，但却是较难处理的矛盾。因为人的情绪无法预测、难以控制，在处理的时候，管理者稍有不当，就很容易被误认为是在偏袒一方，这样就容易使彼此的情绪升级，进而引发更大的矛盾。

4. 因争夺资源引发的矛盾冲突

企业的资源是有限的，这种稀缺性的资源很容易导致员工展开各种形式的争夺。这种争夺在一定程度上会导致矛盾和冲突，比如，公司计划在内部提拔一位经理，但是还未决定提拔谁。员工得知这一消息后，为了获得提拔，不惜明争暗斗，这样就很容易引发矛盾冲突。

对于这种矛盾冲突，管理者可以开诚布公地宣布：大家要公平竞争，凭个人能力来竞争，如果有人暗中使坏，使用不正当手段争夺，一旦发现，他将承担后果。这样做是为了保持企业内部的纯净氛围，这对企业发展十分重要。

5. 因利益不一致引发的矛盾和冲突

利益不一致是引发矛盾和冲突的常见原因。利益冲突体现在两个方面：一个是直接利益冲突，如待遇不公平；一个是间接利益冲突，如培训机会不公平。

对于这种矛盾冲突，管理者有必要认真分析引发冲突的事件到底是否存在不公。例如：如果是因为给员工的待遇不公引发了矛盾冲突，管理者有必要及时澄清待遇不同的原因。如果引发利益冲突的事件不是公司的过错，那么管理者有必要提醒冲突双方：要彼此尊重，为利益而争正常，但要用正当的手段去争夺，仅靠争夺是不行的，不妨通过合作的方式，彼此分享利益。

6. 因员工角色矛盾引发的冲突

角色冲突指的是在企业中，员工对自己的角色定位不明确，或因员工没有认清自己的角色定位而引发的冲突。企业中由于职位的不同存在多种角色，如销售人员、研发人员、财务人员，他们在不同的岗位上，对待同一个问题或现象时，思考的角度可能不太一样，因此就容易产生矛盾。

对于这种问题，管理者应积极反思，是不是公司的岗位说明书不清楚，导致员工不明白自己的角色定位。如果是这个原因，管理者应及时完善公司的岗位说明书；如果不是这个原因，管理者应客观地指出矛盾冲突双方的冲突点，并以理解的心态劝和双方。

总之，无论员工的冲突是因什么引起的，管理者在处理时都应该学会倾听。倾听是化解冲突的最佳办法，也是安抚冲突双方情绪的有效手段。在倾听的基础上，再以公正的处事原则巧妙地协调矛盾双方，使矛盾冲突尽快化解，使彼此握手言和。

四、化解员工冲突的方法和技巧

（一）化解员工冲突的方法

当冲突发生时，我们首先要辨别冲突的类型，对不利的冲突必须加以解决；其次应当辨别冲突发生的范围，判断这是员工之间的冲突、员工与企业之间的冲突，还是部门之间的冲突。

1. 协商法

这是一种常见的化解冲突的方法。当冲突双方势均力敌，并且理由合理时，适合采用此方法。具体做法：管理者分别了解冲突双方的意见、观点和理由，然后组织一次三方会谈，让冲突双方充分地了解对方的想法，通过有效的沟通，最终达成一致。

2. 教育法

如果员工是因为一些不切实际的想法而产生自身冲突，管理者可以帮助员工认清自身的现实情况，教育员工用正确的方法来看待问题、认识问题，从而帮助员工化解冲突。

3. 拖延法

如果双方的冲突并不是十分严重，并且这些冲突对工作并没有太大影响，采取拖延法效果较好。随着时间的推移和环境的变化，以及冲突双方认识不断深入，冲突可能会自然消失。

4. 和平共处法

当员工之间的价值观和宗教信仰发生冲突时，宜采用和平共处法。冲突双方应求同存异，学会承认和接受对方的某些方面，共同发展。

5. 转移目标法

当员工自身产生冲突时，采用转移目标法更为有效。比如让员工将注意力集中在某个兴趣点上，淡忘那些不愉快的事情。

6. 上级干预法

当双方冲突严重，并且冲突的一方明显不合情理时，可以向上级领导直接反馈，寻求上级领导的帮助，避免以后再起冲突。

（二）化解员工之间冲突的技巧

1. 调解前先弄清楚事情的基本情况

一是弄清冲突的焦点。不弄清冲突的焦点是什么、争执的对象是什么，只根据表面现象或一时的表现着手调解是不妥当的。二是弄清当事人。例如：有时张三和李四的纠纷只是表面现象，而赵五和王六之间的纠纷才是实质或是主要问题。只有将主次关系或轻重关系都理清楚，调解时才能“对症下药”。对纠纷各方当事人的思想状况及在矛盾中所处的地位要基本掌握，从而根据不同的当事人确定不同的调解方法。三是弄清产生冲突的背景。有的纠纷是误会产生，有的纠纷是一些不实之言。因此，弄清冲突产生的真正原因，纠纷也就容易平息了。

2. 公正的态度

调解纠纷时要注意：和事佬、欺软怕硬的方法都不利于冲突的处理和解决，应当以真诚、负责的态度来公正处理。这样不仅能有效帮助当事人解决纠纷，也会增加当事人对调解人的信任和尊重。

3. 调解要先经过一个“冷处理”阶段

当事人正在气头上，不利于矛盾解决，所以应让当事人暂时分开，或让其中一方回避。在整个过程中，调解人要有足够的耐心。

4. 调解过程中要认真倾听当事人的陈述

调解人要明白纠纷双方都可能感情用事，因而在耐心倾听的过程中要思考一些问题：当事人的陈述有没有夸大不利于对方的成分，掩盖或缩小对自己不利的地方？调解人是否保持了冷静，不受当事人情绪的影响？当事人的陈述有没有前后不一致的地方？适当的时候，调解人可以向当事人提出有关问题，以便厘清事实。必要时，也可侧面向知情者了解情况。

5. 必要时借助其他方面的力量

有的纠纷双方互不相让，矛盾尖锐，调解人可考虑通过其他有威信的人，如父母、前辈来协助调解，使冲突缓和下来，直到最后解决。

6. 劝解员工冲突的方法

（1）当面劝解。有的纠纷已争执清楚，当事人也有解决问题的思想基础，这时可以把双方当事人叫到一起，彼此把问题说清楚，握手言和。

（2）引导劝解。对于火气大、缺乏解决问题思想基础的人，应耐心引导他站在对方立场上考虑问题，同时让他看到自己的不足之处，然后再来解决纠纷。

（3）迂回劝解。有时当事人背后还有支持者，可先做支持者工作，通过支持者迂回地做当事人的工作。

员工之间有纠纷、冲突和矛盾都是正常的，如果是良性冲突，还会有利于团队建设与发展，关键是要做到正确处理和调解纠纷。

边学边练

赵一箭是善言无瑕集团股份有限公司的技术人员，丁疾书是其技术部门总监。赵一箭对丁疾书的管理有意见，某天，在大庭广众下，赵一箭将一瓶番茄酱砸到丁疾书的脸上，丁疾书满脸番茄酱，狼狈不堪。假如你是公司劳动关系专员，你应如何化解赵一箭与丁疾书之间的冲突？

在线练习

任务三 员工离职面谈

故事

姚励志是善言无瑕集团股份有限公司的员工，2019 年 3 月 1 日入职，2020 年 7 月 1 日以家中有事为由提出辞职。在正式离职的当天，人力资源部经理胡印财递给姚励志一份离职面谈表。

胡印财："姚师傅，请坐请坐。这是离职面谈表，请您填写。按照离职流程规定，由我代表公司向您询问离职原因。请问您为什么要离职呢？"

姚励志："因为我家中有事。"

胡印财："家中有什么事情需要处理？"

姚励志："胡经理，这是我个人的私事，我不想说。"

胡印财见姚励志显得非常抵触，不愿意透露真实原因，便不再继续追问。

胡印财从企业福利待遇、工资、管理方式、工作的感受等方面展开面谈。

经过离职面谈后，胡印财了解到姚励志辞职的原因并非"家中有事"，真实原因是他不满意自己的实得工资，觉得自己的工作单一、枯燥无味，没有发展前景，而且产线的空气质量差。他有几个朋友在南京做模具方面的工作，所以想到南京和他们一起发展。

启示

- 倘若产线工作可以实现岗位的轮换，员工通过轮岗方式来选择自己的岗位，势必会提升员工工作的主动性和积极性。对于企业而言，员工流失会对企业的发展造成严重的影响；对企业管理者来说，弄清楚员工流失的原因，是稳定企业人才队伍建设的关键。员工的离职面谈则是企业了解员工流失原因的最佳方法。

企业可以在有效的离职面谈中获得对自身有用的信息，以便对工作环境、企业文化、流程和系统、管理方式和发展模式等各个方面进行评估和改进。

许多雇主之所以忽视离职面谈这一大好机会，主要原因有以下几点：

（1）担心离职面谈结果的潜在主观性，公司过去没有进行这方面的尝试，现在开始这样做就比较困难；

（2）认为离职面谈要花费不少时间；

（3）出于尽量避免让公司受到指责的考虑。

然而，离职面谈是发现和分析离职人员意见的绝好机会。因为离职人员通常比在职人员更加坦率、客观，他们的意见也更富有建设性。离职人员没有顾虑，因此，在面对一般的员工态度调查时，他们比在职人员能提供更多客观的反馈。

诚然，企业不安和防范意识仍然是阻碍有效离职面谈的一大因素。因此，如果企业很难将离职面谈作为一项基本制度确定下来，经理人仍然可以在自己的下属离职时执行这一流程。

一、离职面谈的概念

离职面谈是指在员工离开公司前与其进行的面谈。从雇主的角度来说，离职面谈的最主要目的是了解员工离职的具体原因，以促进公司不断改进。

离职面谈要了解如下信息：

（1）离职人员离职的真实原因，导致离职的主要事件；

（2）离职人员对公司当前管理文化的评价；
（3）离职人员对公司当前工作环境以及内部人际关系的看法；
（4）离职人员对所在部门或公司的合理化建议；
（5）离职人员对离职后本岗位后续工作开展的建议以及离职后个人职业生涯规划等。

二、离职分类

员工离职分为自愿离职和非自愿离职。

（1）自愿离职是指员工离职行为是自愿的，没有受到他人胁迫或压力，属于个人选择性的离职。

（2）非自愿离职的决策主要是组织做出的，脱离组织的原因是员工无法控制的。

三、离职面谈的原则

（一）实效性原则

了解员工离职的原因，找寻企业存在的不足，并针对不足进行改进。为了防止流失更多的员工，离职面谈不应该草草结束。

（二）真诚性原则

让员工感受到公司对他的尊重与关怀。

（三）开放性原则

设计离职面谈问题要留有较宽的思考空间，面谈不要按事先列出的问题逐项惯例式地发问，要让员工敞开心扉回答问题。

（四）畅所欲言原则

鼓励员工畅所欲言，主持者适时保持沉默；若有不清楚的地方，要仔细询问。地点设定应有隐私性，要保证谈话不被打断。

四、离职面谈的流程

图 8－2 是员工离职流程。一线员工提出离职时，不必做正式的离职面谈记录，但班组长必须了解其离职的真正原因，对于优秀员工，班组长应尽最大努力挽留。

（一）做好员工离职面谈的准备工作

（1）了解离职者的基本情况，包括姓名、年龄、部门、职称、到职时间等；
（2）根据离职者的情况，准备面谈的话题；
（3）安排面谈的时间、地点，布置环境，力求让接受面谈者在一种轻松的状态下把真实的想法表达清楚。

（二）重视员工离职面谈的流程

（1）请面谈者入座，以握手、点头、微笑等方式开场；
（2）自我介绍、表明身份，简要阐述本次面谈的话题和目的；
（3）提出问题，范围尽量要广，给对方充分的空间表达；

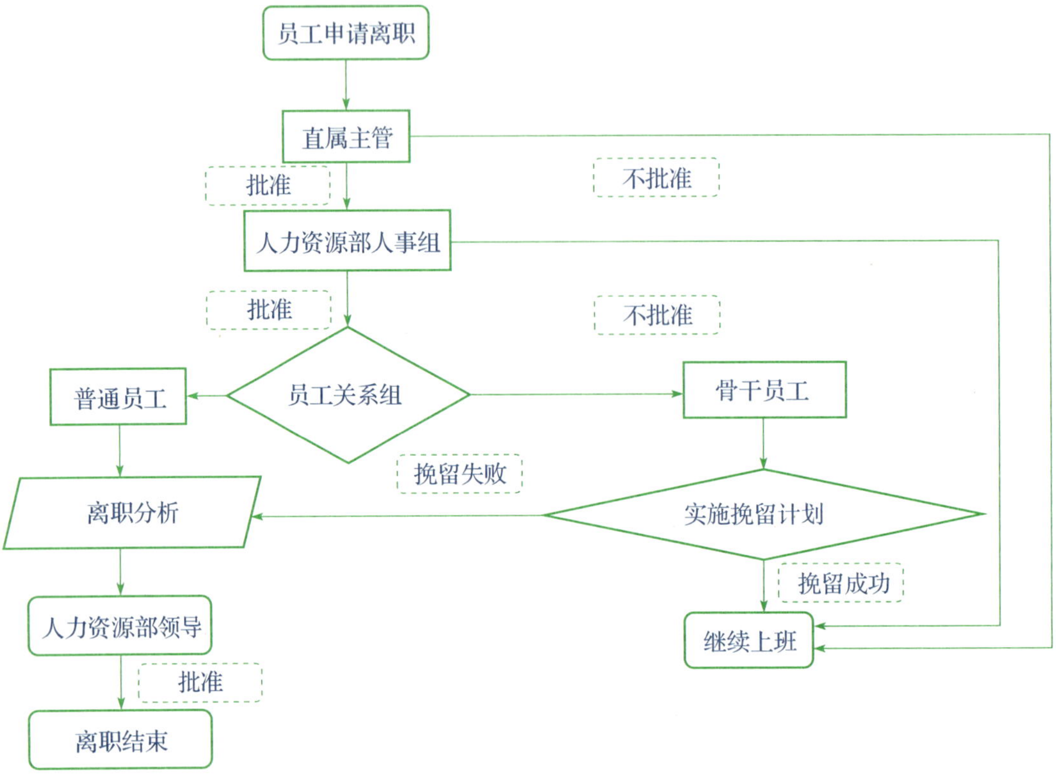

图 8-2　员工离职流程

（4）深入了解情况（如果对方不拒绝）；

（5）面谈过程中要注意对方的情绪变化，站在对方的角度考虑，提问的过程中体现出公司对员工的关怀；

（6）尊重对方，尽量避免提出涉及离职人员个人隐私的问题；

（7）面谈结束，感谢对方配合，以握手等方式客气地送对方离开，并祝对方有一个美好的前途。

（三）做好员工离职面谈的记录

面谈前征求对方意见，如果对方同意做记录，应当在面谈过程中及时做好记录。

（四）整理记录、总结规律、提出建议

（1）面谈结束后，及时对面谈记录做出整理，总结该离职者离职的原因，并提交分析报告，经理审核并保存；

（2）总结自己在此次面谈中的得失，发挥优势，改正不足，以期下次面谈做得更好。

五、离职面谈的方法及注意事项

（一）员工离职面谈的方法

1. 注重离职员工信息收集

离职员工信息有三类：第一类是指与所属离职员工有关的个人信息，包括职位信息、

心理状况信息、阅历与经验信息、家庭背景信息、生活状况信息；第二类是指与员工有关的绩效和薪酬信息，包括所获得的荣誉和奖励信息、薪酬福利信息、绩效表现等内容；第三类是指员工离职信息，包括离职原因、离职后的目标单位、目标岗位。相比而言，第一、二类信息的获取较为简单，第三类信息搜集难度较大，但是此类信息的有效获得有助于把握员工离职的核心原因，促进离职面谈的成功。

2. 慎重选择面谈人

离职面谈通常应由企业人力资源部负责实施。对于核心员工，由于其所处地位在组织中举足轻重，需要选择高级管理者主持面谈。离职面谈的人选有两种思路：一是可以由人力资源部门相关人员实施面谈；二是由企业管理人力资源业务的副总裁或者分管离职员工部门的副总裁执行。

3. 正确选择沟通目标策略

在员工离职前，对于面谈策略的恰当把握，有助于降低离职率以及缓解员工抱怨。通常，面谈策略应根据面谈对象、面谈时机以及面谈原因的不同有所差别。如某些员工做出离职决定是因为工作中的某些突发事件，这类离职决定往往事前难以预见。对于这类员工进行离职面谈时首先更像是一次平息员工心中的怨气的心理辅导，选择适当的时机、适当的地点和员工一起冷静地权衡离职的得失，从而使员工能够放弃离职决定。

4. 建立信任关系，注重沟通话题设计

在离职沟通过程中，应该注重信息的双向传递。真诚是有效沟通的开始，应给予员工充分的表达机会，了解员工离职的真实想法。

（二）员工离职面谈的注意事项

1. 选择最佳的面谈时机

在恰当的时间做恰当的事情，只有把握好面谈时机，才能收到预期效果。离职面谈应利用以下两个时间点与离职员工进行交流。

第一个时间点是得到员工离职信息时。这个时候，员工的离职意愿还不是非常明确、坚定，有时可能仅因某件事情的刺激而萌生离职的想法。此时如能及时沟通，化解其一时的冲动，往往能使员工收回离职决定。

第二个时间点是员工去意已决并办理完离职手续后。此时离职员工已无任何顾忌，最容易讲出心中的真话。

2. 营造宽松的面谈环境

在进行离职面谈时，要注意面谈的时间和地点的选择。由于离职面谈的特殊性，面谈地点应该具有一定的隐私性，一方面不要让其他员工知晓，毕竟这不像普通员工谈话，另一方面也能避免谈话过程中被打断和干扰。好的面谈环境有利于离职员工自由地谈论问题。例如：尝试选择在能够让人精神放松的、有舒缓音乐的、空间明亮的咖啡厅，而不是令人紧张压抑的办公室。离职面谈的时间可以根据交谈的深入情况灵活掌握，而不一定要有明显的限定。离职面谈不是例行公事，而是一次与离职员工毫无约束、完全敞开的友好交流。

3. 充分运用技巧，积极地倾听

尽管客观环境应该选择宽松和无约束的，但这并不代表离职面谈只是普通的日常交流。在交谈过程中应注意面谈技巧，不要只是按照事先列好的问题逐一发问，更重要的是积极倾听。如果有不清楚的地方，还要仔细询问，同时也要适时保持沉默，让离职员工有足够的时间思考。

在事先把握离职真实原因的基础上，充分了解面谈对象的性格特征，从细节之处捕捉面谈对象的心理状态，并预期其将产生的反应，据此选择合适的面谈切入方法，这样可以有效避免面谈过程中出现冷场、情绪激化、失控并导致面谈不能继续和面谈失败的情况发生。

营造轻松的气氛，以善意的动作化解彼此对立的立场，建立彼此互信的关系。同时，在面谈的过程中，还应随时察言观色，设法将自己的立场与被面谈者放在同一阵线上，专注倾听其所抱怨的人或事。

当被面谈者产生防卫的情形时，人力资源管理者应及时关心他的感受，不要唐突地介入问题，更不可做出任何承诺，最重要的是将面谈重点记录下来，便于之后分析整理。

面谈者应该：多听，做离职者的倾听者，适当提出问题即可；少说，及时做良性或补救性的沟通，必要时给予指导和帮助。

在线练习

边学边练

善言无瑕集团股份有限公司医疗器械分公司邀请你作为人事经理，与即将离职的技术总监展开一次离职面谈，请你描述离职面谈的具体步骤。

任务四 数智化劳动关系管理

故事

2021 年 6 月 23 日上午，善言无瑕集团股份有限公司副总经理韩宥伊向记者展示批量签订劳动合同的流程：仅需点击一下鼠标，20 余份合同便一键发送到了劳动者的手机中。在韩宥伊批量发送完劳动合同后，记者随机联系了其中的一名接收者——该公司财务部新入职员工赵磊。赵磊在仔细阅读完劳动合同后，郑重地在手机上签下了自己的名字。

“我们集团公司内部人员交流比较多，之前签订纸质劳动合同，不仅消耗大量的耗材，保存也不方便。现在，电子劳动合同应用平台上线了批量签订等功能，提高了工作效率，降低了人力、物力成本。”韩宥伊说。

启示

- 电子劳动合同减轻了用人单位订立、保存纸质劳动合同的成本，较好地解决了纸质劳动合同管理中存在的问题，帮助用人单位优化用工管理，也方便劳动者保存和查阅。可见，数智化劳动关系管理不仅可以优化用工管理，而且可以提高人力资源部的工作质量和效率。

一、数智化劳动关系管理的含义

数智化劳动关系管理是指在相关法律、法规和企业制度的指导下，充分利用数字科技的优势，帮助企业、员工、工会及政府部门等相关方共同建立和维护和谐的劳动关系，促进企业的持续发展。

二、数智化劳动关系管理的原则

（一）法律为据原则

在处理企业内部劳动关系时不能随心所欲，而要以国家有关法律、法规、政策为依据，做到依法办事。可以使用大数据等数字技术对大量的法律法规规定文件予以收集，充分保障处理企业内部劳动关系的合法性和合规性。

（二）事前预防原则

企业要建立健全内部规章制度，加强民主管理，同时充分发挥工会组织、政府等相关部门的积极作用，采取一切可行措施，尽可能将企业劳动争议的事后处理变为事前预防。

（三）与时俱进原则

劳动管理相关方应充分考虑社会环境、员工发展等多种因素的影响，实施符合当前发展的劳动管理活动，对管理措施和方法进行不断优化，做到与时俱进。

三、数智化劳动关系管理的内容

（一）电子劳动合同的定义

电子劳动合同是指依据《中华人民共和国电子签名法》等法律，使用数据电文和可靠的电子签名，采用电子形式订立的劳动合同，是电子合同在人力资源领域中一种典型的应用场景。电子劳动合同相较于传统纸质劳动合同具有多方面的优势，提高了劳动合同管理效率。

（二）电子劳动合同签订准则

（1）劳动合同必须采取电子形式订立，数据电文与电子签名可视为书面形式，并符合《中华人民共和国电子签名法》等相关法律法规；

（2）用人单位必须保证电子劳动合同在生成、传递以及储存的过程中，全程符合《中华人民共和国电子签名法》等相关法律法规的规定，保证其完整度、准确性不被篡改；

（3）符合《中华人民共和国劳动合同法》规定的电子劳动合同一经订立，便具备了法律效应，用人单位与劳动者须按照合同约定，各自履行其义务。

用人单位与劳动者签订电子劳动合同时，除了遵循以上三个准则外，还需注意以下几个问题：首先，在使用电子签名时，需要对其进行多种方式的验证，如身份验证、人脸识别等；其次，劳动关系双方签订电子劳动合同时必须遵循劳动者的意愿，所有的信息具有一致性与唯一性；最后，明确劳动合同的合法形式，如纸质劳动合同扫描版、照片或通过即时通信软件交流确认的劳动关系，都不属于电子劳动合同的范畴。

四、数智化劳动争议处理

（一）劳动争议概述

劳动争议是指劳动者和用人单位，在执行劳动法律、法规或履行劳动合同过程中，就劳动权利和劳动义务关系所产生的争议。发生劳动争议，劳动者可以与用人单位协商，也可以请工会或者第三方共同与用人单位协商，达成和解协议。

（二）劳动争议的原因和处理原则

劳动争议产生的原因有很多，主要包括：社会经济发展变化；劳动关系趋于多样化、复杂化；劳动关系双方因不同的利益追求而出现分歧；劳动合同履行不规范；协调监管制度不完善；等等。

企业如果不能及时地预防和有效解决劳动关系双方发生的各种纠纷，会影响企业的健康发展，甚至会给国家经济发展带来不利的影响。因此，企业要及时处理劳动纠纷，并在处理过程中遵循及时性原则、调节性原则、依法处理原则、平等性原则等。

（三）数智化劳动争议处理程序

一般来说，劳动争议处理流程包括协商、调解、仲裁和诉讼四个阶段。图 8－3 是数智化劳动争议处理程序。

发生劳动争议时，劳动者可以与用人单位协商，也可以请工会或第三方共同与用人单位协商，达成和解协议。发生劳动争议，当事人不愿协商、协商不成或达成和解协议后不履行的，可以向调解组织申请调解；不愿调解、调解不成或达成调解协议后不履行的，可以向劳动人事争议仲裁委员会申请仲裁；对仲裁裁决不服的，除法律另有规定的除外，可以向人民法院提起诉讼。在数智化转型中，企业处理劳动争议流程中应积极利用数字技术手段，实现劳动争议高效处理，有效保证各方的合法利益。

1. 协商

协商是指发生劳动纠纷的双方在以法律为依据、实事求是、充分保障双方利益的前提下，采取谈判、交谈自治的方式使双方达成共识。保障双方利益是协商的前提，达到和平解决是协商追求的结果。协商不一定是处理劳动纠纷的必要环节，对于不愿协商或协商不成功的，可以申请调解。

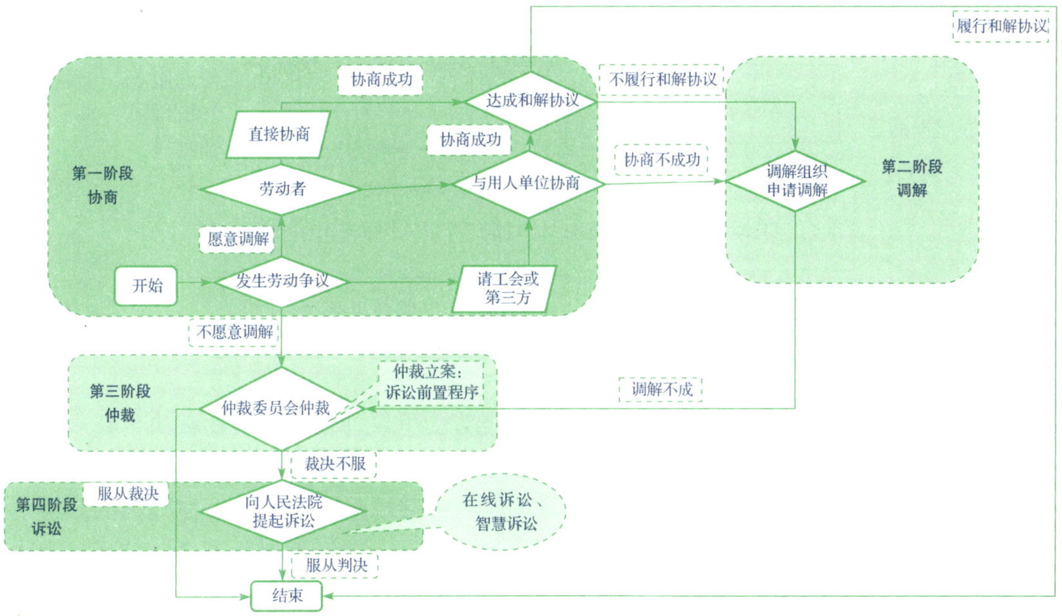

图 8－3　数智化劳动争议处理程序

2. 调解

调解是指第三者介入争议中，促使当事人双方达成和解协议。一般来说，企业劳动争议调解委员会对用人单位与劳动者的纠纷进行调解，依据法律及相关规定，查明事实，明辨是非，推动劳动争议双方相互理解并合理解决争议。另外，我国也存在其他调解组织，如基层人民调解组织，在乡镇、街道设立的具有劳动争议调解职能的组织。对于调解不成的，可以向劳动争议仲裁委员会申请仲裁。

3. 仲裁

劳动仲裁是指由劳动争议仲裁委员会对当事人申请仲裁的劳动争议居中公断与裁决，是劳动争议处理的中间环节，也是诉讼的前置程序。“互联网＋劳动仲裁”服务平台分为前台和后台操作模式，前台为劳动者和用人单位提供公共服务，后台为劳动仲裁组织和调解员提供管理和分析服务。其主要功能具体如下：

（1）公共服务功能。为劳动者和用人单位提供调解在线申请、相关法律政策和案件处理查询等服务，实现劳动争议调解“马上办、网上办、就近办”。对调解不成的，劳动者还可以通过网上提交仲裁申请书，并在线进行审核，正式立案后，还可以通过平台上传证据、送达仲裁文书等工作。

（2）规范管理功能。通过劳动仲裁服务平台，为调解员提供规范的案件办理流程、调解仲裁文书模板、相关法法规等办案辅助服务。图 8－4 为“互联网＋劳动仲裁”服务平台。

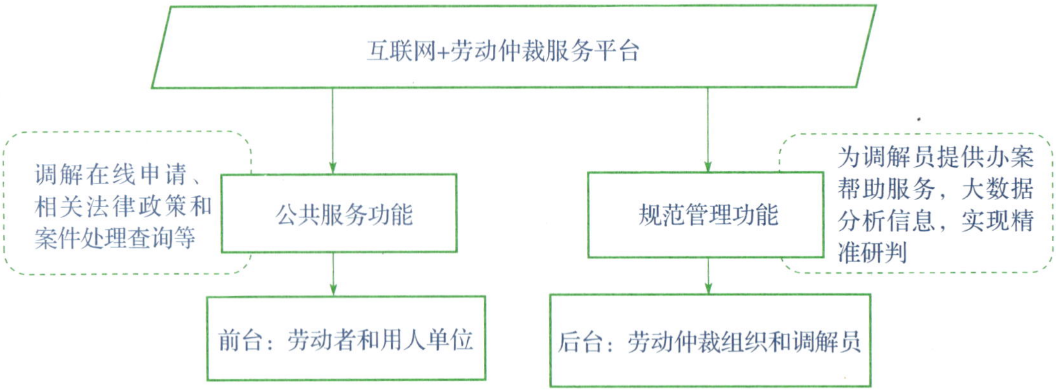

图 8－4 “互联网＋劳动仲裁”服务平台

4. 诉讼

劳动争议的诉讼，是指劳动争议当事人不服劳动争议仲裁委员会的裁决，在规定的期限内向人民法院起诉，人民法院依法受理后，依法对劳动争议案件进行审理的活动。此外，劳动争议的诉讼，还包括当事人一方不履行仲裁委员会已发生法律效力的裁决书或调解书，另一方当事人申请人民法院强制执行的活动。劳动争议诉讼是法院通过司法程序解决劳动争议的手段。数智化诉讼以保护劳资关系双方合法权益为出发点，以数字技术赋能正义，充分利用云计算、大数据等现代信息技术打造以高智慧诉讼为目标的诉讼体系，精准定位诉讼辅助功能，发挥跨地域审理优势，方便当事人参与诉讼，为保障劳资双方和谐劳动关系提供强有力的司法支撑。

推进数智化诉讼首先需要建设智慧法院，智慧法院的概念在 2015 年 7 月被首次提出。智慧法院是指充分利用数字技术，坚持司法为民、公正司法的原则，将司法改革与现代化技术相结合，建设智慧法院信息系统，以数智化手段赋能诉讼、审判及其他司法管理工作，实现办理诉讼业务线上化、诉讼流程依法公开化、全方位服务智能化。

五、数智化劳动关系保护方法

（一）数智化劳动关系保护的含义

数智化劳动关系保护是指企业依靠数字技术的进步，采取相关措施消除劳动过程中危及人身安全和健康的不良条件与行为，防止伤亡事故和职业病，保障劳动者在劳动过程中的安全和健康。

（二）数智化健康安全管理方案

1. 依托健康安全管理平台

依托健康安全管理平台，能够将日常健康管理活动搬至线上，实现管理工作便利化，同时接入员工各方面的数据，实现数据互联并进行有效分析，为健康管理项目设计提供依据，提高管理的精准度。

2. 以员工健康安全需求为导向

在员工个性化需求方案热度高涨的今天，个性化健康管理方案的运用已逐渐成为普遍现象。需求是行为改变的内因，而企业提供的健康安全管理只是外部辅助，只有两者结合才能带来变化。不同年龄、不同性别、不同岗位员工的健康需求存在差异。因此，企业需要对员工进行健康需求调研，获取员工多样化的健康需求，根据健康需求引进科学的预防项目。健康需求信息获取的渠道主要包括向员工发放调查问卷，通过员工日常工作行为预测员工的健康安全需求。

此外，企业还可运用摄像头、可穿戴设备、物联网等技术，构建智能化工作场所，实现员工自动化、智能化的安全健康监控，员工生理数据实时收集和传输，获取员工的健康信息，预见员工的健康需求，前提是要取得员工的同意并注重健康数据的保密性。如 SH 集团成功开发了智慧安全管理平台，并在所属负责仓储物流业务的库区成功应用。该平台不仅可实现作业人员定位、环境等实时信息监控，还可通过智能手环等可穿戴设备在线监控作业人员血压、心率等重要生理指标，确保现场作业人员人身安全，提升了企业的安全管理水平。

3. 量身设计健康管理项目

企业员工健康管理与其他群体健康管理虽然在理论和方法上类似，但是在管理对象、管理路径、管理目标和可用资源上存在差别，因此管理项目不能照搬，更不能一味追求“大而全”的管理项目，而是要体现企业职场特点，即符合企业员工人群需求，能与工作活动有机结合，并与企业可提供资源匹配，如开展体能与入职体检、年度体检数据结合的体重管理项目，与弹性工时相结合的睡眠改善，与企业节能减排相结合的运动健身项目等。

4. 全方位健康沟通

健康管理方案成功实行的第一要素就是及时、准确、无误的信息传导。因此，数智化健康管理方案的有效推行必须依托有效的沟通战略。在执行具体的健康管理方案时，可采用线上线下全覆盖的渠道。图 8－5 是数智化健康安排管理平台。对于线上渠道，企业可以通过邮件、短信、微信、公众号、小程序等线上数智化途径从员工的感知度出发，全方位地传递企业健康管理活动。同时可利用 24 小时智能问答机器人为员工健康问答提

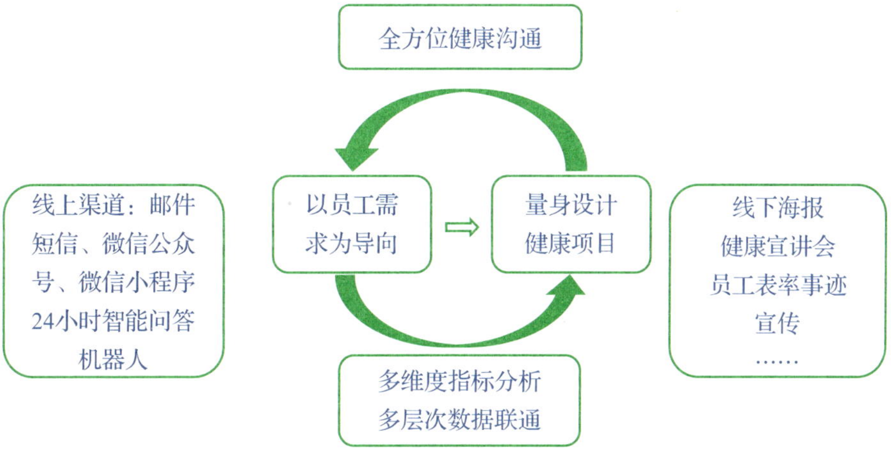

图 8－5 数智化健康安排管理平台

供便利的渠道。为充分调动员工兴趣以及有效传递健康管理理念，企业可借助微信小程序将活动设计成简单轻松的游戏，结合丰富的任务卡与健康奖励等机制，增强活动趣味性，帮助员工在体验和分享中养成健康生活的良好习惯。对于线下渠道，企业可采用海报、线下健康宣讲会等形式。另外，企业可充分利用内部宣传渠道，基于公司内部的表率作用进行健康信息的传递，通过宣传员工身边的健康实践者事迹，将健康的理念传递给员工。

在线练习

边学边练

善言无瑕集团股份有限公司邀请你协助人力资源部签订电子劳动合同，请你描述电子劳动合同签订的具体步骤。

参考文献

［1］李楠．AI 时代：人力资源管理数智化转型［M］．北京：人民出版社，2023.

［2］马海刚．HR+ 数字化：人力资源管理认知升级与系统创新［M］．北京：中国人民大学出版社，2021.

［3］徐刚．人力资源数字化转型行动指南［M］．北京：机械工业出版社，2020.

［4］刘凤瑜．人力资源服务与数字化转型［M］．北京：人民邮电出版社，2020.

［5］王崇良，黄秋钧．当 HR 遇见 AI：用人工智能重新定义人力资源管理［M］．北京：人民邮电出版社，2022.

［6］李舟安．预见人力资源：新时代 HR 的进化方法论［M］．北京：人民邮电出版社，2018.

［7］张宏伟．深圳创维数字技术有限公司国际化战略研究［D］．兰州大学，2019.

［8］王鑫．人力资源数字化管理（中级）［M］．上海：复旦大学出版社，2022.

［9］王家斌．人力资源管理实务［M］．北京：化学工业出版社，2010.

［10］马同华．老 HRD 手把手教你做绩效考核（实操版）［M］．北京：中国法制出版社，2019.

［11］付亚和，许玉林，宋洪峰．绩效考核与绩效管理［M］．北京：电子工业出版社，2017.

［12］闫轶卿．HR 绩效管理：从助理到总监［M］．北京：中国法制出版社，2018.

［13］阿东，王胜会．HR 新手必修的 20 堂训练课［M］．北京：人民邮电出版社，2021.

［14］崔晓燕，周扬扬．人力资源数字化转型：HRSSC 的搭建、迭代与运营［M］．北京：人民邮电出版社，2022.

［15］吴颖群，姜英来．人力资源培训与开发［M］．北京：中国人民大学出版社，2019.

［16］陈磊，崔晓燕，褚小萍．人力资源共享服务（中级、高级）［M］．北京：高等教育出版社，2022.